NF文庫
ノンフィクション

海軍大佐水野広徳

日米戦争を明治に予言した男

曽我部泰三郎

潮書房光人新社

まえがき

瀬戸内海沿岸の今治港に立つと、目の前に山ばかりのような島が見える。この島が大島である。その左に小さな島が二つ、大島側から武志島、馬島どちらも島なみ街道の橋脚が聳《そび》え、街道最後の橋が架《か》かっている。

その橋の下を流れている急流が、時速十ノットの来島海峡である。今日では世界の瀬戸内海とまで言われる自然の風景に近代的な橋が調和し、瀬戸の海に大きな景観を添えている。大島の右の方は内海とは思えないような大海であり、その真ん中に、現在はその役目を終えた銅の精錬所のあった四坂島がかすかに見える。

この風景は、歴史的には水軍の発祥地として世に知られている。近代に入ってからは、日露戦争のときロシア艦隊の侵入に備え、馬島の向こうの小島に要塞を創り、二十八センチ砲を備えた遺構が残っている。これが昔から水運の難所と恐れられた来島海峡である。

この正面に見える大島で、二十世紀の平和論者水野広徳が、昭和二十年、疎開中に腸閉塞により七十一歳で世を去ったことを知る人は少ない。これから書こうとするのは、我々現代人が忘れてはならない水野広徳の人物と業績である。

松山藩の下級武士の次男として生まれた水野広徳は、一歳にして母を伝染病で失い、六歳で父が亡くなった。そして兄弟五人は父の死後、親族会議の結果、それぞれ親戚の家に引き取られ育った。昭和の初め頃までは、この兄弟たちが親戚に分散するしきたりは、普通であった。

広徳は母方の里、笹井家に引き取られ育った。懸かり人として育った広徳は、やがて海軍兵学校へ進み、千代田乗り組み、呉水雷艇隊、北進事変出兵、初瀬、鳥海航海長、水雷艇長をしている時に、日露戦争が勃発し、水雷艇長として従軍し功績を挙げた。旅順港封鎖作戦の戦況の報告とは別に同じ戦況を別ルートから書けと言われ、いやいや書いた報告書は期限に遅れた。遅れて持て余した軍令部は、その原稿を新聞社に回した。受け取った新聞社は大喜びで掲載、次々と各社へ転載された。

この報告文は当時の国民にはひたむきに読まれ、水野は一躍、天下の注目を浴びることとなった。このため日ロ戦後は戦記編集委員として、人も羨《うらや》む軍令部に勤務することとなった。水野は一編集者として四年半、真摯に勤務した。その間、軍令部の仕事とともに、私的な自分の仕事として帰宅後、日ロ戦記「此一戦」の原稿を書いた。この原稿を許可を得て出版社に渡した頃、舞鶴水雷団第二十艇隊司令となった。そして「此一戦」は、発売直後から売れに売れ、ついに百数十版を重ねるベストセラーとなった。

その後、佐世保海軍工廠副官、そしてふたたび海軍文書主管として東京へ、今度は日独戦史の編纂に当たる。しかし、これは自分の戦闘経験もないことから自分の趣旨にあわず、出雲・肥前の副長と転属するが、艦上の勤務はことごとにまごつく。長い陸上勤務の結果、海上勤務の無理なことを覚り、欧州への私費留学を決意する。

この頃、友人の窮状を救うため、一海軍中佐の匿名で「次の一戦」を、そして自分のもっとも力作として「船影」を出版した。しかし、前者は一海軍中佐名のことからこじれ、間もなく当局の対米外交上の問題となって三か月後に絶版となって、かえって謹慎五日の処罰を受けた。後者は刊行の終末を見ずして湮滅《いんめつ》した。

大正五年（一九一六）、四十二歳働き盛りの水野は、煩悶の末にヨーロッパへ私費留学する。簡単に許可が下りた。船はドイツ潜水艦の襲撃を恐れて、インド洋から喜望峰を回る航路であった。日本一の客船諏訪丸一万一千トンである。

東南アジアやインドの港では二〜三日ずつの入港があり、下船外出もできた。その港々で出会った風景は、どこの港も日本娘の多いことであった。お婆さんまでいた。皆、接客婦である。水野はこの異様な風景にまず感動した。

ロンドンでは、ドイツの飛行船や飛行機の空襲にあい、下宿や公園ではヨーロッパ人の戦時下の生活を見た。ロンドンからパリへ、そしてイタリアを回り、ふたたびロンドンへ戻る。ロンドンからアメリカへ渡る時は、それこそ全世界が恐れていたドイツ潜水艦の襲撃が多いときであった。船中で友となった人と、客室で夜は交互に休み、攻撃の不寝番をした。

無事アメリカに着いた水野は、六月末、ニューヨーク、ワシントン、シカゴ、ロスアンゼルス、サンフランシスコと回る。サンフランシスコでは、ようやく起こりはじめたアメリカの排日運動を肌で感じた。そして、日本の女性を誘惑する「いやだ屋」旅館の現場をつぶさに見た。ハワイに寄港し、大正六年（一九一七）八月帰国、ふたたび軍令部へ出仕軍事調査会へ勤務することとなった。

翌七年には海軍大佐に、その秋には第一次大戦も終結した。八年には中央公論一月号に「わが軍国主義論」を発表し、大阪毎日掲載の姉崎正治博士の軍国主義攻撃に反論した。ここまでは水野広徳も完璧な軍国主義の水野であった。

留学をし、帰国して軍事調査会に勤めることになったが、どうも水野自身はここでの日独戦史編纂《へんさん》には違和感を感じたようだ。

そこで帰国したばかりではあるが、先のヨーロッパ留学が、期間的にまだ許可申請時の二年間には残りがあることにも気づき、「よーし、もう一度留学して、第一次世界大戦の現状を勉強して来よう」と考えた。

そして、続いての留学一年間を申請した。許可が出るかどうかが心配であったが、どうにか許可が下り、水野は「今度の留学は」と張り切って準備した。しかし、旅券や船便になかなか時間をとり、大正八年三月、やっと出発となった。今回は終戦後とあって潜水艦の脅威はないし、日本人の乗客も多く、船内は賑やかであった。

今回の留学で見たものや知ったことは、大艦巨砲の時代ではなく航空機の時代であることを見せつけられた。しかし、それよりも三年半の長い戦いのあとのヨーロッパ、特にドイツ、フランスの戦後の国民生活であった。それは、勝ったフランスも負けたドイツも同じく国民の無残な姿であった。どちらも得たものはない。残されたものは飢えと寡婦と孤児の姿であった。水野にはもともと持っていた戦争への疑問が一挙に吹き出してきた。そして一つの方向が急速に固まってきた。

「戦争はすべきでない」「軍備は戦争を誘発する」と、何回も何回も頭の中で自然に反芻《はんすう》するようになってきた。水野の戦争反対の心は燃え盛り、変わらぬものとなった。海軍大佐にまでなっていた彼は、帰国後、自ら友人の野村吉三郎の慰留も振り切り、予備役となり、剣を解いた。

そして評論家、文筆家の路を歩むこととなり、次々と著書・論文を発表する。しかしこれも昭和の初めまでの十数年間で、軍部の方針とは反対の路であった。

水野自身のこのような軍備縮小、戦争反対の思想の変化とは逆に、わが国は一途に軍国主義に走りだし、留まることを知らなくなって来る時代となっていた。これと拮抗するように水野の思想は、危険人物として監視されるようになり、書けば発刊禁止や没収となった。日ロ戦争後の軍部は、アメリカを仮想敵国として着々と準備を進め、国民をあおり、やがて太平洋戦争へと長い大きな坂道を駆け下っていった時代である。

水野の著作はすでに、大正三年発行の「次の一戦」が問題になり、発売後まもなく湮滅《いんめつ》したが、昭和七年発行の「興亡の此一戦」は、いよいよ水野が官憲から目を付けられる決定版となった。しかし、この本こそは、理論的に具体的に日米戦争を予見したものであった。店頭に並ぶ間もなく没収となった名著である。内容は、

陸軍はまずフィリピンを占領する。

海軍は航空母艦と巡洋艦とでサンフランシスコを空襲する。

その後はハワイと東京湾を基地として両軍が睨み合いの長期戦となる。

一方、中国は奥地に後退し、日本軍をてこずらせる。

日本国内の生産は上がらず、国民生活は疲弊する。

ついには米軍機が東京を空襲し、関東大震災の数倍の被害を与える。

日本の残存兵力はハワイに向かうも探知される。

このような粗筋であって、これがやがて十年後に本物となった。水野にこれだけの先見があったことに、敬服するばかりである。そして、このような人物がわが郷里瀬戸内海の大島に縁があったことも、神秘的な気さえする。

水野は東京の空襲が激しくなった昭和二十年四月、夫人の妹の嫁ぎ先、伊予の大島に疎開した。この時期筆者は、千葉の津田沼の鉄道隊の幹部学校にいた。そして八月末、復員した。結果から言うと、それから十月初めまでは、共に大島にいたことになるが、お互い知るよしもなかった。

水野夫妻は東京の三軒茶屋からこの島に疎開し、命からがらたどり着いた大島で、誰ひとり同胞の友もなき生活を半年間、畑仕事で時を過ごした。この半年間も、水野の心は東京に

あったものと思われる。

そしてこの大人物をもう一度東京で働かせることなく、昭和二十年十月、腸閉塞のため天は水野の命を召した。

彼の生前の著作は、はじめての「此一戦」が百数十版を越えて売れた。しかし、以後の著書二十八点、論文・評論の二百余点は、現代の人々の心をどれも躍らせるものであるが、「此一戦」以外は印税につながるようなものではなく、かえって官憲の目に留まることとなった。これらの出版物はただ一人の人物、一編の書として消え去る運命にあった。

このようなとき歴史学者家永三郎は、中学生の頃からこの水野の著作に出会い、追い求め、むさぼるように読み研究したが、一部の学者にしか伝わっていなかったのが現状である。筆者のように今日東京で生活している者には時々、聞かれることがある。水野広徳についての分かりやすい本はないかと。水野についての書物は、今は図書館に埋もれているだけだ。それも簡単に読めるものは少ない。

筆者は今日、大島に帰ることもたびたびある。そのときは水野の疎開していた重松家を訪ねることにしている。重松富貴夫氏とは以前から関係のある家である。

一方、水野に関しては、松下芳男（昭和五十三年、四州社刊）と南海放送平田陽一郎代表の「反骨の軍人・水野広徳」（昭和五十三年、水野の自伝を島田謹二氏がまとめたもの）があったが、松山の南海放送が会社創立記念事業として「水野広徳著作集」を平成七年、雄山閣より出版した。これらは、散逸、湮滅しそうになってきた水野の資料を収集し整理した大作である。単なる一企業の記念事業を越える、わが国歴史上の大事業と言ってよい。そのほかにも単行本として水野に関する著書もあるが、書店にはきわめて少ない。読書離れと言われる現代、特に青少年に見てもらいたい一念でこの原稿に取り組んでみたい。

曽我部泰三郎

平成十五年三月十三日

海軍大佐水野広徳——目次

晩年の水野広徳

海軍兵学校時代

中佐時代

再婚した夫人艶と

モリエ夫人と長男光徳

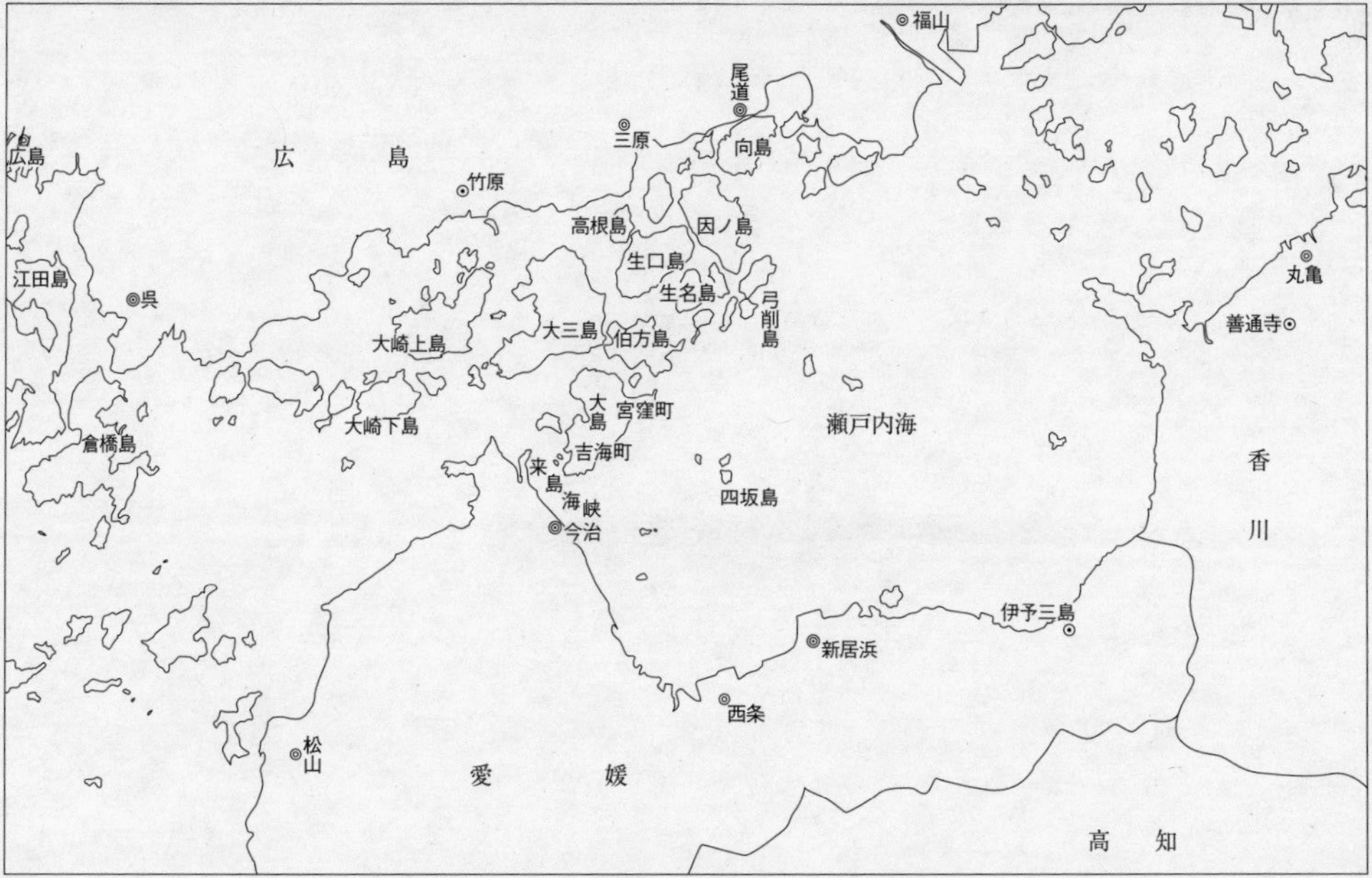
福山
尾道
三原
向島
広島
広
島
竹原
高根島
因ノ島
生口島
江田島
呉
生名島
弓削島
丸亀
善通寺
大三島
伯方島
大崎上島
大島
宮窪町
瀬戸内海
大崎下島
倉橋島
吉海町
来島海峡
香
四坂島
今治
川
伊予三島
新居浜
西条
松山
愛
媛
高
知

海軍大佐水野広徳

日米戦争を明治に予言した男

第一部　逆境の山河

広徳の生い立ち

ぐっすり眠っていた六歳の広は、ふと目が覚めた。ちょっと目をこすってまた目を閉じた。しばらくして頭を左右に動かした。あれ！　今度は目を開けた。少し様子が違う。あれれ！　これはなんだ！　どこだ！　違う、変だと気づいた。姉さんの背中ではないか。どうしたことだ。どうしたの、どうするの、どこへいくの。広は感づいた。姉は、なんでもないんだよ、伯父さんの家に行くんだ、姉さんも泊まるんだからな！　となだめた。しかし、広はおかしいと思った。でもまたすぐ眠った。一夜明けて広はビックリした。

目を覚ますと、様子が違う。家の柱も天井も違う。姉さんもいない。蒲団をぽんと跳ね上げて、飛び起きた。さっと庭に下り、草履《ぞうり》をはいて玄関の戸を静かにあけ、笹井の家を飛び出した。一目散に走った。走り続けた。我が家の方向は六歳の広にもわかる。何とか我が家にたどり着いた。しかし、玄関の戸は鍵がかかっている。何だこれは、力一パイ戸を叩いた。大声で姉さん、姉さんと呼んだ。叫んだ。また叫んだ。しかし何の答えもない。広は、我が家にたどり着くまでの緊張が一度に解け、大きな声でその場に泣き崩れた。

朝早くから大きな声で泣く声が聞こえて来るので、前の家のおばさんが寝起き姿のままで出てきた。広さん、どうしたのと声を掛けても、泣き止まない。おばさんは泣く子を抱き上げ、自分の家にいれた。溢れ出る涙をふいてやりながら、静まるのを抱いたまま待った。やがて泣きくたびれて静まったかと思うと、おばさんの胸に顔を当て眠った。日は高く上がっていた。

朝食は、前の家でおばさんが食べさせてくれた。おばさんはあまり多くを話さないまま、笹井の家まで連れていった。広は、納得をしないままこの家にいることとなった。間もなく従兄弟たちが学校から帰ってきた。従兄弟たちは、みんな話は聞いているので、質問はしないが、笑顔もないまま、ちょっと頭を下げては自分の仕事に就《つ》いた。

広徳の生家

広徳は、明治八年五月二十四日、愛媛県（伊予の国）現在の松山市、三津浜町で生まれた。父は光之と言い、母はナホと言った。父は松山藩のお能に関する仕事を担当する武士であった。母は後妻であった。前掲の出来事は長女ヨシ二十歳、長男光義（虎之助）十六歳、次女トヨ十三歳、三女チヨ十歳、広徳六歳の時のことである。

広徳が満一歳になるかならないかのヨチヨチ歩きの時、母は赤痢にかかり、三十四歳で急死をした。その時から姉ヨシが、母のしていた家事を一切することとなる。廃藩のため一時金をもらって、三津浜で小商売をしていたが、母の死によって明治十年、水野一家はうまくいかなかった商売をやめ、元の松山の御宝町へもどってきた。広徳三歳の時であった。

父光之は武士とはいえ、役所勤めのような仕事をしていたので、まことに物静かな人物であった。雑貨屋をはじめ、いくつかの商売をしてみたが、武士の商法でうまくいかない。何とかと思っているうちに、県の地租改正係に採用された。明治十二年、米一升が二銭の時である。五人の子供を抱えている光之にとっては有り難い。日給十五銭あれば、何とか食べていける、不平は言えない。しかし食べ盛り、遊び盛りの子供たちで、家計は楽ではなかった。

光之は再婚もせず、長女ヨシに台所掃除洗濯は任せ、どうにか一家の体をなす暮らしをしていたが、何の巡り合せか、胃を悪くした。今でいう胃潰瘍であろう。誰に相談することもなく、医者にもかからず、牛乳という高価なものを毎日二本飲んでみた。これで良くなるかと思ったが、だんだん悪くなり、とうとう仕事を得てから一年後の明治十三年五月九日、四十九歳で亡くなった。

葬儀は、父母の兄弟と近所の数人が見送った。近所の人々は、寂しい葬儀であったと口々に言った。

笹井家へ

父の葬儀が終わると、初七日、ふた七日、み七日、よ七日……と親戚近所の縁者が集まって、念仏を唱え、食事をして、故人を偲《しの》ぶ行事を行なった。七週目の四十九日目には、お坊さんに来てもらって、法事をする。水野家では、姉ヨシを頭に、残されたのは五人の兄弟だけであったので、法事まではしなかった。出来なかった。

葬儀が終わると、さっそくに親族会議が持たれ、水野家のこれからをどうするかが話し合われた。このままではとにかく明日から食べることにも事欠く。話合いの結果、一人一人どこかの血縁の近い親戚に引き取ってもらい、育ててもらうことを決めるのが先決であった。当時の仕来たりでは、これが当然のことであった。

長女ヨシ　二十歳　東京の伯父樋口家へ、この姉が人力車で家を出る時、広徳は後を追って泣き崩れた。

長男光義（虎之助）十六歳　従兄弟の樋口家へ。てんかん症であった上、幼少の頃より病気がちであり、足も不自由であったので水野家の家督は、光義が継ぐべきところ廃嫡《はいちゃく》となり、父生前のうちから、広徳が継ぐことに決められていた。

次女トヨ　十三歳　従兄弟の佐伯家へ

三女チヨ　十歳　竿田家へ

次男広徳　六歳　母の里笹井家へ、母の里は孫たちにとっては、もっとも近い親戚である。

なんのことか分からなかったが、笹井家に住まなければならないことだけは、広徳にも分かった。

笹井家に来たものの、広徳は体も心もぎこちなかった。笹井家の皆もそうらしい。幼い広徳にも、本能的に何でここに来たのかが分かった。

笹井家の中でも、おばあちゃんだけは違う。何となく気を遣わなくともよいように感じられる。おばあちゃんもそう思ってくれていると、勝手に解釈した。笹井家にはおばあちゃんのほかに、伯父真澄四十七歳、何でか人は呼び名を金さんと言っていた。伯母はイクと言い、三十三歳。よくしゃべりよく働いていた。子供は、高十一歳、廉八歳、充五歳。富三歳。元の水野家よりも兄弟は多い。そして自分に近い年齢のものがいる。広徳は六歳でも、これは！と鋭く自分に感じ取るものがあった。広徳が笹井家に入った後に一人生まれ、厚と言った。この子は本当の兄弟のように育ち、よく懐《なつ》き、よく可愛がった。

こんな家族構成の中に、いくら正真正銘の従兄弟であっても、突然、新しい家族が一人増えたので、笹井家でもいろいろと戸惑っている。神経を使わなくてもよかったところに、使わなければならなくなってきた。伯父伯母も水野家の父がなくなって直後のため、受け入れの準備をする間もなかった。伯父伯母は事あるごとに、二人で話し合っているようである。話合いといっても家の中のことは、伯母が決めているようだ。伯母の頭には、甥であっても血の繋《つな》がりはない。感情を交えず、理性で判断する伯父は事ごと伯母に気を使う。あたり前のことである。

おばあちゃんは、下中の川の友田家から嫁に来た人で、すでに七十歳であった。毎日、綿花から糸を紡《つむ》ぎ、機織《はたおり》をしていた。よくもあきないものだと思っていた。家の外に出ることはなかった。冬は、炬燵《こたつ》で昔話をしてくれた。針仕事をしている時は、側にいて針に糸を通してあげたら大変喜んでくれた。兄弟喧嘩をした時は、広徳の味方になってくれた。夜は蒲団にもぐると、童謡を歌ってくれた。

だれよりも大事なおばあちゃんは、広徳が九歳になった頃から寝たきりとなった。腎臓病だと聞いた。

したがって、食餌療法をしていたし、伯母さんからも、食事制限は厳しく言われていた。でもおばあさんは食欲はあり、いつもおなかがすいたと訴えていた。約二年くらいして、とうとう亡くなった。広徳は父が亡くなったときよりも悲しかった。従兄弟たちはあまり泣かなかったが、広徳は何日も何日も涙が出た。一人になった時が余計に悲しかった。声を出しては恥ずかしいし、夜、家の外に出て泣いた。

「おばあさんの亡くなったことを北京町の親戚へ知らせに行く途中、観音寺の土塀に凭《もた》れて泣いた」

笹井の伯父伯母

伯父は色白、無口無表情、武家育ちそのものであった。何も言わないからそれでいいのか悪いのか広徳には分からない。ただよく見ていると、いい時は黙っているようだ。よくない時は何か気に入らないような顔をする。少しずつ分かるようになってくる。従兄弟たちにも同じように無表情であった。それでも十分通じているのであろう、伯父の顔色を見てピリピリしている。おばあちゃんの死後は、広徳の側に同情してくれる者はいなくなった。伯父はたまには広徳に同情する時もあったようだが、まったく顔にはあらわさなかった。したがって、広徳は自分から進んで伯父にものを言うことはなかった。

この伯父は明治二十一年七月、松山の高等小学校を卒業した人で、学校はそこまでであった。昔の学校は読み書き算数が中心で音楽や体育が学校に入ってきたのは、明治も後半になってからであった。しかし、家庭でのしつけは厳しく、おじぎ、挨拶、言葉遣い、正直、堂々、威厳、姿勢、食事の決まり、掃除の仕方に至るまで、どこの家でも学校へ行くことより大切なこととして教えられた。

反骨の芽生え

この伯父からは、一般の家庭よりも、武士の子としてより厳しく儒教の道徳を正確に教えられていた。武士道を教えられ、寡黙を美徳として外に表わさないように躾《しつけ》られた。

伯母は、広徳が六歳で転がりこんできた時、これは大変なことを引き受けたものだと思ったに違いない。子としてこれから育てるにも血の繋がりはない。一日や二日の問題ではない。同じ年ごろの我が子が何人もいる。同じように扱っても、受ける方は同じとは受け取らない。伯母からみれば同じに扱っていても、広徳には我慢ならない時がある。伯母にも時には、我慢ならないこともある。どうしても自分の子供とは同じ色に見えない。それが自然である。だんだん親子のようなやり取りが、言葉の上でも出ないことが多くなる。アレッ！という時がどちらにもある。どちらもさらっと流せず気に留め、悪い方へと思いを巡《めぐ》らし、何日か頭から消えない。ついに伯母は、近所の人にも広徳にも聞こえるように、

「広徳は横着者だ……」

と言い出した。

広徳はそれからというもの、近所の人にも親戚の人にも自分がそう思われていると、自ら思いこむようになった。子供特有の純真、明朗、溌溂《はつらつ》さをだんだん失っていった。遂に家では、遠慮がち引っ込み型となって行く。伯母はその後も、

「安さん（広徳の幼名）はカッサイな子じゃ、オウドウ（松山地方の方言）な子じゃ……」

というようになった。カッサイとは、喧嘩好き・負け嫌いのこと、オウドウとは大胆・冒険・強情とかのことである。広徳は、喧嘩好きかどうかは自分でもわからないと言っているが、オウドウであったことは述懐している。

それからというものは、自分でもそうかと思うようになった。

「これまでの近所での悪事については、笹井の両親は皆、自分のせいにしたと広徳は思うようになった」

広徳にはだんだん不平不満が溜まるようになり、その結果、たまる鬱憤は家の外で晴らすようになってきた。

ある時、広徳は道端のヒイラギが、苗を育てているとは知らず、掃除のとき雑草と思ってみんな抜いてしまい、近所から怒鳴り込まれた。伯母は我が家の恥だと言ってひどく広徳を叱った。それだけではない。わが庭で伯父が大切に育てていたバラの蕾《つぼみ》を大切だとは知らず、全部つんでしまった。この時は伯父にひどい仕打ちを受けた。伯父は長い箒《ほうき》の柄で、柄が折れるまで広徳をどやし続けた。

広徳はこんなときでも、大声を出して泣くことができず、歯を食い縛って我慢しなければならなかった。夜、おばあちゃんの寝床に行って、事の始終を小さな声で話し、聞いてもらうのが精一杯であった。

このような場面の積み重ねで、自分で自分の生き方を発見し、普通の子供とは違う性格を形成していった。

バラの木の苗を育てているのと、道端の雑草が生えている区別はつかなかった。これを余所《よそ》から来た六歳の子供に分かるはずはないし、またこのことを、大らかに見てやる者もいなかったのである。広徳は以後、事ごとにこのような扱いを受け、幼児期の性格が形成されていった。

小学校へ

明治十四年、小学校に入った。松山市の繁華街の真ん中、大街道の中ほどにある教会が校舎であった。明治の新政府が創《つく》った小学校は八年制であった。この八年制を上級四年、下級四年に区切り、下から一年生、二年生とは呼ばなかった。各学年二学期制とし、下から第八級・第七級というようによんだ。例えば下級四年間は下から第八級・第七級、二年生になると、第六級・第五級という呼び方をした。小学校上級になると、また第八級から始まる。

　今考えると、非常にややこしい。この制度がまた変わり、年度初めが今のように全国四月と確定されていなかったので、いっそう複雑そうに思えるが、村や町の人たちは、わが村わが町の遠くにある一つの小学校を見ていればよいので、あわてることはなかった。また別の問題は、小学校は義務制ではなかったので、平成の大学進学者よりもはるかに少なかった。なお、このころ大学は、九月が新学期であったので、今のように新年度が四月に定着したのは明治の三十年以降である。

　広徳は、下等の八級・七級を終え下等六級になるとき、ちょうど学制改革にあたり、初等六級となった。小学校が八年間には変わりなかったが、初等科三年、中等科三年、高等科二年となった。初等科は六級から始まり、五級四級……一級で終わる。

　このころの松山には、小学校は、巽、知環、勝山、三槐の四校しかなかった。今も名が残っている勝山小学校は士族の子、巽や三槐は商家の子供が場所柄、多かった。

　学習内容も決められていた。明治六年五月の小学教則によれば、下等小学校では、綴字・習字・単語・会話・読本・修身・書牘《しょとく》・文法・算術・養生法・地学大意・理学大意・体術・唱歌であり、上等になるとその他に史学大意・幾何学罫画《けいが》大意・博物学大意・化学大意、さらに地方によっては外国語・簿記・画学・天球学などを加える学校があった。特徴は、次第に自然科学がこれまでになく大幅に取り入れられ、総時間数の四十二パーセントに達している。

これで全国民が同一内容を、身分性別に関係なく教育を受けられるようになり、これ以外に女子の裁縫のみが必要に応じて認められることとなった。しかし、文部省の教則は今と違って、基準を示すのみで、これが各府県でどれほど実施されたかは疑問も残る。

教科書は、漢学や日本古来のもの以外は、海外からの輸入本を翻訳したものが多かった。明治三十六年からは国定教科書となり、費用は安くなった。

当時、紙は貴重品であり、鉛筆もない時代であったので石板と石筆を持っていった。石板は薄い石の板の回りを額縁のように板で囲ったもので、ノートである。石筆はこれもやわらかい石を細く加工したもので、鉛筆として使った。石筆は鉛筆が普及してきても、昭和になっても遊びに使っていた。道路に文字や絵を描いたり、石蹴りや丸飛びなどの遊びにはなくてはならないものであった。

広徳の学用品

広徳が入学した時に伯父が整えてくれたものは、硯箱《すずりばこ》と草子《そうし》、石板と石筆、読書用の小学入門であった。硯箱の蓋《ふた》の裏には、

「つくばねの峰より落つるみなの川恋ぞ積りて淵となりぬる」

という百人一首が書いてあった。始めて覚えた百人一首。この硯箱の中には硯石と、墨と筆が大小一本ずつ入っていた。草子は二十枚ほどの塗りつぶされた古紙を綴じたもので、これを一年間使った。当時、書き方（書道）は、大変重要視された。試験にも石板。授業で始めて習ったのは、小学入門という読書の本であった。いぬ、さくら、いね、まつ、たけ、うめなどの画が書いてあり、その下にそれぞれの漢字が書いてあり、文字を覚えるように出来ていた。しばらくすると、一足飛びに小学読本に入り、漢字がたくさん出ていて予習なしではとうていついていけない。間もなく進級試験というふうに、なかなか学習はむつかしく、ついていけなくて落第する生徒も多かった。漢学塾に行っていた広徳にとっては、かえって退屈だった。

この学校は、唱歌、体操、遊技、手工などがなかったから、毎日五時間ずつ座学で詰め込まれるので大変力が付いて行ったが、くたびれた。

始めて八級に這入《はい》った時の上田先生は、とても厳しい先生で、早々懲罰があった。生徒は入学の時から恐れた。教室での無駄話、忘れ物、悪戯《いたずら》、よそ見、遅刻などすると、直立と言って黒板の前に立たされたり、留置《とめおき》と言って放課後二、三時間、居残り自習をさせられた。この先生、昔は水の這入ったコップや、火のついた線香を持たされたりしたことがあるといって怖がられていた。学校の勉強はきついし、上田先生は厳格だし、学校の中には何一つ息抜きの場、楽しい学習時間がないので、退学する生徒も多かった。

上田先生のほかにもう一人、御手洗先生が忘れられない。この先生は東京から戻られ、新しいことをいっぱい話したり教えてくれた。新体詩と言って、分かりやすい詩を書かせたりして子供たちを喜ばせた。

広徳の成績

広徳は直立や留置の罰則はよく受けた。あまり勉強をしなかったが、学科はいつも二、三番だったが、たまに四番になることもあった。しかし、家に帰って叔母に見せても、なんとも言わず、褒《ほ》めてくれたことはなかった。おばあさんだけは悦《よろこ》んでくれ、夜になると暗いあんどんの下で、石板にいろいろ書いて教えてくれた。中等科六級のとき、県庁の主催で四校の優等生を集め、競争試験をしたことがあり、巽の代表に選ばれ、入賞して褒美をもらった。書き取りの、

「精神一倒何事不成」

と書く問題が出来たからである。褒美は「忠孝」と書いた扇子と金鍍金《メッキ》の桜の花が付いた羽織の紐であった。扇子や金鍍金の羽織の紐なんて、自分の物になったことはこれが初めてであり、嬉しくてたまらなかった。この時も一緒に悦んでくれたのはおばあちゃんだけであった。

巽小学校は明治十八年、知環、三槐小学校とともに勝山小学校に合併となり、大街道から姿を消した。

松山にはこれまであった三つの小学校をまとめ、新しい勝山小学校が新設されることとなった。これまで通っていた巽小学校は廃校になり、石手川を渡った立花分教場へ通うこととなった。立花橋の袂《たもと》にあって、もともと学校として建てたものではないことは子供にもわかった。二階建ての一棟だけの建物であった。他の小学校の生徒も学級編成の都合上、この学校に通うこととなった。

これまでは小学校が違うと、自然に対抗意識が生まれていたが、やがて勝山小学校の生徒になる者が、今こうして一つの分教場に通っていると、対立意識などは消え、勝山小学校の生徒になることを喜びをもって、待ち望むようになった。狭く穢《きたな》く設備というものもなく、石手川の土手が遊歩場であった。遊歩場とは現在のグランドである。休憩時間のことを、遊歩の時間と言っていた。

学校がどこからどこまでの境もなかったので、つい遠くまで遊びに出かけ、次の時間に遅れて来る者も多かった。春から夏にかけては土手に蛇が多く、教室の二階まで入って来ることもあった。広徳は好きではなかったが恐れはしなかった。そのため蛇がいると、みんな広徳を呼びに来た。蛇を見ると、殺さずにはいられなかった。

巽小学校のころは、家から近かったので昼食は食べに帰っていた。昔は弁当を持って来る生徒は少なかった。しかし、立花分校へ行きだしてからは弁当が必要になった。一緒に住んでいる従兄弟の充公には、すぐ流行の新しい弁当箱を持たせたが、広徳には父の使っていた古い、しかも錆《さ》びている弁当箱が与えられた。

「こんなきたない物が」

と思ったが、親譲りと言われれば拒むこともできず、家の者に隠れて錆《さび》を落とすためにいろいろやってみた。この弁当箱は、楕円形をしたハンコ型をした鉄板に錫《すず》メッキをした物であった。砂や砥石で錆びたところを擦《こす》ってみたが、どうしても落ちない。土手のスイバの葉を取って来て、その汁で磨いてみた。いくら磨いてもどす黒いところは残る。でも、これ以外にはない。仕方なくこれを持っていった。

人には見えないように、手で覆《おお》うようにして開けた。友達はこれをちゃんと見ている。二、三日すると、

「銀ブリッキ」

という名前をつけられた。

校門を入ると、悪童どもが待ち受けていて、「銀ブリッキ」とはやし立てる。広徳は恥ずかしくてたまらない。弁当を食べ終わると、教室の隅の方へ隠しておく。これもすぐ見つかって、誰かがぶらさげて、木切れを拾ってきて、チンドン屋の如く叩いて回り、見せ物にする。

先生に告げることも恥ずかしく、どうしていいものか悩んだ。女の生徒の前を叩いて回ったときは本当に泣きたくなった。

十五銭か二十銭で買える物を、どうして笹井の叔母は買ってくれないのかと怨《うら》んでみたが、親譲りの品と言われ、これも簡単にはねだれない。

広徳は考えた。家の中のあちこちを人目を避けて白い布切れを探し出した。これに包んでいけばわからないだろう。しかし、これも叔母にバレてしまった。

「こんな新しい端切れもったいない」

といって取り上げられた。

弁当箱に窮した広徳は、弁当をわざと忘れることにした。友達には昼食に家に帰るように見せかけ、実際は土手をぶらついてもどって来る。よけいに腹は減ってくる。

これも長続きはしない。学校を辞めようとも思った。

弁当箱ぐらいのことでなぜここまで思い込むのか、やはり広徳の立場になって見なければわからない。

そもそもこの「銀ブリッキ」のあだ名をつけたのは、西村勇公という近所の友達であったが、やがて父が北海道の屯田兵として移住した。なかなかのしたたかもので、大きな蝦蟇《がま》をふところに入れて来るくらいのことは平気の子であった。でも蛇は嫌いであった。ある時、広徳は蛇を捕らえてきて尻尾をもち、目の前でぐるぐる振り回してやったところ、悲鳴をあげて逃げ回った。それ以来、「銀ブリッキ」の名は消えた。

でもこれで広徳は、スッキリしたわけではなかった。

留置

小学校では、留置という罰則があった。悪戯、いじめ、喧嘩などをすると、放課後になっても残されて勉強させられた。普通の日は授業が終わると、大急ぎで家に帰り、近所の友達と泥んこになって遊ぶ。家の中で遊ぶことはまずない。

服装は学校から帰ったそのままで全員、着物。洋服の子はいなかった。着物は筒袖《つつそで》といって洋服の袖を少し短くし、やや太くしたような作り方であった。この袖が何にでも役に立った。ノート代わりの石板の字消しにもした。ちり紙の代わりにもなった。鼻が出ても、袖を当て鼻に当て横にこすってそれでおしまい。乾いたらまた使うので、洗濯するまではピカピカ光っていた。履物《はきもの》は自家製のわらじであった。

学校から帰ると、みんな遊び場へ急いだが、広徳だけは家の決められた手伝いと仕事をまず片付けてからであった。

学校での勉強は、低学年の間は国語、算数が主で、国語は字をきれいに書く練習、みんな声を揃えて一斉に読む。制度としては、毎週次の科目と時間が決められていた。

綴り方六、習字六、単語読み方六、洋法算術六、修身口授二、単語暗誦四、であった。

教育方法も変わり、これまでの個人授業が一斉授業に変わった。

広徳は家で勉強しなくても成績はよく、三番とか五番とかの上位であった。一番の時もあった。しかし、家に帰って叔父、叔母に成績表をみせても、褒めてくれることはなかった。

汚れていてほころびた着物を着ていて、体は汚れ、手は霜焼けで腫《は》れ、化膿して膿《うみ》の出ているところもあった。

友達はあまり近づいてくれなかった。

灸の風習

道後温泉に入って、気をつけて見ると、ほとんど人の背中に傷がある。その傷は規則正しく並んでいるのにも気づく。これが灸《きゆう》であり〝やいと〟とも地方では言う。すべての家がそうだとも言えないが、昔は愛媛県地方では、生まれて間もなく、赤ちゃんの背中に灸をすえた。ヨモギを乾かし、臼でつぶし、揉《も》み解《ほぐ》すと古綿のようになる。これを人さし指と親指で千切り、軽く揉むと、色鉛筆の芯が折れたほどの太さのものになる。これを背中のつぼにおしつけ、線香でその先端の尖《とが》ったところに火をつける。

火をつけると、煙をたてながら体の方に移っていく。はじめは熱い！　と思った瞬間、耐えられないほど痛くなる。

「あつい！」「やめて！」手足をバタバタ！　が続く。

「よしよし！」と言いながら、四本の指で灸の回りを強く押しつける。

「やめて！　やめて！」と大声を立てる。「よしよし！」と言いながらもその時は、次の火がついている。同じところにこれを十回くらい繰り返すと、痛みはやわらぎ、少し暴れるのも収まってくる。だましながら、またすかしながら母親は、上手に続ける。十分ぐらいすると、暴れるのも泣くのも収まってきて、遂にはすやすや眠りに這入ることが多い。こうなったらしめたものだ。母親は、思うとおりにすえて終わる。

「灸をすえる」という。

　背中のどこがツボであるかは、おばあさんならどこの家の人も知っている。年寄りのいない家では、近所にかならず詳しい人がいる。赤ちゃんを抱いて連れていき、ツボのところへ墨で印をつけて貰《もら》って帰る。

　このような習慣が昭和の中頃まで続いていた。今でもかなりのうちで年寄りがいるところは続けている。生まれたばかりの綺麗な肌に火をつけて焼くことを、一時間ばかり繰り返すのであるから、まさに拷問であり、地獄のような場面である。

　大人になっても、これは続く。肩が凝《こ》る。疲れた。やりつけた（疲れがたまること）。腰が痛い。首の後ろが凝る。……と言いながら、大人は自ら要求してすえて貰う。また、この灸すえの専門の人もひと頃はいて、求めに応じて出張していた。私の家では、今でも時々すえている。すえた後は、しばらくは体が軽い、などといって、医者の薬のすきまのような役目を果たしている。

　しかし、すえた後は体に傷をつけるわけだから、その日は風呂に這入らないとか、そこを触らないとかの注意をする。一週間ぐらいすると、傷が治りはじめ、痒《かゆ》くなってくる。そのとき、他人にかいて貰うと、これまた気持ちがよい。たまには黴菌《ばいきん》が入り、化膿することもある。それはあまり気にしなくて、回りを押して膿を出しているあいだに間もなく乾き、黒くやけた皮膚の一部が丸い形ではげて落ちる。これが灸の一ラウンドである。道後温泉の回りでは、多くの店で「もぐさ」と言って今も売っている。

蚤と虱

明治の中頃は、子供の衛生状態は大変悪かった。都会と田舎の差も大きかった。松山は伊予愛媛県の県庁のあるところであるから、都会ではないかと思われるが、広徳の子供の頃は、田舎の部類に入る状態であった。

小学校の低学年生は、大方が鼻汁を垂らしていた。かなりの者がうどんのような鼻汁を二本垂らし、口まで届くようになると、ペロリと舐《な》めていた。または着物の袖口で拭いていた。間もなく袖は、一時間もすると乾く。何回も何回も拭いては乾かすので、袖口はみんなつるつるとなり、固くなっていた。その袖でまた石板を消すので、便利と言えば便利だが綺麗な物ではなかった。口の回りを舐めるものだから、冬などはただれて、唇の外がもう一つ口をかいたようになっていた。

風呂などはどこの家にもあるわけではないし、銭湯は遠いし、近所で沸かした時に入れて貰うくらいであるから、清潔とは遠い生活であった。頭を洗うなんてことは滅多になかった。石鹸がまだなかった時代で、米ぬかをタオルに包んでこするのがいいところだった。

子供の頭は吹き出物でいっぱいであった。なかには頭中、吹き出物のため、頭を布で巻いて登校する者もいた。大きな吹き出物が出来ると、その後には髪が生えなくて、ビスになる者もいた。膿が出ると臭いがする。教室では、前に座っている者の頭の髪だから丸見えである。

吹き出物の出るような子は、かならずと言っていいくらい虱《しらみ》を持っていた。女の子がそうである。授業中、前の席の子の頭で虱が這っている。着物の襟《えり》の方へおりてきて、這い回っている。たまには自分の机の上に落ちてくることもあった。蒲団は自分で上げ下ろしするので、家の者には滅多に見せないが、蚤もいるし、虱もいた。夜中に体をがりがり掻いているけれども、みんな熟睡するからわからない。広徳は冬中、肌着を着替えることはなかったので、ずいぶん悩まされた。虱も蚤も、床をあげる時にはまたそのまま畳み込んでしまうので、減ることはない。

おばあさんが時々、蒲団を干してくれた。そのとき見ていると、蒲団や寝巻きの縫い目のところにいるわいるわ、蚤はすぐ飛んでしまうが虱は動きが鈍い。虱の親も卵も一列に潜り込んでいる。これを一度にやっつけてやろうと畳の上で広げ、親指の爪で強く押しながら縫い目に沿って動かすと、プツプツパリパリと音を立てて一挙に退治できた。しかし、見逃しのところがあるのでまたすぐ増える。

冬から春になり、広徳は肌着を換えて貰った。笹井の叔母も心得ていて、広徳の肌着を盥《たらい》に入れて洗う前に、洗濯物に熱湯を掛け、蚤や虱を殺し、一度濯《すす》いでから洗うことにしていた。熱湯を掛けた別の桶から洗濯物を引き上げると、桶の底には虱の死骸がいっぱい、これは広徳にも見せようと、学校から帰るのを待ち受けていて見せてくれた。広徳は桶の底に両手を入れすくってみると、いっぱい！いかに広徳でも「ヘー」と言っただけ。広徳は自分の痩せているのは、この虱のせいかと思った。

笹井のお婆さん

笹井家にはお婆さんがいた。このお婆さんは母の母である。何となく自分にあたるあたり方が、笹井の家族とは初めから違っていた。違うはずである。お婆さんにとっては正真正銘、娘の子である外孫である。現在でもたまにくる外孫は、内孫よりも可愛い感情を持っている。滅多に会わないから、たまに来ると日頃、一緒にいる我が家の孫たちよりも可愛い。

広徳が笹井に行ったときはすでに七十を越えていた。広徳は父の祖父母、母方の祖父母四人のうち、この目で見るのは、笹井のこのおばあちゃん一人である。笹井の家の中での生活は、いつまでたっても言いたいことは言えず、家の者と話す時はいつも、頭の中で考えてから言った。お婆さんだけは、自然に出てくる言葉をそのまま出しても大丈夫であった。にこにこと答えてくれた。でも、おばあちゃんとだけ話していても、みんなに悪いような気もした。

年齢の近い従兄弟の充公と喧嘩をしても、広徳に味方してくれるのはこのおばあちゃんだけあった。

「かまわんかまわん、負けておいで、負けておいで」と広徳の頭をなでていた。

「負けて退く人を弱しとおもうなよ、心の力強ければなり」という歌を教えてくれた。これを聞くたびに、広徳の心は励まされた。

このお婆さんは、一日中家の中にいて、機《はた》を織ったり、その前の仕事、綿から糸に紡《つむ》ぐ仕事をしていた。この頃はどこの家にも機織の機械はあって、家中の者の着物は織っていた。機織はこの頃の女の教養でもあった。だから、おばあちゃんは一日中暇はなく、忙しい毎日であった。

冬になると、座敷へ炬燵《こたつ》を拵え、よく針仕事を始める。広徳は炬燵に入り、おばあちゃんの針仕事の針に糸を通すことをしてあげた。そんな仕事をしている間に、昔話をよくしてくれた。だからおばあちゃんが、外に出ることを見たことはなかった。

夜はお婆さんの寝床に入って童謡を聞いたり、昔話を聞いたりしながら眠るときが多かった。

このお婆さんも、広徳が七、八歳になると、だんだん弱ってきて、とうとう寝たきりとなった。腎臓病にもなって、食事制限が厳しくなってきた。体が弱ってくると、頭も心も弱くなり、言うことも振る舞いも子供のようになってきた。

伯母が留守の時は、起き上がってきて台所に行き、手当たり次第食べられる物を口に入れた。それは、腎臓病の食事制限のため空腹となり、その空腹が耐えられなくなっての仕業であった。お婆さんの顔は、食べると、むくみだした。

伯父が役所から帰ると、その顔を見て、

「余計な物を食べさせたんだろう」

と、伯母を責める。そして家庭争議になることもあった。

ある時はお婆さんの寝床の中から、さつまいもの食べさしのしっぽが出てきて、みんなで大笑いをしたこともあった。

でもお婆さんは、一日一日衰えてきて、薬とみんなの手助けの甲斐もなく、悪化するばかりであった。ついには、食べ物と糞便の区別さえ分からなくなり、七十七歳という高齢で亡くなった。広徳は十一歳であった。

お婆さんの死を、北京町の親戚に知らせに行く途中、広徳は、観音寺の塀にもたれてしばらく泣いた。いつまでも悲しく泣きながら親戚まで行った。

広徳にとってお婆さんの死は、精神的に大きな打撃となった。たとえ体は動かなくても、意識は失っていても、お婆さんの存在は、笹井家で一人きりのよりどころであった。母の死は知らず、父の死はこれほどまでには感じなかったが、このときばかりは、一人で「大海をさまよう」というのはこのことかと思った。自分はこの先どうなるのか、初めて人生の悲哀を感じた。

漢学塾

明治になって小学校が出来たが、それまでのわが国の学校教育は、各藩が作っている藩校か、有志の創《つく》った塾であった。正式には明治五年の九月の学制の発布に始まる。「邑《むら》に不学の戸なく家に不学の人なからしめんことを期す」とされたのがこれである。これまで学問は武士以上の階級のものとしてきたが、国民皆学となった。小学校は下級小学校と上級小学校となり、いずれも四年生。各学年は上級下級に分けられていた。下級小学校の一年生は第八級と第七級である。小学校に入ったばかりの第八級生の学ぶ学科が次のとおり決められていた。新しく国民皆学の時代になるまでの学問というのは、普通漢学を指していう。

まず四書五経、十八史略、文章規範、八代家紋と読んでいく。中国宗時代の儒学で当時もっとも重要視された。儒教の教えの基本の書で、我が国の道徳も、中国も韓国も今日の倫理の基となっている。漢学とはこの書を勉強することである。一番我々にも馴染《なじみ》の深いのは、論語である。「子曰、学而時習之。不亦説乎」とか「有朋自遠方来。不亦楽乎」などどこかで見たことがありそうだ。これが論語の一番初めである。現在でも中学で習うくらい日本でも普及している。

第二次大戦前は、中学では国・漢・数といって、入学試験の重要科目であった。中国人は、この漢字ばかりの文章を我々が平仮名文字の文章を読むように上からすらすらと読み、内容が分かる。それが早い早い。日本人でもこのように上から読む人もたくさんいる。これを棒読みという。

松山にも、このような漢文を教えるところがいくつかあった。ただし、生徒はほとんど士族の子弟であった。明治も間もない頃であったので、公立の小学校が出来ても、まだこちらの方が本当の学校という町の空気が強かった。

一番町の近藤塾、千船町の川東塾、柳井町の裏屋塾、新しく東條塾も出来た。近藤塾は士族の子が特に多かった。これらの塾は小学校との関係はまったくなかった。

塾に行くには、学校の始まる前に通って学んだ。朝食の前に通った。広徳は、叔父に「お前も行け」と言われたときは、嬉しくてたまらなかった。同じ時に起こされても、従兄弟の充公は塾へ行くのに、自分は庭掃除であった。八歳で通いはじめた。充公は、早くから行っていたので、広徳が通い始めた頃には、年は下であるのにかなり進んでいた。自分が遅れているのが悔《くや》しく、一日も広徳は休んだことはなかった。

塾に通っても、初めは何が書いてあって、どんなことが書いてあるのか全然わからない。みんなそうである。お坊さんのお経を聞くようなものだ。第一、字が読めない。

二年くらい通った。四書はすべて読んだ。孟子を読む頃は、何となく意味もわかり、心に影響を受けるようになっていた。これらの漢学塾は、日清戦争の後、次々と廃止された。

広徳が漢学塾に行ったのは、自分から希望したのではなかった。突然、叔父から行けと言われて行った。何で行けと言ったのかも聞かないまま、二年が過ぎ、この頃またやめろと言われた。叔父にも考えがあったのだろう。辞《や》める頃には充公を追い越していた。充公がまだ論語をやっているとき、広徳はすでに孟子の素読を終わっていた。

このような塾で学んだ者は、十四、五歳になり、一通りの漢学の素読ができるようになると、先生にお願いして、これからは漢学を深めるとともに、人徳を学ぶため塾へ寄宿する者が多かった。塾に入った年少の子は、まず塾生に素読を教わり、その後、先生に習う。塾生は、塾内では大変権威を持っていた。

笹井家での手伝い

笹井家で世話になっている間、広徳は笹井の子どもであると同時に、使用人のようでもあった。それで誰も不都合、不釣合と思わなかった。一年ごとに仕事も増え、難しい仕事が与えられた。笹井家にとっては、使用人よりも安心、便利であった。

朝は一番に起きる。家が角地にあったので、表の掃除範囲は隣の家の二倍の長さがあり、ゴミがなくても毎朝掃く。食事の前には、家族の御膳を全部並べる。竈《かまど》の火付けをする。竈の火付けといっても、そう簡単なものではない。ニクサに燧石《ひうちいし》でまず火を着ける。これだけでも、初めのうちは容易なことではない。石と石とをこすっても、一度や二度でニクサに着くものではない。

やっと着いたときに次のつけ木へ……細刈り……あや木……薪……ここで着いたかと判断し、火吹き竹で空気を送る。吹き方が強すぎると、せっかく着いた火が消える。弱いとなかなか火力が上がらない。燃えはじめると早く火力を強くしたい。ほうぺタをふくらませながら、力まかせに吹く。火は消えないが、竈の灰も吹き飛ばされ、前にいる自分の方へ飛んでくる。何回か吹いていると、頭の髪も着物の上も灰でまっ白くなってくる。

学校から帰ると、親戚近所への使い走り、豆腐買い、庭掃除、ランプの用意、家族の蒲団出し、日掛け貯金の集金など……が決められていた。これらの仕事で訪問先が、留守のこともあり、暗くなってくると、大入道が出るという言い伝えの恐ろしい道もあり、つらかった。まだある。伯母が小づかい稼ぎにと飼っているウサギに餌《えさ》をやる。

こんな毎日を過ごしていると、勉強などということは広徳の頭にはなくなる。その日その場のことで精一杯。腹が減る。疲れる。食事が終わると眠くなる。でも、早く床に就くことは気が引ける毎日であった。

これほど働いているのだから、自分を養ってくれている費用ぐらいは……と、時々思うこともあった。なぜ兵児帯《へこおび》を買ってくれないのかとも思った。

チンミとり

メダカのことを松山ではチンミといった。笹井の親戚でもあり、近所でもあった池川の家に赤ん坊が生まれた。母親に乳が出ないというので、冬の寒いときであるが、チンミを取ってきて生きたまま呑ませてみようという話があった。チンミを生きたまま呑ませると、乳が出るようになるという言い伝えが昔からあったからである。

日ごろ広徳は、家にいると自分は邪魔者のように思われていると自分で勝手に思い込んでいて、学校から帰ると、一人で石手の土手や川、中村の山中池にまで行って遊んでいた。春は、土手のホウシコ（土筆《つくし》のこと）を取り、夏は鮒掬《ふなすく》いに行った。鮒掬いのときは、じょれん（竹で編んだゴミ取り）と手桶を下げていった。途中の道端の家の人とも仲良くなるくらいよく通った。

家の者は、それほど出て行っても、いない方がいいのか別になんとも言わなかった。したがって、近所の道は誰よりも良く知り、どこにどんな鮒やチンミがいるかも良く知っていた。

二月の寒い日にチンミ取りの話が出るや、広徳はそれは！と言って寒風の中を出ていった。学校から帰ってからのこと、もう日は西の方にあった。じょれんと桶をもって、素足に竹皮草履をはいて出かけた。

北からの木枯らしは吹き、道の水溜まりは凍っていて光っている。途中、豆腐屋の車に出会った。行き違いのおばさんは、

「どこの子か知らんがマアー、この寒いのに……」

と言った。そして広徳の姿が見えなくなるまで、じっと後を追っていた。

ゆらゆらする木小屋口の橋を渡ると、すぐ中村に出る。もう日は傾いて土手の木にかかっていた。辺りは稲の切り株だけで、人の姿も見えない。ただ風は強く、麦畑の麦の葉を揺すっている。

川底にはあると思った水溜まりはない。わずかにあっても凍っている。小川にそって行くと、どろんこに濁った溜まりがあった。ここぞとばかりひと掬いしたが、動きのある物はなに一つ掬われない。二、三回繰り返してみたが、一匹のチンミどころか鮒の子もいない。日は暮れるし、寒さは増す。素足は氷り、霜焼けは裂けて血が滲《にじ》んでいる。

自分でも来たことのない遠いところまで来ている。体は疲れてくるし、お腹は空く。急に

悲しくなってきた。

ついに広徳は泣きだした。一目散に走り出した。広徳の泣き声を聞いた野良犬どもが、どこからともなく集まってきた。犬の嫌いな広徳が走れば走るほど犬も走る。犬の方が早い。

「声を限りに泣き叫んだ」

「大声を出して泣くほど犬どもも強く吠える」

畑帰りらしいおじさんに出会った。このおじさんが犬を追い払ってくれた。広徳の話を聞いて、チンミのいそうなところへ連れて行ってくれた。そして、チンミを四、五匹取ってくれた。懐《ふところ》から紙を出して、霜焼けの血を拭いてくれた。このおじさんには深く頭を下げ、急いで帰った。

さすがの家の人たちも心配をしたらしい。すでに明かりがついていた。あのおじさんのことが忘れられなく、なかなか眠れなかった。……

広徳は冬になると、手足は霜焼けとなり、膨れ、糜爛《びらん》してくる。軟膏もなく、火鉢に当たることもなかった。もちろん炬燵ももらえなかった。これほど手伝っているのに、当時流行《はや》っていた兵児帯は買ってもらえない。兵児帯がないので、水練場で夏中使っていた六尺褌《ふんどし》を出し、伯母に気づかれないように自分で洗濯をし、帯に結んで学校に行ったら、すぐ友達に見つかり、その日のうちに、「褌」の仇名がついた。一日でやめた。

「上級生ともなれば、仲のいい友達も出来るはずだが、僕のようにうす穢《ぎたな》い者には友人が出来なかった」

長崎事件の如く

明治十九年の秋、勝山小学校中等科三級の時、何人かの友達と学校からの帰途の出来事である。四、五人の仲間と道いっぱいに歩いていた。中に一人、日頃から生意気でみんなから憎まれている生徒がいた。この友達を何となく肩で押したり、肘で横から突いたりしながら歩いていた。

三番町の五十二銀行の四つ角までくると、千船町の横町の方から、ひょっこり巡査が出てきた。凪もなく静かな小春日和の町中、押したり突いたりしていた友達は、引け目を感じたのか、巡査を見るなり、サッと蜘蛛《くも》の子を散らしたように逃げた。広徳は巡査に気づくのが遅かったし、悪いこともしていないと思い、逃げなかった。

「コラッ！」と一喝、広徳の手をムンズッと握りしめた。

「なぜ喧嘩をするか、こっちへ来い」

荒鷲が小雀を捕まえた如く、広徳の腕を掴み、半分、広徳をぶらさげるようにして、銀行の横町の方へ引っ張っていった。

広徳は何のことかわからなかったが、恐怖と驚愕に襲われたまま付いて行くしかなかった。ただ無意識に、巡査の手から逃れんと試みたが、巡査の手はあまりにも大きく強かった。

広徳が藻掻《もが》くたびに、巡査は、「ポカン！」と反対の手で頭を叩いた。

後ろからは、同じ学校の生徒たちが物珍しくぞろぞろ付いて来る。広徳は巡査はいとも簡単に、交番に引き込んだ。板土間のイスに無理矢理に座らされた。広徳はあまりの恐ろしさに、震えるだけで、泣くことさえも忘れていた。

巡査も捕らえはしてみたものの、たかが子供の喧嘩のこと、咄差《とっさ》になす術が見つからず、住所氏名を聞いて手帳に書いただけで、ほったらかしにして、奥の休憩室に入ってしまった。

交番の前は、たちまち見物人が黒山の如く集まってきた。

「どうしたんぞな」

「喧嘩したんじゃということじゃ」

「子供の喧嘩ぐらいで、こんなところへかな」

「キッと、なんか盗んだのに違いない」

「ありゃ、あの子は笹井さんとこにいるぼんさんじゃないか」など、言いたいことを大きな声でいっている。

しばらくすると、巡査が出てきて、なんか問答している。広徳は答えなかった。巡査の顔が変わってきた。巡査は立ち上がって、三つ四つ、頬っぺたがひん曲がるほど続け様に張り飛ばした。広徳は泣かなかった。黙ったまま巡査の顔を睨みつけた。巡査はますます苛立って、南蛮鉄のような底の厚い靴で広徳を蹴飛ばした。そのはずみに、広徳はひっくり返って、狭い交番の外に敷居を越えて転げ落ちた。見物人から、

「死んだんじゃないか」

「ありゃひどい」

「あんなにまでせんでも……」

と、心配や怒りの声がどよめいた。

巡査もいささか驚いた様子で、広徳の手を取り、引き起こしながら、

「もうええ、帰れ、……今度喧嘩すると懲役へ入れるぞ」

と交番の外へ突き出した。見物人を押しのけ外に出ると、見知らぬ夫人が、

「こんな小さな子をあんなひどいめにせんでもいいのに、あんた、どんな悪いことしたんぞな」

といいながら、着物の泥を払ってやっていた。書生らしい青年が、

「おまえは、泣かへん、なかなか強いぞ……」

と褒《ほ》めてくれた。

交番に引っ張られたりするのは、泥棒か酔っぱらいだけかと思っていた広徳は、さすがに決まり悪く、一目散に家へ逃げ帰った。

交番で打たれた痛さよりも、家に帰ってから叱られることの方が広徳には恐ろしかった。心配しながら家に帰ってみると、家の者は、まだ誰も知らぬ様子であった。広徳は子供心にも、「しめたっ」とばかり、さっきの出来事は、いっさい知らぬ顔をしていた。

ところが、現場に従兄弟の光公がいて、いちはやく家に伝えられていた。交番に座らされていたことは、出入りの魚屋から報告されていた。しかるに、このことは伯父からも伯母か

らも、また、年上の従兄弟たちからも何も問われない。何だか底気味が悪い。あとが怖いような気がしてならない。家の中のことが案外、無事にすんだので、今日のところは安心した。

翌日、学校に行くと、昨日のことがはや生徒中に知れわたり、冷やかされたり、なじられたりした。何時間目かの遊歩の時間に、受け持ちの先生から教員室へ来いと言われた。

校長先生と担任の先生、それに従兄弟で教員をしている高木の倫さん。古いテーブルを囲んで一枚の新聞を前に広げていた。昨日のことを聞かれた。広徳は素直に答えた。昨日逃げたほかの者も調べられた。調べが終わった後、担任の先生は、新聞を読んで聞かせた。詳しくはわからなかったが、……

「小学校生徒の乱暴……」とかの見出しで、「暴状あたかも長崎事件の如く……」とあった。小学校生徒の押したり突いたりが、なぜ長崎事件と繋《つな》がるのか。それを乗せた新聞も新聞だと思った。

広徳の名が新聞に出るのは初めてである。長崎事件とは、清国（中国）の海軍司令長官丁汝昌が率いる戦艦鎮遠、定遠ほか四隻の軍艦が長崎に入港していて、水兵が上陸し、長崎の町で暴行を働いた。時の清国の艦隊は東洋一で、わが国にはこれほどの艦隊は持っていなかった。町の人、警察、軍人を交えての大衝突となり、双方とも多数の死傷者をだし、国際問題になったことがあった。翌日の新聞に広徳の名前が出ていて、このいじめのことが、あたかも長崎事件の如くと大きく出ていた。

巡査がなぜあんなひどいことをしたのかと、学校でも研究した結果、次のようなことであった。

一、いじめられた生徒は、交番へよく弁当を納めるウナギ屋の息子であった。

二、喧嘩の現場に、巡査の甥の生徒がいたので、その甥をいじめているのかと誤認。

のいずれかであろうとの結論に達した。事を後から従兄弟の教員高木さんに聞いた。

そのころ広徳は学校で、「承久の乱」を学んでいた。

佐渡で仇《かたき》を打った日野資朝の子の阿若丸のところを習っていたので、ああ言うふうにして巡査を殺してやろうと思った。あまりの腹立たしさに、広徳は水野家の刀を出してみたくなり、櫃《ひっ》を開けようと思ったが、鍵がかかっていた。いっそあの巡査の家に火を付けてやろうかとも思った。広徳の頭からは、この時の憤りが終世消えることはなかったのである。

校長から、帰ってよし！と言われて、保証人たる笹井の伯父に当てた一通の封書が渡された。中は何を書いてあるのかと心配しながら、悄然として学校を出た。腕白仲間も、さすがに今日は無言で見送った。

広徳は、興奮冷めやらず、走るでもなく、少々うつむき加減で歩いた。いつもの三番町を通るのが恥ずかしい。回り道をして帰った。途中、家に帰ってからのことをいろいろ考えた。しかしこんな時に限って、どう言葉を出していいか、誰にまず言葉をかければいいのか、おばあさんがいてくれたらなど、いろいろのことが頭の中で堂々巡りをした。

「ことによると、学校をやめさせられるかも、家を追い出されるかもしれない。その時は、あの憎い巡査を殺して自分も死んでやろう」

夕刻、伯父が役所から帰ってきた。……胸が躍りだした。心は伯父の方に向いているだけだ。伯母が呼んだ……どきりとした。……この手紙を自分で持って行って、よくお詫びをしなさいと校長は教えてくれた。広徳はビクビクしながら、遠くからそっと伯父に手紙を差し出した。

きちょうめんな伯父は、封筒を左手に縦にもち、裏返して差出人を見た。ものものしくゆっくりしている。ちょっと眉にしわを寄せたが、おもむろに硯箱《すずりばこ》から小刀を出し、封を切った。伯父はいかに急ぐ時でも、封書を手で千切り開けるようなことはしなかった。黙って読んでいた。今にも雷が落ちるかと、伯父の顔色を見ながら、じりじりと後退《あとずさ》りをした。読み終えた伯父は、丁寧にもとの封筒に納めた。ただ一言、「よろしい。後で言って聞かす」と言ったままスパスパ煙草を吸いはじめた。

やがて、伯父は伯母と何か話し出した。……何も言わない。

急ぎ食事を済ませ、逃げるような気持ちで外に遊びに出ようとした。すると伯父から、

「広は遊びに行っちゃいかん。家におれ」……

「広や……ちょっと来い」

覚悟はしていたものの、胸に釘を打たれた如く、動悸が早鐘のごとく高まった。伯父の「広や！　ちょっと来い」がこの世でもっとも怖い。この声を聞くと、寒中に冷水を浴びせられたほど飛び上がるのが常であった。ことに学校のことは、徹底して不干渉主義で、勉強などは一度も言われたことはなかったのに。その代わり、一度怒ったらすこぶる猛烈で、縁

側から庭に蹴落とされたり、箒《ほうき》の柄が折れるほど殴られたりすることは珍しくなかった。

「新聞で見ると、お前はよっぽど乱暴したようじゃが、よその子供に怪我でもさすと、俺が申し訳ない。もっと温和《おとな》しくせにゃあいかん。学校は当分、行かんでもええ、外へはいっさい遊びに行くことはならん」……

それから改まって、しみじみ水野家のこと、亡くなった両親のこと、広徳の立場、将来のことなど、静かにゆっくり話してくれた。家を追い出されるか、キセルで頭を割られるかと思っていたが、案に相違して伯父の優しい言葉を初めて聞いた。

なぜか涙がハラハラと流れ、止まらなかった。なぜ伯父があのように温和な態度をとったか、広徳にはわからなかった。伯父からの停学、外出禁止が何よりの苦痛であった。あの巡査が憎い。

この事件以来、権力の乱用に対する反抗心は、幼い水野広徳の心の底に、強く根深く植え付けられた。これが広徳の性格を形作るに至った。水野は後年、自伝「反骨の軍人・水野広徳」にも、この事件が自分の性格の基となったと書いている。

少年時代の遊び悪戯

かるた会
現在の松山市港町は、繁華街の中心となっている。この川と平行するように流れている中の川がある。広徳の子供の頃は、特にきれいな水が緩《ゆる》やかに流れる清流で、膝までの深さで、水遊びには絶好の川であった。この川の両側の町に住む人たちは、地域ごとに今で言う自治会をもっていた。子供たちは子供たちで、親たちの会と同じ地区で自然に子供会ができていた。昔からの土着の子供たちの会がもっとも勢力を持っていた。地域では、上中の川・下中の川の会が勢力拮抗《きっこう》していて、何事にも競争意識が強く対抗していた。

正月のかるた会などは、この対抗試合が盛んに行なわれた。よそのかるた会によく遠征に出かけた。かるた会は正月の最大の遊びである。着流しの着物を着て、よその会に出かける。道場荒しと言った。かるた会の楽しいところは、女の子がたくさん参加することで、お互い向き合って並び、はじめのうちは緊張しているが、二回目、三回目となると、前の子と手が触れあったり、遠くに手を伸ばして、頭をぶっつけたりする。何となく親密さが増す。昔の子どもの十二、三歳は今よりも大人であった。娘と言ってよい。

一晩のかるた会で、なんとなく忘れられない相手もできる。膝のあたりが乱れてくる。白い膝が半分くらいまで見える。かるたとりの神経がそちらにとられる。仕舞いには乱闘になってくる。夜半過ぎても、親たちもやかましく言わない。終わるとその家のおばさんが、みかんを出してくれる。菓子も出してくれる。これが楽しい、広徳は、我が家では感じることのない暖かい和やかな家庭らしさを組み取ることが初めてできた。

中学三年の頃、松山二十二連隊の招魂祭のとき、広島師団から軍楽隊が招かれてきた。広島の連隊は古く大きく、軍楽隊がすでにあった。松山に来るや、ブカブカドンドンと大きな音をたてながら市内を練り歩いた。松山の人は、初めての西洋音楽にぶっつかった。

「ピカピカのラッパがたくさん、あんなに沢山なくてもいいのに」

「なんやら黒い縦長いのもあるぞ」

「ありゃ、ちいとキーキー言うとるなあ」

「ばかに大きなラッパもあるや。あれ見いなあ」

「あるある。あれ重いやろなあ」

「前の一人はあれ何しとるんや。あんなのいなくても出来るんや」

「でも、かっこいいやないか」

「そうかな」

みんな勝手なことを言っている。驚いた。広徳は指揮者の速さに合わせ、付いて歩きだした。何やら分からないけど、拍子だけは付いていける。体がうごく。ああこれでいいんや。だんだん調子に乗ってきた。

それからという毎日は、学校からの帰り道、音の出るがらくたものは何でも拾ってくる。家からは、祭り用の太鼓、仏壇の鐘、石油缶など、手当たり次第に音のするものは持ち寄り、毎日練習をはじめた。楽譜などはない。いらない。なくてもいい。広徳は、この悪戯《いたずら》楽団の指揮をし、得意になった。三日目にはもう町を練り歩いた。恥ずかしくはない。

また、あるときは友達を懲《こ》らしめるために、意地悪いビラを街角に貼った。単なるいじめではない。それにはちゃんと訳がある。貼られた者も反撃できないような理由があった。こんなことにも、親たちは関わらなかった。

道路での悪戯

広徳は蛇をこわがらなかった。親しい友達を誘って、昼間、石手川に行き、蛇を取ってくる。もちろん殺して持って帰る。数匹ではなく百匹を越えるときもあった。これを早朝に道の両側に並べ、通行人を脅かしてひそかに喜んでいたり、これまで人のやらない悪戯をした。夕方になると、道路の向こう側とこちらに一人ずつ配置して、縄を渡してその端を持っている。かわいい女の子が通りかかる。縄をまたいだ瞬間に、両側で引っ張る。縄は高く上がって女の子は、足をひっかけ、前につんのめる。両側の悪童どもは、くすくす……やがてゲラゲラ。

〝あのこの足の奥の方まで見えたぞ〟

〝お前、そんなところまで見たのか〟

〝今度はもっと勢いよく引っ張ってみるか〟

〝あまりひどくやって、怪我をさせても可哀想だよ〟

〝明日はかんからを縄に結びつけておいて、通る人がひっかかるようにしてみるか〟

このような遊びが、子供たちの知恵を搾《しぼ》って、次々と考えられた。今日の悪戯とはまったく質の異なるものである。悪いことには違いないが、反社会的とか、人の生命とか、特定の者への怨念とかの暗いものではないところに、時代の様相がうかがえる。

水練場と秋山真之

広徳の悪戯ではないが、次のような場面を、彼は関心を持って見ていた。ことごとく見ることが出来るほど、広徳は毎日、水練場に来て泳いでいたのである。

今日の御宝町の付近である。お囲い水練場というのがあった。藩政治代からの沼を利用したものであった。水練場といっても名ばかりで、町の者が夏になると、自由に泳ぎの場として利用していた。ある夏休み、秋山真之、山路一善が海軍兵学校の夏休みの休暇で帰省し、水練場に来ていた。彼らの泳ぎは、町の人の泳ぎとぜんぜん違っていた。だれも真似は出来ない。

松山連隊の兵隊が二、三人で来て、勝手に泳ごうとした。注意したけれども、無褌《むふんどし》で泳ぎだした。無褌はここの水練場の禁制だ。みんな相手が兵隊であるので手が出せず、ただ憤慨するだけだった。筵《むしろ》の上に寝転んでいた秋山真之こと淳さんは、やおら起き上がって池へ飛び込んだ。筏の上で遊んでいた兵士と、一言二言問答をしたかと思うと、淳さんはいきなり兵士たちを筏から突き落とし、頭を押さえて池の中の鮒の糞を御馳走した。あれっ！　と思ったが、その場はそのままおさまった。

翌日また、昨日の兵隊がやって来た。復讐のつもりらしい。淳さんと出会った。淳さんは、すぐ感じとったか、「水中の喧嘩だから水中で決着を付けよう……俺が相手になるから、皆一緒に入れ！」と怒鳴った。

昨日の手並みに懲《こ》りたか、入ろうとはせず対峙したままであった。それを見ていた水練場の監督正岡老師範役が裸になりながら、厳然と兵士たちに向かい、

「この練習場にはここの規則があります。諸君も軍人として潔《いさぎよ》く水の中で勝負をなさったがよいでしょう」兵士たちは、すごすごと帰っていった。

それ以来、淳さんの名は、お囲い水練場ばかりでなく、松山全体に鳴り響き、偶像的英雄にまでなった。広徳は、「さすが」と思った。

広徳は七、八歳から海軍兵学校へ入るまで十数年間、夏はこの池で過ごした。朝昼夕と一日に三度通い、一夏の間に三度、背中の皮がはげた。この池は、わき水といっても、あまり深くなく、水はきれいではなかった。特に筏のある付近は、手ですくって見ても手のひらが見えないくらいであった。それでも毎日泳ぎ、水が少し咽喉《のど》を通っても、だれも病気にはならなかった。

椋の木から小便

広徳は学校から帰ると、新聞配達をしていた。新聞はかついで走るので腹が減る。配達のコースに石手川の土手に大きな椋《むく》の木があった。秋になると、小指の先ほどの実が紫色に熟《う》れ、甘くてうまい。みんな知っている。手の届くところはもうない。登れば一杯、鈴なりに

なっている。

ある日、広徳は配達の途中、木に登り始めた。枝分かれしている叉になっているところに足をかけ、幹にしがみつき、足でしっかり挾《はさ》み、挾んだ足が滑《すべ》らないように、しっかり足の裏に力をいれ、今度は足を踏ん張り、手に力をいれて膝を伸ばす。体全体が上がったところで膝を伸ばす。

これを繰り返すと、次の枝に手が届く。枝に手が届けば片腕を枝に掛け、ふんばると今度は簡単に体が上がる。これを繰り返してつぎつぎと上に登る。慣れてくると、それほど難しくはない。広徳は、枝が揺れて体も枝とともに動くところまで登ってきた。辺りを見ると、あるはあるは椋の実がよく熟れて、食べ頃のが鈴なりになっている。

一つ二つ、もいで食べてみた。かみしめた。だんだん甘味が舌に感じられる。飲み込む感触がいい。だれにも遠慮はいらん、笹井の伯母もいない。食べ始めると、ますます食欲は出る。ついには葉っぱも付いたまま、口に沢山入れる。むしゃくしゃと食った。まるで動物のように。

一息入れると、何だか小便がしたい、下りてまた登ってくるのは大変だ。ここで失敬してやれ、少々気は引けたが、片腕で枝を持ち、始めた。ああ気持ちがいいと思った途端、下から怒鳴り声が聞こえた。

「アッ！　人がいる。はげ頭の年寄りが頭に夕日を反射させながら、上を向いて手を振り振り何やら騒いでいる」

この老人は、近くの墓参りに来て、一休みしていたところであった。頭に露がかかった。

「この晴天に露がかかるわけはない。手拭で頭をふきながら上を見ると、はてあやし、飛沫《しぶき》が飛んでくる。よく見ると、上の方ではバリバリと音がしている」

かくと知った老人は、

「このあほたれめ！　下りてこい！」

いい気持ちになっていた広徳は、

「しまった！　と思ったが、途中でやめるわけにはいかない」

下ではますます激しく怒鳴っている。通行人も立ち止まって見ている。だんだん通行人は多くなって来た。しかし、今さら下りていくわけにもいかない。知らぬ顔してまた食べ始め、プイプイ種を吹き出していた。十分たっても二十分たっても、老人は帰ろうとしない。広徳のちびくれ下駄を人質にとっている。木の切り株に腰を下し、キセルでスパスパやりだした。人が通るたびに上を向いて怒鳴る。途中まで下りて見た。大きな幹にまたがり、こちらは木の上だが、悠々と老人と対峙した。この老人、

「どこかで見たことがあるぞ、誰だったかな」

思い出せない。

「この馬鹿糞め、早く下りてきやがれ。ぐずぐずすると承知せんぞ」

「おじさん、何がどうしたというのぞな」

「何がどうしたも糞もあるもんか、この鼻たれ小僧め。上から小便垂れたのは、てめえじゃ

ろが」

「木の上から小便放っちゃいかんのかな」

「知れたことじゃ、道端でも小便しられんことを知らんのか、このアンポンタンめが」

「町の中で小便しられんちゅう規則はあるけんど、土手の木の上から小便しられんちゅう法律があるかな」

「何じゃかんじゃと屁理屈ぬかすな、余所《よそ》の墓の上に小便かけてもかまわんという法律があってたまるか、ウンツク野郎。警察へ行って聞いてみるけん下りてこい」

「かけたんじゃない、風でかかったんじゃがな」

「かけたんもかかったんも、お墓を汚したこたぁついじゃ。お墓だけじゃない、おれの頭にかけたんじゃぞ」

　頭をなぜると、見物人がワッと笑う。老人は益々むきになる。

「あんたら何がおかしいんじゃ、年寄りを馬鹿にすると聞かんぞな……」

　老人はいささか意気消沈。

「おい書生、早く下りて来てお墓にことわりを言え」

やじ馬がだんだん増える。中には、顔見知りの者もいる。日は傾き始めた。

「そうかな、それじゃお墓にあやまろわい」

　広徳が枝からおりてくると、老人も見物人も不思議そうに見ている。

枝から飛び降りると、広徳はチビクレ下駄を掴んで一目散に駆け出した。老人はあっけに取られ、盛んに歯軋《はぎし》りしていた。しばらくして広徳が、元のところに行ってみると、誰もいなかった。墓にお詫びして花立ての名を見ると、自分が新聞配達をしている家のおじさんであることが分かった。その晩、新聞社で配達仲間に今日の小便のことを話すと、一同、痛快がって歌を作ってくれた。

中学校に行くことが叶う

広徳は自分の立場がだんだんわかって来て、笹井の子どもたちと待遇が異なるわけも、理解を通り越して身に染《し》みてわかるようになっていた。分かるほどにさみしさ、悔しさ、諦《あきら》め、奮起が交錯する毎日であった。友達は、中学受験といって、夏休みにも懸命に勉強していたが、広徳は一日に三回も水練場で遊んでいた。伯母は以前から、

「お前のようないけずものは、中学校なんかへ入っても、何の役にも立たんけれ、小学校が済んだら、東京の姉さんに頼んで、活版所の小僧にでも使って貰《もら》うがええ」

姉さんというのは、一歳のとき母が亡くなり、その後、父が亡くなり、広徳が笹井に預けられるまで五年間あまり、母の代わり一切をしてくれた姉のことである。広徳自身もそれはそうだ、叔母の言うとおりだと納得をし、半ば思い込んでいた。早く卒業して、花の都に行き、懐かしい姉さんに会えるんだと、ひそかに楽しみにその時を待つぐらいであった。

しかし、姉さんから来いと言われても、そう簡単に行けるものではない。平成の時代のロ

ンドンやニューヨークよりも当時の東京は遥かに遠い。

当時、愛媛県は、伊予と讃岐の二国からなっていた。今の四国の北半分に中学校が三校しかなかった。高松・松山・宇和島である。ところが、県と県議会が衝突し、知事の辞職や議会の解散までには至らないまでも、この三校をすべて廃校にするという乱暴なことを知事は断行した。原因は予算上のことだと思われるが、現に生徒が通っている学校を廃校にするということは、暴挙と言わざるを得ない。しかし、明治十九年の愛媛県政にあったことである。

大事件である。松山中学だけでも、三百を越える生徒数であったが、高松・宇和島の生徒も、どうすることもできない。一部特別金持ちの子弟、藩の給費生だけは東京に行って学校に入ることとなったが、他の者はみんな郷里に帰り、鍬《くわ》やソロバンを持つ仕事についた。

水杯を交わし、東京に遊学した者も半年ほど経つと、半数ほどの者は水があわず、脚気を患い、涙を飲んで郷里に帰ってきた。大きな夢を抱き、溌溂と勉強をしていた優位の若者が、この廃校によって数多く社会の底辺に沈められた。

笹井の高さんも三年生、高井に養子に行った廉さんは一年生であったが、大阪の官吏養成所に行ったり、家業を手伝ったりした。

さすがにのんきな松山の父兄たちも、この惨状を見て、久松家外から八万円募金をし、松山に私立中学校を設立した。知事が廃校を決めた二年後であった。名は伊予尋常中学校。広徳はこの年明治二十二年の七月、高等小学校を卒業する。新しい伊予尋常中学校は九月開校であったため、八月に入学試験があった。入学試験の十日前、広徳は突然、叔父から「ちょっと来い」がかかった。

広徳は、「ドキリ!」とした。何を説教されるのかと、恐る恐る前に座った。

「お前はこれからどうするつもりなのじゃ。これからの人間は、中学校ぐらい出ていなけりゃ、一人前の人間にはなれないのじゃ。それじゃのに、お前は毎日ブラブラ遊んでおるようじゃろが、お前は水野家を興《おこ》さにゃならん体じゃ。お前が一人前の人間になってくれんと、俺はお前のお父さんに申し訳がないのじゃ」

もう東京へ行くと思い込んでいた広徳は、意外な伯父の言葉に、動転しそうにもなった。一瞬迷ったが、すぐに、

「中学校へやって貰うことが出来れば入りたい」

とはっきり答えた。

広徳はこのとき初めて、中学校に行くぐらいの金は父から預かっていることを聞かされた。

「しかしこの金は、お前のお父さんが好きな酒も飲まず、病気に罹《かか》られた後も、どうせ助からん身体じゃけん、子供のために少しでも多くと言われて、自分は不自由しながら残しておかれたのじゃ。一厘一銭とても、粗末に使うては罰が当たるぞ」

広徳は両親の顔さえ知らなかったが、この時ほど親の有難さを感じたことはなかった。漢学を勉強中、親孝行ということを習ったが、この時は広徳にはなぜ親が有難いかが分からなかった。しかし、今日という今日ははっきりと親の有難さが分かった。

いままでは、なぜ親が自分を産み落としてこの世に残し、逝ったのかをうらむことさえあ

った。さっそく願書を取りに走るやら、近所の英語の先生のところに教えて貰いに行くやら、にわか勉強を始めた。高等小学校からの者は二年生に編入が出来るというので二年を受けたところ、無事合格することが出来た。試験で一番困ったのは、英語の書き取りであった。小学校で習った先生の発音とまったく違うので、何が何だかさっぱり分からなかった。「ゴロイチ」というので、ローマ字でGoroichiと書いたが、正解は「グレート」であった。

しかし、試験の成績は案外、上位で合格していた。

師範学校と同居

中学校になんか行けるわけがないと思っていた広徳に突然、暖かい春の風が吹いてきた。「中学校ぐらい出ていないと、これからの者は」と伯父に言われ、受けてみるといい成績で合格した。入学してみると初めてのことばかり。制服がある。小倉地ではあるが、初めて洋服なるものを着た。網上げの靴を履《は》いた。「中」の字のついた帽子をかむり、思わず背筋を伸ばし、両手をまっすぐ両脇に、指先を伸ばしてみた。

しかし、この姿を見て共に喜んでくれる母親はいなかった。でも嬉しかった。「漢字に『堂々』という言葉があったのはこのことか」。自分自身で充実感に浸った一日であった。もうこれからは、恥ずかしい思いをしなくてもすむ。

県立時代の月謝は毎月十銭であったのが、私立になってから一円二十銭という。伯父からいわれた金で間に合うかな……広徳は一人、気にした。同じく県立時代の寄宿料が一円五十銭だったから、いかに高額であったかが分かる。この時、入学者が少なかったのはこのせいである。

校舎はというと、県庁の向かいにある藩校であった。そこに中学校と師範学校が廊下をへだてて同居した。まったく別の学校であり、見ないといっても、何もかも外から授業以外は見える。この頃の制度では、どちらも高等小学校の卒業生が入学するので、年齢は同じ。何となく入学式からみんな気になっていた。

大臣・大将・博士を夢みて入ってきた中学生から師範学校の生徒を見ると、覇気がなく田舎っぽくみえた。師範学校の生徒は将来、出身地に帰って、教師になることを目指して入ってきているので、何となく落ち着いた年寄りに見た。そのうえ、師範学校は学費が無料で、県の費用でまかなわれていた。それを知っている中学生は、このことをいつも心に思っていた。師範学校の生徒は、官費という引け目を感じていた。いつのまにかあいさつに「地方税・地方税」というようになり、師範の生徒からは「脛齧《すねかじ》り脛齧り」と呼ぶようになった。

やがて喧嘩をするようになり、石の投げあいなどもあった。仕掛けるのは中学側、勝つのは師範学校。まもなく師範学校は、古町の「札の辻」に新校舎ができ、移転してこの問題は終わりを告げた。だが、師範学校と中学校の喧嘩は全国的な問題で、その後も事件にまで進展するような喧嘩があちこちで起きた。

師範学校は、松山城城山の西裾にあり、登山道の入り口となっていた。二十二連隊の北門とも向かいあっていて、鉄砲をかついだ歩兵が毎日のように出入りしていた。師範学校は近代式の洋風建築で、正面玄関は白亜の塔といって、松山の名所となり、多くの写真が残っている。松山藩のお触れを板に書いて立てて掲示する場所でもあったところで、札の辻という。西方は松山港に通じ、北は堀江・北条・今治に通じる交通の要路でもあった。

中学校の校長は、宇和島出身の山崎忠興と言ったが、それ以外のことはわからない。先生の中に学士が二人いた。その一人は村瀬光圀という理学士で、もう一人は農学士の船木文次郎先生であった。入学試験でゴロイチと言って悩ませたのは、この先生であることが分かった。いつも真っ赤なシャツを着ていたので、「赤シャツ」とみんな呼んでいたが、「坊ちゃん」の赤シャツとは違う人である。

農業の実習で肥担桶を担《かつ》がされ、その肥料で育った南京豆を、小使い室で焼いて食べたことがある。こせこせしない良い先生であった。船木先生は英語の発音がおかしいので、ガバルメントという仇名がついていた。

数学の先生は、渡辺清和という先生で、松山の人。代数、幾何、三角、みなこの先生に習った。いやな数学を分かりやすく、しかもきびきびと教えるので、生徒の信頼は厚かった。だれも仇名をつける者もいなかった。漱石が二年後に着任し、「坊ちゃん」を書いたときの「山嵐」というのは、この先生をモデルにしたという噂がもっぱらである。

歴史・地理・物理の先生は、中堀貞五郎と言い、何でも屋の如く教えた。正岡子規の妹リツと結婚していたが、間もなく離婚。背の低い、歩くときに身体を左右に振りながら、小さな靴をはいてくる先生で、正直で真面目で憎めない先生であった。

英語の会話の先生は、外国人であった。初代は、米国人のターナー。真面目で生徒がからかうと、恥ずかしそうに顔を赤らめるような人であった。この先生は、間もなく江田島の海軍兵学校の先生となっていった。ターナー先生の後任がホーキン先生。この先生もすぐ海軍兵学校の先生に行った。広徳は、数年後に海兵に入り、ふたたびこの先生方に英語を教わることになる。

このころ外人教師の給料は、校長が百円であったのに百五十円と言っていた。汽車に乗って一等席の客は外国人と、決まっていたくらいであった。

学年は下から一年、二年、三年または上から一級、二級、三級と呼んでいた。

修学旅行

このころの修学旅行について、広徳は詳細に書き残している。今の平成の時代からは考えられないほど、学校からは大人扱いをされていた。おそらく、中学生といえば昔の方が人格を認められていたし、本当に大人になっていたのであろう。よくもこれだけの悪戯が出来たものだと、不思議なくらいである。修学旅行は悪戯旅行だということから、書き始めている。

朝目が覚めると、自分の大事なところと隣に寝ていた友達のそれとが、ひもで結ばれていたと書いてある。パンツをぬがされ、これだけの悪戯をされても気がつかなかったのか。それほどまでに疲れていたのかと思わなければ理解できない。トイレに行って、初めて自分の体で一番大事な物がインクで染められていたことを知った。

一年生では、郡中へ一泊旅行、片道四里の行程であったが、生まれて初めての遠距離遠足で足が痛くなり、宿に着くとぐったりした。宿に着くと風呂に入る。風呂はまさに遊び場だ。水の掛け合い、風呂の中での相撲。日ごろ気に入らない友達を抑えつけ、みんなで触ってはいけないところに悪戯をする。決まりも時間もあったものではない。

食事の時間は決まっていて守った。みんな席に着くと、勝手に食べ始めた。途中からあちこちで食べ比べが始まっている。飯の大食い競争なんて、いまでは考えられないが、当時は米の飯を日ごろ食べている家はよほど金持ちであった。麦と米が半々の飯を、日ごろは食べていた。久し振りの米の飯だ。みんな腹一杯食べる。その勢いで何杯食べるかを競うのがよくはやった。茶碗に五杯、六杯、七杯、これくらいまでは食べられる者はいるが、そのあとは難しい。何人かは頑張る者がいる。騒ぎは一晩中続いた。

翌日は五色の浜で標本にするため、いろいろの石を拾った。続いて義農作兵衛の墓参りをした。

作兵衛は伊予郡筒井村で農業をしていた。享保十七年、ウンカという害虫の大発生によって稲は全滅にあい、大飢饉《ききん》となった。ついには餓え死にをする者も多く出た。藩内の餓死者は、三千四百八十九人にも及んだ。人々は来年のためにとっておいた麦の種まで食べてしまったが、作兵衛は我が家に残してあったこの一俵の麦を、自分が食べて何日か生き延びるか、この麦を残し村の人を助けるか、迷いに迷った。ついに自分は食べないで麦の入った俵を枕にして飢えて亡くなった。作兵衛四十九歳。四十九歳は当時としては老人であった。作兵衛の残した種によって、村の人は麦を蒔《ま》き、救われたのである。

安永五年、藩の命令によって、「義農の墓」が建てられた。後にこの作兵衛を義農作兵衛と言うようになり、神社を建てて祀《まつ》った。昭和の時代に入ってもこの話は伝わり、国中に美談として残された。小学校の教科書にも長く載せられた。

郡中では、上級生が料理屋で芸者を呼んで遊んだことがわかり、問題になった。

この旅行で広徳は、始めて叔父から十銭の小遣いをもらった。

次の年は久万山へ一泊旅行。どういうわけか広徳は参加していない。費用の点か、何かで伯父から罰を受けていたのかも知れぬ。四年生では、西条・今治へ二泊の旅行。桜三里を越え、西条の大町に泊まり、翌日は、市の川のアンチモニーの鉱山を見学して壬生川を通り、今治に向かった。今治城址を見たり、石垣の牡蠣《かき》を食べたり、名物の鶏卵まんじゅうの食べ比べをしたりした。まんじゅうの食べ比べでは、一人の友達がまんじゅうをのどにつめ、大騒ぎになった。

今治城址の堀は、海の水が入ってくるので、潮の満ち干で水が上がったり下がったりする。そのため城の石垣に牡蠣がつく。全国でも海水がお堀に入ってくるのは、ここだけの城である。現在は、天守閣も立派に再建されている。

二日続きの徒歩旅行のため、波止浜・大井・菊間まで来ると、ヘトヘトになって動かなくなる者も出て、船で帰る者もいた。このまま歩けば、浅海の千波ヵ岳の波打ち際を通り、鴻の坂を越え松山へ帰るのであったが、広徳は残念ながら船を選んだ。

五年生では大洲・卯之町を経て宇和島に行き、帰りは船で戻ってくる三泊の旅行であった。五百トンを越える船は、当時は、内海航路の大型船であった。この旅行は珍しく学級編成ではなく、上級生、下級生を縦に割って分隊編成をした。広徳はどういうわけか、この編成を抜けでて、好きな友達のいる分隊に潜り込んだ。時は十月の秋真っ最中で、みんな冬服を来ていたが、広徳は冬服がなかったので、相変わらず霜降りの柄の夏服であった。

大洲の旅館では、また飯の食い比べとなった。今度は広徳が十六杯を平らげ優勝となった。食い比べのおかげで宿の女中が、御櫃《おひつ》を抱えて何回も何回も、台所との間を往復するのが面白かった。その晩は夜中に対岸で火災があり、みんな起こされ、対岸の火災とはこのことかと、風流な歓迎だくらいの気持ちで楽しんでいた。

大洲から卯之町を経て、宇和島に通じる道は、山また山でどこよりも難所であった。宇和島が一つの文化圏を成したのは、この峠を二つも越えなければ、松山や大阪に行くことが難しかったからである。宇和島から松山へ船の定期便もあった。

松山藩十五万石に対し、宇和島藩は十万石であったが、どうしてか何となくライバル意識も昔からあり、宇和島および周辺の南予といわれる地方の人々は、常に松山を意識する思想がながれていた。

明治の初め、シーボルトが日本に残していった娘「いね」が卯之町の二宮敬作のもとで、医学を勉強していたときに、宇和島藩の村田蔵六にオランダ語の勉強に通ったのも、この法華津の峠と夜昼峠を越えてである。片道十二キロメートルの山道を毎朝通った。いねは、同じ二宮先生のもとに大洲から医学の勉強に新しく来た十二歳年下の背の高い男と熱心に通った。二宮敬作の姉の子弁二郎という。

朝早く出て夕方薄暗くなるころ、卯之町に帰る。行きは二人でこれまでの復習を、帰りは今日習ったところの復習を、どちらかが問題を出して答える。一番いい勉強の方法である。そのうちいねは、弁二郎にひそかに好意を持っていることに自分で気づいた。

こんな歴史を持つ山道である。この山々を越えた太平洋に開ける宇和島への修学旅行である。広徳たちも足に豆ができた、足を引きずりながらも、何だか希望を持って歩いた。

宇和島には宇和島中学があることは知っている。出発前にも先生から聞いていた。何となく対抗意識があった。競争意識よりも、どう言うわけか敵愾心《てきがいしん》のようなものを感じていた。我々松山の者には十五万石の誇りがあったが、宇和島人には維新の時の勤皇藩という誇りがあった。何でか松山よりも宇和島の方が明治以降、偉くなった人が多いという人もいるくらいだ。

今度の旅行には遠く松山からくるのであるから、土地の中学から峠まで代表が出迎えに来てもよさそうなものだ。出迎えの挨拶までこちらは考えていたのに……。広徳はひそかに思っていた。

宇和島の町に入った。何だか町の空気も違う。宇和島中学の生徒たちは、狭い町のこととて、松山中学の生徒が修学旅行に来ていることは、みんな知っている。旅館の前には何人かすでに偵察に来ている。少しずつその数も増えている。宇和島中学の生徒は、越人に対する秦人のごとく、無関心というよりは、松山中学の生徒を無視している。広徳が風呂から上がって部屋に戻ると、宇和島の生徒が町を歩いているとき、二階からつばをはきかけたという報告を聞いた。

松山の生徒は、思っていたとおりだ、と憤怒に燃えた。

「畜生め、覚えていやがれ」

夕食が終わると、自由散歩となったので足の痛みをこらえ、市内を散歩した。ある街角で土地の中学生一団と出会った。彼らがまず夏服を着ている広徳を見て、何か言ったのをきっかけに言い争いとなり、たちまち鉄拳が乱れ飛んだ。

「それっ！　中学生の喧嘩じゃ！」

ちょうど宇和島は、和霊神社の祀りの日である。一杯機嫌のやじ馬も混じって、

「松山のやつなんか、やっつけてしまえ」

町民を交え、あちこちで小競り合いとなり、双方とも血を見るようになった。広徳は目抜き通りを一回りして宿に帰り、武勇談に花を咲かせていると、

「松山の一団が包囲され、苦戦中」との情報が入った。

「それっ援兵！」と、側にあった尺八を握って飛び出した。宇和島の生徒たちは、広徳の夏服を見ると、

「そらっ夏服が来たっ！」と彼を包囲した。

捕虜になっては大変と、持っていた尺八を振り回し、なぎ倒し、やっと囲いを脱出して宿に引き上げた。

群衆は、広徳の跡を追って、旅館の前まで押し寄せてきた。どこで聞いたか、

「夏服出てこい」「ホコラでてこい」と騒ぎ立てた。

このままでは情けないと、広徳は二階から屋根に出た。

「俺がホコラじゃ、何の用じゃ」とどなると、

「それっ！　ホコラじゃやっつけてしまえ！」

（註、ホコラとは、広徳の仇名、昔から町や村にある信仰の対象、瓦で出来た焼き物、家の形をしていて正面が四角に大きくあいている）

たくさんの石が飛んできた。体にはいくつか頭にも一つ当たった。

広徳はいきなり屋根の瓦をはぎ取り、振り上げると、群衆は頭を抱えて軒下に隠れた。

「宇和島の弱虫め、これでも喰らえ！」

力一杯投げた。長居は危険とすぐ部屋に飛び込み、雨戸を閉めた。石がぱらぱらと雨戸に当たった。敵は多数の力を借りて、表門を壊して入ろうとする……松山勢は階段を死守しようとする。

宿の人たちは青くなって震えている。やがて警官が来て、群衆を退散させた。

喧嘩のおかげで修学旅行はめちゃくちゃ。むなしく宇和島を引き揚げることとなった。

まだ、滑床を初め多くの見学場所が予定されていたが、二日間、宿屋に籠城しただけで引き揚げた。松山では、旅行生が帰るよりも早く情報が入り、かなり心配をしていた。負傷者は広徳であるに違いないとの噂でもっぱらであった。親戚の者もそう思い込んでいた。しかし学校では、十二月の海兵の試験に広徳が合格していたので、その名は伏していたことがわかった。

校長排斥運動

修学旅行は喧嘩旅行に終わり、どうなるかと思いながら、次の日登校してみると、また続いてホコラの出番となるようなことが起こっていた。以前からくすぶっていた校長排斥運動が起こったのである。松山の中学校でも、以前にも校長排斥運動はあったという。当時の世の中は自由民権運動が盛んで、何もかも自由民権にかこつけて、騒ぎ立てる時代であった。中学生が授業をさぼって県議会の傍聴に行ったりすることは、公然と行なわれた。中学校での校長排斥運動など、日本中どこにでもあった。この学年はどういうわけか、入学以来、校長と馬が合わずよく衝突した。一年上の学年と校長とはこの学年とは反対に、うまく合っていた。この学年は昨年までは、最上級生でないため、校長に対して烽火をあげるまでには至らなかったが、今や最上級生であって全校生にも呼び掛ける立場となっている。そのうえ今度、修学旅行に行った宇和島地方は、校長の出身地に近いところであって、宇和島中学憎ければ校長も憎い。

秋雨の降る冷たい休日に、五年生全部と四年生の有志が城山の西約四キロメートル、西山の麓の山内神社に集まった。感受性の高い十七、八歳の青年たちは、集まるまでにかなり興奮している。何のために集まるのか、どうしようとしているのか、大体は分かって来ている。事の内容の報告・説明が始まるや否や、「おう……」の発声。また発言を始めると、「おう……」OKの「おう……」の反応。宇和島での喧嘩の後始末が、わが方に不利であった報告のところにくると、校長排斥の叫びは燎原之火の如しとなった。満場一致をもって校長追い出しの戦闘開始を決議した。

趣意書の作成委員、交渉委員、運動連絡委員、推進委員、情報収集委員などを決め、さっそく実行することとなった。広徳は、推進委員となった。推進委員が結束、啓蒙、説得、督促等をする役である。雨の降る中、直ちに夜も夜中までカンテラの明かりを頼りに、下級生の家を回り、脅したりすかしたりしながら、連判状のハンコを集めてまわった。中には、学校からの処分が怖いと言って渋り、断わってハンコを押さなければ上級生から後でいじめられると言って泣きだす者もいる。

後に俳句の大家となった松根東洋城はそのころ一年生で、泣きだした一人であった。松根は、本名豊次郎と言い、一番町に下宿していた。その頃の松根は中学校で一番の美少年で、まさに「梨花一枝の風情」であったと広徳は表現している。いかな推進委員でも調印を強いずに引き揚げた。二番町の奥村という四年生の家の二階が本部であった。そこで夜を徹して策をめぐらし、拙速主義で臨んだ。校長に不意打ちを掛けるのも卑怯だと、委員を選んで、今夜半に校長の家の門をたたかせた。

報告によれば、校長は、

「わが輩も諸君の信望を失った以上、もはやこの学校に長く居ようとは思わぬが、退く前に処分しておきたいこともあるから」とのことであった。

「処分とはきっと我々を退学に」ではないか、どうせこのようなことをやる者は、もうとっくに校長のリストに乗っているよ。ここにはブラックリストに乗っているような者が集まっているのだからと話は早い。

「明日の朝、作戦開始にしよう」

翌朝、学校の始まる前に、嘆願書と連判状とを知事に提出した。

学校では吃驚《びっくり》仰天、「坊ちゃん」の山嵐先生こと渡辺政和先生が調停に立った。校長派の教員がもっともあわてている。嘆願書を県庁に取り戻しに走る先生、てんやわんやである。

嘆願書には、校長職の仕事の中身のほか、あらゆる場面のことが書いてある。宇和島での喧嘩の後始末、料理屋で芸者をあげて遊んでいたこと、教員に宇和島の出身者が多いことなどまで書いてあった。

生徒の奇襲作戦は大成功であった。職員会議を開いて生徒を調べ処分となるところだが、そんな間はなく、何段階も事実は先に進んでいく。渡辺先生の勧告で、白紙に還元することとなった。いずれにしても、あの嘆願書が学校に渡る前に、知事より取り戻さなければならぬ。生徒の代表を走らせた。

知事は、「この書類はまだ見ていない」と、すぐ返してくれた。

一名の犠牲者もなく、事は一応収まった。校長はやがて大都市の校長に栄転した。

しかし校長は、よほど広徳が気にさわっていたらしく、先輩の卒業生が、京都の高等中学校へ入学し、帰省の折に校長の赴任校を訪ねたところ、

「あの学校の騒ぎは、わが輩不徳のいたすところで、まことに面目ない次第であるが、生徒の運動があまりに突然で機先を制せられたため、あの暴れ者のホコラとほか数名の生徒を処分する暇のなかったことが残念であった」

と話した。広徳もこのことを聞いて、別に怨みがあったわけではなく、若者の悪戯であって気の毒な思いがしたと後に回顧している。

水野広徳が「此一戦」のほか、世に名を出した十数年後、突然、校長から、

「君の成功を祝する。わが輩はあの時、君を退校させなかったことについて、今日すこぶる愉快に感じておる」

という丁重な手紙をいただいていた。水野はふたたび校長に会って、前非を謝す機会のあらんことを願っていたが、ついに果たせなかった。

新聞配達・柿泥棒

松山には海南新聞があった。明治十九年の発刊だから、日本の新聞としては早い方である。広徳が中学五年の時、松山中学にも、若い大学出の学士が教師として招かれ、校内に新風を

吹き込んだ。これら若い教師は、授業は内容も教え方も新しく、友達のような感じを与え、生徒たちを引き付けた。この時間の授業は、どこから始まったか分からない。いつのまにか本論に入っている。いつのまにか時間が来て終わりだ。これまでの授業は教室の中はシーンとしていて、背筋を伸ばし、目は鋭く先生をにらめ付け、咳をするのも我慢した。

これに対して、今度来た先生は、自分もにこにこしたり、生徒も笑わせたりする。途中に便所にいくのも許してくれる。それよりも「毎時間始めに東京では、東京の中学生はから始まる……」この話には耐えられない。授業の内容よりも、こちらの方が記憶に残る。授業が終わっても、みんな今度来た先生の話ばかり。田舎町松山の中学生の心をゆさぶった。

「東京の中学生は、朝早くから新聞配達をしているんだ。働いたあと学校に通っている」

この一言が生徒の心を驚かせた。

「そして学資の足しにしている。学資の足しよりも、働くのが偉いじゃないか……」

「へえ……中学生が働いてもいいのか……やってみるか……」

聞いている生徒の方は、先生の話の意図はどうでもいい。東京の話はみんな無条件に直ぐそのまま取り入れる。とにかく東京の学生の真似がしたかった。広徳もさっそく始めた。明治二十四年から一年先輩の栗田・桧垣ら四～五名がやっていた。

新聞は夜中の零時から配り始める。家によると、朝刊が寝るまえに配られることがある。特に夏などはそうだ。夏の夜半は直ぐ来るが、冬は泊まり込んで配る者もいた。広徳は通いであったので、よく遅刻して叱られた。

新聞配達をしていると、町のいろいろなことが見えてくる。これまでまったく気づかなかったこと、知らなかったことが目に見えてくる。朝早いことを利用して、果物泥棒をしたことがある。これからの話は広徳もやったが、仲間の話もある。

明治の始めは、松山にも武家屋敷が多かった。長い塀《へい》を巡らしているのが特徴であった。秋が来ると、その塀から果物がたわわに実って、垂れ下がっている。はらんきょう（すもも）、梨、柿、やまもも、棗《なつめ》、などである。それぞれの時期になると、毎日通る少年たちの心をゆさぶった。

配達の仲間に一人の名人がいた。今日はと思う朝は、縄と大きな釘一本を持って出かける。ここぞという家の前に来ると、門の扉に外から釘をさし、家の内側からは開けられないようにする。

手頃な石を見つけてきて縄で縛り、手の届かない枝に投げかけ、引っ張って揺すり実を落とす。外の者は急いで拾う。このタイミングが実に素早い。この時代には、路にはみ出した果物などは、町の人たちも、取ってもあまり罪悪とは思ってはいなかった。このようにして得た果物は、翌日、水練場に持っていき、みんなにふるまっていた。

ある時はうまくいったと喜んでいると、揺すった枝から、果物ではなく墨の雨が降って来た。家の人がうすうす感づいていて防御策を考えたのだった。しっぺ返しだ。家の主人は考え、墨を入れたかんを枝に取り付けておいた。それを泥棒は揺すったのだからたまらない。真下にいた者は、頭から墨をかぶった。逃げてもわかる。今度は負けだ。

今にして聞けば悪いことには違いないが、何かユーモアがあって思わず吹き出したくなる。このような悪戯も、広徳は過去十年間、人の顔色ばかり見て暮らしてきた生活のため、存分に喋《しゃべ》ったり、行動したり、怒ったり、わめいたりということがなかった。そのうっぷん晴しであった。

笹井家追放さる

十六歳ともなると、広徳も子供ではない。世の中の動向までは分からなくとも、家の中のこと近所のこと学校のこと、などは誰よりも分かるようになってきた。ことに義理の中の生活で人の情、暖かさ、公平、差別、人情の機微などは人一倍分かる人間になっていた。自ら言うように、猜疑心《さいぎしん》など普通の子にはないものを、強く早くから持っていた。

そこへ些細《ささい》なことと言えばその通りだが、もう後戻りのできない事件が起こった。伯父が大切に育てていたホホジロに餌をやることを忘れ、死なせた。小さい小鳥に半日、水・餌をやらなければ、死ぬことを知らなかった。このことについて伯父は、異常に腹を立てた。

「よその家に世話になりながら、小鳥一羽に餌一つやれないような横着者は、この後どんな間違いをするかも分からぬから、家へ置くことは出来ぬ。兄のところへでも行って、置いてもらえ！」

これは伯父、叔母の打ち合わせの結果だと、広徳は即座に思った。このごろ叔母の自分に対する当たりが変におかしいと感じていた矢先のことである。よく「家へ置けぬ」という言葉が出ていた。まさか小鳥一羽ぐらいで追い出されるとは思わなかった。

何かわけがあると判断し、これはいくら詫びても許されることではないと、決心をした。しかし、広徳にはその訳は分からなかった。たとえ針の筵《むしろ》でも荊《いばら》の床でも、十年も住めばいろいろと愛着を感じる。泣くにも泣けない伯父の言葉に、いかに差別はされても畳の上で、蒲団の中に寝かせて貰ったことは忘れられない。忘れてはならないと思った。

今日ほどつらい日はない。苦しい時はない。どうしていいのか分からない。死のうとも思った。

「一緒に歩くことさえ恥ずかしい兄と、これから同居せねばならないのか」

近所にも何も言わず、兄に連れられて屠所《としょ》の羊のごとく行った。十年前、姉に背負われて笹井に来て以来、楽しい生活ではなかったし、懸かり人の悲哀も十分に味わった。この道のりは広徳にとって良き道であったか、悪い道であったかは分からないが、赤子と言っていいくらいの時からこの年まで永く養ってもらった高恩には、伏して応えなければならない。

兄と同居

兄は上中の川の極楽橋の佐々木という雑貨屋の隣の部屋を借りて住んでいた。広徳が笹井を追放された少し前までは、兄も毎晩のように笹井に来て、伯父や伯母の按摩をしていた。いくら夜遅くなっても来ていた。ところがある日突然、伯父から出入りを差し止められた。

伯父に対して絶対の尊敬と信頼をしていた兄は、何のことか分からないまま伯父の逆鱗《げきりん》に触れたのである。その場に土下座をして謝ったが、頑として伯父は聞かず、泣いて詫びる兄を蹴飛ばさんとするほどに、門の外に追い出した。

曲がったことの嫌いな伯父がこれほどまでに怒るには、何らかの大きな訳があるに違いない。その日から夜は早くから戸を閉め、絶対に兄を寄せ付けなかった。広徳が追い出されたのも、そのことがあってから間もない時であった。兄の家は、三畳一間に一畳分の土間があるだけ。そこに広徳は、食事用具と学校用品、はげた親譲りの机、普段着と寝巻き、下駄一足、父の使っていたブリキの弁当箱一つ、それだけであるが、兄の所帯道具で一杯の中に持ちこむと、蒲団を敷く場もないくらい。土間には米櫃《こめびつ》、漬物桶、炭俵が置かれてあった。

近所には広徳の小学校時代の同級生もいた。広徳が、父の使っていたブリキの弁当箱をいつまでも学校に持って行っていたため、たちまちブリキという仇名をつけたのがこの近所の西村である。兄のことをこの近所の人たちは、ちんばの虎之助だから「ちん虎」と呼んでいた。ところが、広徳も同居すると兄と同じ呼び名になって、会うたびに「ちん虎」「ちん虎」と呼ばれるようになった。

広徳が中学校へ行って、毎月一円二十銭の月謝を払っていると聞くと、

「へえ！　広さんは中学校の生徒さんかな、そして授業料が一円二十戦も要《い》るのかな。大したもんじゃな。コチトラの仲間じゃ広さんぐらいの年になりゃ、何でも嫁がして、日に三銭でも五銭でも儲《もう》けるのじゃが、大変な違いじゃ、惜しいもんじゃな。でも今にどっさり固ま

って入るんじゃけん、マア精出して勉強おしな」と冷やかす。

冷やかしながら手紙を読んでくれとか、ハガキを書いてくれとか言ってくる。兄は広徳の中学校を自分の誇りにしている。

三畳一部屋の生活に入った広徳は、これまでとまったく違う生活にはいる。兄は麦六分米四分の飯を炊いていた。そして二人分の一日の米麦の量を決めた。当時、一般人は米麦五分五分の飯を食べていた。四分六分というのは監獄の飯といわれていた。そして炊いた麦飯を全部まず笊《ざる》に移す。笊に移した飯の山を杓子《しゃくし》で二つに筋をつける。つまり半分が一人の一日三食分である。

広徳はまた、これを三等分し、三分の一朝食べ、三分の一を弁当箱に詰める。これでは広徳の腹はは持たない。飯以外には何も食うものはなく、買い食いするにも金がない。兄はこれで腹が持つのかと思ったが、聞くわけにもいかない。自分よりも大食家であるはずだが。

兄は極端な経済家で、一日の米の消費量から一か月分を計算し、米は一斗ずつ買う。一斗は十五キロである。一斗買うと一升買うより割安だ。一斗の米を櫃にいれ、鍵をかけた。生米をかじると食べられることは、広徳は知っていた。これまで笹井では、飯だけは腹一杯食べさせてもらっていたので、急にこんな食事になると、麦が多かろうが、そんなことよりも腹の虫がぐうぐう泣く。兄は夜中に帰ってくる。広徳は考えた。

米櫃を開けて、生米をかじってみよう。しかし、鍵がかかっている。苦心のすえ鍵はあいた。米は一杯ある。ところが、米の表面に何やら書いてある。ここまで用心深いのか。

こちらもしたたか者、米の表面に書いてある字か絵か分からぬものを、しっかり頭に覚え込む。そして一掬いの米を右手でとり、ぱっと口に入れた。噛んでみる。しっかり噛みしめてみる。

うん、何やら味がしだした。ちょっと甘い。すきばらにはうまい。

〝もう一掬《ひとすく》い〟続いて〝一掬い〟あまり食べると兄にわかる。この辺りで止めておこう。最後の一掬いを噛んで噛んで飲み込むのが惜しい、もったいない。そして米の表面を均《なら》し、覚えたとおりの何やらを書いて蓋をし、鍵を掛けた。

ある晩は沢庵を噛《かじ》った。これもうまかったが、その晩はのどが乾き、夜中に何度も水を飲みに起きた。広徳は笹井では一升飯を食っていたので、飯と沢庵の三度の食事ではひもじい思いをしていたのである。

兄の人間性・兄の死

先にも述べたように、兄虎之助は生来かんが強く、五、六歳の時、てんかんを病んでびっことなった。彼はこのため学校には行かなかった。今の時代と違う。今ならこれくらいのことは恥じることもなく、堂々と一家を継ぐことは出来たし、学校にも普通に行ける。しかし、当時はまだ武家社会の考え方がまかり通っていた時代である。父もまた生前、早く彼を廃《はい》嫡《ちゃく》にしていた。

三津浜から松山へ一家転住した時が十二歳、父が亡くなった時が十六歳。親族会議の結果、父の姉の嫁ぎ先樋口家に引き取られることになった。樋口家は長男は佐伯家へ養子に行き、次男の文造が樋口家の後を継いでいた。兄とは従兄弟に当たる。しかし、年が大変違うので、おじさんと呼んでいた。佐伯家は水野家に比べると、藩政時代に格式が高かったので、維新の家禄奉還金などもはるかに多く貰っていた。

従兄弟であるが、おじと呼ぶ文造は、これまた大変な男で、比類のない酒くせの悪い男であった。兄が行った時には立派な家屋敷もみんな酒に換え飲んでしまい、極楽道の狭い借家長屋に大勢の子供を抱えて住んでいた。

飲むと酔わなければ聞かず、すぐに常人とは思われない行状となる。そのあたりの物を手当たり次第どこにでも投げつけるのはまだ行状の始まりで、ある時は三歳の子供を庭へ放り投げて、その女の子の腰骨を砕いて、びっこにしてしまったこともあった。おばさんはそのため苦労をして、髪結いで家計を助けていたが、それでも気に入らぬ時は、髪を摑んで引き摺《ず》り出し、裏の土手の木に裸で縛り付けたりすることも珍しくなかった。このおじは刑務所の看守をしていた。兄はこんな看守に出会っては、囚人も大変だろうと思っていた。

父のいた頃はぶらぶらしていた兄は、預けられた翌日から、おじの酒代を稼ぐために米搗《つ》きに出された。その頃は大抵の家には足踏みの臼があって、自分の家で消費する米はこの臼で搗いていた。

米搗き機は、公園のシーソーを考えると分かりやすい。片方に餅搗きの杵のような物が取り付けられ、片方は足で踏みやすいように平らに削ってある。搗く人は平らな方の端に少し高い踏み台を作っておき、そこから片足で踏むことが出来るようにしている。そして体が安定して踏めるように、両手を支える木の棒をわたしておく。これを手で握り、片足で踏みながらコットンコットンと一定のリズムで踏んでいく。非常に単純な仕事であるが、運動量はかなりある。

右足が疲れてくれば左足にかえる。一時間ぐらいは続けられる。早く踏めば早く搗けるが、そのかわり疲れも早い。一臼といって、三升か五升くらい入れると、だいたい一時間半くらいで白米になる。途中で水を少し入れたり、しゃもじのような物で混ぜたりすると、米粒が割れずにきれいに搗ける。

兄はこのような仕事を、毎日やらされた。歩くにも足を引き摺《ず》っている者が、この仕事をさせられた。ただ誰にも出来て、単純な仕事はこれ以外にはなかった。この仕組みの米搗き機を、唐臼《からうす》といっていた。朝早く唐臼つきにやられ、夜帰るとおじに八つ当たりを受け、打ったり蹴ったりされた。

兄はこのような不自然な生活を続けること四年余、何としても自活をと決心し、同じ極楽道で家を借り、自活の生活に入った。四年間の間、一銭の小遣いも貰わず、何をしようにも元手はなかった。さっそくまた米搗きを出稼ぎ、使い走りもあわせはじめた。いまでいうメッセンジャーである。どちらも兄には身体上、もっとも不利な仕事であることは分かっているが。それでも樋口家よりはいい。そして腕に一定の仕事を身につけなければと、夜は按摩の師匠のもとへ通い勉強をした。兄は自身が無学、そのうえ体もハンデのあることを十分承知していた。

では「金」だ。金を貯めて生きること以外に自分の道はないと思うようになった、悟った。そのためには、なりふり構わず勤勉だと信じ、半ば宗教的にさえなった。夜は仕事のある限り、どんな仕事でも引き受けた。

兄の異常さは、もう一つあった。胃が丈夫で、何でも人の二、三倍は食べた。食べたというより食った。前に笹井に来ていた頃、食事をする時などは、少々饐《す》え（食べ物が腐って酸っぱくなること）かけていようが、臭いがしようが、それこそなで込むといったら表現できるくらいの早口でたくさん食べてた。「虎さんの大食」という評判であった。

また、食い溜めをしていた。余所で御馳走になる時は、前屈《かが》みして御辞儀が出来ぬくらいに腹一杯食べていた。これくらい食べると、一食くらいは食べなくても我慢できる。

数年たって、土地付きの家の売り物が近所に出た。宅地四十二坪に十六坪あまりの家二軒つきの長屋。値段は六十五円。一軒分は自分たちが住み、他の一軒は貸家にすることが出来る。計算は早いものだ。樋口の家を出て六年、一躍二十六歳で家持ちの男となった。兄は三畳一間の佐々木の家から、広徳をつれてこの家に移ってきた。

食う物も食わず、着る物も着ず、他人に何の援助も受けず、迷惑も掛けず、女も知らず人生を覚り、按摩一筋で指先から稼ぎだした、まさに汗と脂でこれだけの不動産を手に入れた。

一軒は菊さんという人に月五十銭で貸した。この家に引っ越したのは明治二十三年の九月であった。同じ広さの六畳二間を貸して、この日から一転、家主となった。菊さんは間もなく結婚をした。水野家は、初めて近所の人とも言葉を交わすような生活になった。

しかし、毎晩悩まされることが起こった。机に向かって勉強をしていると、菊さんの奥さんの泣き声が壁の向こうから聞こえてくる。新婚でまだ喧嘩をするはずもないと初めは思っていた。毎晩同じ頃、決まって聞こえてくる。不思議に思ったが、半ば好奇心もあって聞いた。机を壁に寄せ、耳を近づけて聞くと、新婦のすすり泣きには違いないが、本当に泣いているのとは少し違う。箪笥《たんす》の取っ手がゆれていて、かちかちと言う音も聞こえる。その音がだんだん早くなってくる。しばらくすると、エンジンが止まるように静かになった。

広徳もすでに十八歳、ああ！　と合点した。いたく興味を覚えた。それからは毎夜、その泣き声を待つようにさえなった。でもこれが始まると、広徳にはｘｙも、αもβもあったものではない。勉強などはそっちのけとなる。

これまでは一厘の金もむだ遣いしなかった兄は、ここに来てから少し変わった。毎晩遅く帰ってくるのだが、かならず煎餅か甘い菓子を買って来るようになった。兄が神様のように見えだした。その他のことは、これまでとなんら変わることはなかったが。

ひょっとしたら、米櫃のこともちゃんと知っていたのか。しかし、何でお菓子を買って来るようになったかは、広徳にはとうとう分からなかった。

彼は無学であったためか、誰にも教えられないのに信仰心は非常に強かった。それも自分の健康や繁盛を祈るのではなく、家督を広徳が継ぐことになっているのに「水野家の再興」を祈っていた。

毎朝顔を洗うと、東の空に向かって、

「高天《たかま》が原に神留まります　かむろぎかむろみの命」

「広徳が成長して水野家を再興するまでは、○の年の○○歳になる笹井の伯父が、どうか達者なようにお願い申し上げます」

続いて今度は、仏壇に向かって座り、

「べーろしゃのまかもだら」を唱え、

「桑名以来二百何十年間における水野家代々の戒名」を読み上げる。

「広徳が成長して水野家を再興するまでは」

を朝夕繰り返す。一回に三十分はかかっていた。廃嫡になったことへの疑問などまったくない。兄と同棲した期間は三年余である。食事をはじめ物の面では極貧の生活であったが、気持ちの上では、初めて経験する明るさがあった。専用の豆ランプを買ってくれたときはうれしかった。一人で勉強したいとき、自分の前において、明るかった。しかし、だんだんその快適さにも馴れ、いつしか部屋の隅に置かれ、埃をかぶるまでになった。兄と喧嘩もするようになった。

「貴様のような横着者が、海軍なんかに入れるもんか。死んでしまえ」といったかと思うと、

「広徳が成長して、水野家が再興するまでは」とやる。兄と喧嘩する最大の発端は、いつも兄の仕事の看板のことであった。兄は自分の仕事の看板を家の前に掲げたい。しかし、自分は小学校も出ていないので書けない。広徳に書いてくれという。広徳は、「按摩や使い走り

いたします」という看板は、恥ずかしくて出したくない。兄にはそれが分からない。このことで長い間、〝書け・うん・書け・うん〟の繰り返しが続いていた。この間に何度、喧嘩をしたことか。

兄がいないときは、広徳は看板を裏返した。兄はこれを知って営業妨害だという。

兄は、年に一度か二度の持病の発作を起こしていたが、それがだんだん回数が増えてきた。しかも以前は、発作の前触れがあったが、多くなってくると突然に起こるようにもなった。苦しそうな叫び声をあげ、痙攣《けいれん》の終わり頃には物すごい苦しそうなうめき声を上げる。当然に、疲労は溜まり、だんだん衰弱してくる。ついに狂躁症になった。

広徳の手に追えなくなり、笹井の伯父に相談の結果、笹井の近所に小さな一戸を借り、座敷牢をつくり、看護の止むなきに至った。兄二十九歳、明治二十六年三月のことである。

広徳はこの時、中学卒業の年であったが、落第したのを機に退学をした。兄のいなくなったあと兄の家で一人、自炊生活をし、かなり生活は乱れていた。一年あまりして兄は小康を得て帰ってきた。しかし、もとの元気はまったくなく、ただ呆然としているだけであったが、朝夕のお祈りは続けていた。

広徳は兄の帰って来た時を潮時と、兄の家を出て下宿生活にはいった。西町に下宿していた広徳は、水練場からの帰り道、兄の家に寄ってみると、兄は多量の血を排泄して、その中に横たわっていた。笹井の伯父にまた連絡をして医師の診断を受けると、赤痢という。さっそくに避病舎に運ばれたが、入院四日後に亡くなった。明治二十七年七月、三十歳であった。

広徳は水練場で知らせを受け飛んで行ってみると、見る影もなく青黒い兄の死顔を見た。

「ああすまなかった。自分が兄を殺したのじゃ。許しておくれ」

涙がぽたぽたと落ちた。伝染病のためその日のうちに、病院の近くの土手に薪を積み重ね、その上に棺を置き、火をつけた。広徳はじっと眺めていた。パチパチぱりぱり、火は燃え上がった。お坊さんもいない、親族が二、三人いるだけだ。人夫だけが荒々しく薪を継ぎ足している。骨拾いは朝と言われたので引き上げることとなったが、広徳は戸惑った。振り返り振り返り。

水野家の再興を祈りながらの死であった。人生の楽しさ、明るい場面、嬉しさ、華やかさを知らないまま兄は若くして世を去った。何のため兄は生まれて来たのか。

「不運に生き不運に死した兄よ」

蓮福寺のお坊さんが「普徳光義居士行年三十歳」と書いて去った。

兄の小学校の同期には、柳原極堂（ほととぎすの創刊者）、白河義則大将陸軍大臣らがいた。

第二部　江田島の青春

海軍へ

中学さえ出ていれば食うには困らない。と伯父からいわれ喜んで中学へ入り、まるで別世界にでも生まれかわったような気持ちでいた広徳も五年後の今となって、どうするかを考え決めなければならない時が来た。自分だけではない、みんな漠然と中学生活を過ごし、同じ悩みを持っているに違いない。金さえあれば次の上級学校へ行けるが、自分にはそれはまったく考えられない。大学を出れば出世ができる。これもその通りだ。

現に松山からも、勝田主計や佃一予がなっている。勝田は大蔵大臣、佃は興銀副総裁や報徳銀行頭取になっている。上級士族階級の子弟ならば、この道を選ぶことができる。自分にはとうてい考えられない。金のかからないところといえば、師範学校か軍人の学校かである。

広徳は以前に近所の「お張り垂れ」の掲示板で、陸軍の幼年学校のチラシを見て気に留めていて、伯父に話したことがあった。伯父も大変賛成をしてくれ、願書まで書いたことがあった。

それ以来、軍人の学校なら陸軍士官学校と思い続けていたが、ある日、同級生の徳永幸太郎と話をしている時、「陸軍より海軍のほうがいいぞ……」と迷わず、その友達は言った。徳永はいろいろの条件を並べ、整然と海軍の有利性を話し続けた。広徳には何の情報もない。ああそうかと思った。それだけのことである。人間の運命とはこんなものだ。

当時は、お殿様も陸軍に行き、学校の先生も海軍のことはあまり知らず、陸軍のことばかり話していた。まだ松山にも海軍へ行った先輩はあまりいなかったし、海軍兵学校がどこにあって、何をする学校かも知らなかった。

そういえば、広徳がまだ笹井にいた頃、あるとき立派な洋服を着て白い手袋をし、ピカピカの靴をはいた兄ちゃんが訪ねて来たことがある。子供心に充公と座敷の戸を少し開けて覗《のぞ》いたことがあった。なんと格好のいい兄ちゃんかとその時は思った。特に黄色いボタンが七つ光っていたのが印象に残っていた。あとで聞くと、笹井の伯母さんの従兄弟で、正月休みに帰省してあいさつに見えたという。伯母さんって偉い人と親戚なんだなあと思ったことがあった。

中学校を出てそのまま市役所や役場で働くと、一応食い外れはないにしても、まもなく徴兵がある国民皆兵の時代に入っている。皆兵と言っても、満二十歳の徴兵検査で合格した身体的に健康な者だけが負う義務だ、これもよく考えてみれば不公平な話である。合格した者は三年間、物凄く鍛えられる。鍛えられるというよりもしごかれる。自分たちがしごかれたから、二年兵になると新兵を鍛える。これの繰り返しが、わが国陸海軍に八十年間続いた。監獄よりも厳しかった。監獄も上下関係が多少あったようだが、軍隊は上官が同じ兵舎にいっぱいいて、その上官がみんな下級の者にはあたってくる。廊下であろうが便所であろうが、町の中の遠くを歩いている者であろうが、失敬をすると、大きな声で呼ばれ、ビンタを食う。また自分も星が一つ増えると、わざわざ呼び止めて敬礼をさせる。そして周りの人にわかるように、大声でどなり散らす。これで自分も一人前になりかけたと満足をする。

入営という呼び方で入隊をした。自分の着て来た物は、ふんどしを除いてすべて送り返させ、ほかはすべて官給の物に着替えさせる。着替えると帽子をかむらせ、「気をつけ！」の号令がかかり、みんなビックリして、これまでにそれぞれの学校や団体で多少、兵隊ごっこをして来た通りの敬礼をする。一人一人違う。くせのある敬礼をする。

それを内務班の班長上等兵か伍長が一人ずつ見て回り、指と指の間に帽子の縁が触れるように右手をあげ、肘《ひじ》は肩の線と平らになるように張る。自然には胸の面と同じ面にはならない。少し肘を後ろに張るようにあげないと、上膊と胴体が直角にはならない。手のひらは四十五度に傾くようにする。ここまでを何回も繰り返し、次には二人一組になり、お互いに向き合って号令をかけあい、相手の敬礼をチェックする。

敬礼だけで半日訓練が行なわれる。編み上げ靴の紐の結び方もやる。こんなのはまだはじめのお客様時代のことだ。訓練は教育ではなく、暴虐であった。だから徴兵検査で不合格になるように、わざと風邪を引いて検査に行ったり、前日に下剤を飲んで検査にのぞむ者もいた。こんな地獄であることを知っているが、拒否したくてもできない。自殺さえする者も出た。一年志願と言って中学を出ていれば、百円出せば少尉に任官でき、一年で帰ることもできたが、そんな金はない。

では、陸軍士官学校か、海軍兵学校しかない。士官学校よりも海軍兵学校の方がよいことは、友だちから散々聞いた。結局、海軍兵学校しかないことになる。

折しもその頃、三津浜港沖に軍艦「扶桑」がやって来て停泊した。その時代は鉄で出来た船で三千トンを超す軍艦だということで、松山市民は大騒ぎ。日本一の軍艦を見ようと我も我もで押し掛け、無料で乗せてもらえることも手伝って、港は人で埋まった。但し、港まで往復七銭の電車賃がいる。広徳は歩いた。片道五キロはある。

港に着くと、すぐにはしけの順番を待つ人で黒山のごとく並んでいる。軍艦はなんと向かいの興居島ほどにないが、四十島よりは大きく見える。漁船しか見ていない市民の目の前に、日本の鋼鉄製の軍艦が来ている、わざわざ松山へ来てくれたのだ。親しみをもって順番を待っている。夕方までに自分の番が来るかなと気にしていたが、案外早く乗ることができた。待っている間、市民は、退屈凌《しの》ぎに勝手なことを言っていた。

「ラッシもない大きいのう」(〝ラッシ〟はとてつもないの意味)

「あの大砲でやられたら、松山城も一発じゃのう」(〝のう〟は問いかけの言葉)

中学校の仲間は、

「あのマストのドタマまで何間ぐらいあるかねや」（ねやは〝ね〟とか〝なあ〟など呼び掛けの言葉）

「お囲い池の櫓《やぐら》とどっちが高いかのう」

「二十間はあるぞや。お前、あの上から飛込み出来るかい」

「出来らいじゃい、お茶の子じゃがや」

なおも続いて女の子が、

「はよう軍艦へ上げてくれりゃええのになあ」

「海軍はやっぱり勇ましゅうてよう御座いますなもし、私とこの親戚の息子が海軍になっておるがなもし、そりゃ贅沢なもので、水兵でも毎日洋食じゃと言うがなもし」と老人。

「そうですかなもし。軍人になりゃどうしても、海軍のことじゃなもし、外国まで見物が出来るんじゃけんなもし、お互いにもっと若いとなもし、アッハアッハ」

今度はお囲いで知ったおじさんが、

「お前も来たのかい、よう来たのう。お前海軍におなりよ。体格はええし、泳ぎは上手じゃし、海軍には持ってこいじゃ。松山は昔から水練の盛んなところじゃけんの、皆海軍になるとええ」

やっと甲板に上がると、上着の短い洋服を着て襟には金筋があり、短剣を下げている士官らしいのが二、三人甲板を行ったり来たりしながら、時々、下の伝馬船を見下ろしている。

ピーと笛が鳴って何か号令がかかると、二十人ばかりの水兵が縄梯子を上っていった。「まあ早いこと」「上手《うま》いもんじゃ」「まるで猿みたいなもんじゃ」口々にいろいろ言っている。

これで広徳の海軍志向は、固まっていった。

海軍兵学校受験

明治二十六年、尋常中学校卒業式を迎えた水野広徳は、兄の死後、自分一人の生活に入り、自炊生活は乱れ、外食をしたり、汁粉を食べに行ったり、悪戯はますます度を超すこととなる。叔父から貰う一か月分の生活費は数日でなくなる。教科書や本の書き写しをして、本物は友達に売って小銭を稼いでも大したことはなかった。ただ教科書のまる写しをすることによって、授業に出なくともまる暗記をした。このため科目によっては試験で満点をとったこともあり、先生からほめられるという悪循環もあった。しかし、全体としての成績は良くなく、科目によっては成績のつかない科目もあった。

人物評価にいたっては、前代未聞の悪戯は自他ともに認めるほどであったため、遂に落第生となった。本人はもとより予期していたし、別にこの落第には失望、落胆や怨みはなかった。中学校は出なくとも、海軍兵学校の入学資格には影響なかったからである。

中学卒業の資格のないままその年の八月、海兵の試験、十二月には海軍機関学校の試験を受けた。これも天下御免の自堕落な生活のためどちらも失敗、このときは当然くらいに思った。肝試しぐらいに思っていた。

兄と同居をしていた時のような、自由奔放の生活は相変わらず続いていた。若干の収入は新聞配達によっていた。月収は九十七銭。海南新聞の配達をしながら、普通では見られない社会の裏側をも時々見せつけられたり、配達先の家の人たちにも出会って半社会人として扱われ、社会勉強をしながらの受験勉強である。松山の町ではますますの餓鬼大将であった。

ところが、翌二十七年になって突然、代数、英文和訳、白文訓読の三教科であった入試科目が、数学が算術と幾何、英語は和文英訳、文法、書き取り、会話。漢学には作文も加わった。この改正こそは、広徳を、生活を含め根本的に考えを改めさせる爆弾となった。中学校では、三教科以外は無用の学科として、徹底的にサボリ続けていたからである。

海軍を断念して、陸軍へという気にはならなかったが、現に陸軍に行った者は士官候補生として入隊している者もいた。さあ困った。友達の中には県外の学校へ行く者がいた。昨年から退学して東京の中学に行っている者もいる。東京には海軍予備校があり、海城中学・攻玉社の二校は専門に海軍の兵学校や機関学校へ生徒を送り出している。山口にも鴻城義塾、広島の修道義塾などがあった。何人かすでに行っている者もある。

しかし、これをあの伯父にもう一度相談する勇気はなかった。駄目と言われるに決まっている。駄目どころではない。

「何を考えてるんだ」と、叱られるに決まっていると思った。しかし、東京はまったく見込みがないにしても、大田君のように、山口くらいならひょっとしたらとも考えてみた。日が経つにつれて、広徳の頭は可能性の方がだんだん強くなり、叔父に伺いを立ててみた。伯父は前にも書いたが、子供を理由なく絶対に叱り付けることはなかったし、静かに回答をする人であった。キセルに煙草をくゆらせ、天井を向いて大きく吐き出した。

伯父は、やや意外に思ったのか、また煙草をくゆらせ、目を閉じていたが、しばらくして、

「それは水野家としては相当大きな問題だが、おまえの目的を達するためならやむをえないが、ほかの兄弟の生活のこともあるから、佐伯ともよく相談してみよう」

と言いながら、また天井に向かってまた煙を吐き出した。伯父にとっては大変大きな問題としてとらえたのであろう。

広徳は答えは出たと思った。何とかもう一度、とは考えなかった。

これから一年間独学の道もあるが、習っていないところが多くあり、これをこれから一人で勉強ということでは間に合わない。一度去年退学した学校ではあるが、再入学を決心した。決心をしても学校が受け付けてくれるかの問題が大きい。いまさら、

「悪うございました、どうかご勘弁を」

と願い出るのも厭《いや》だ。第一、学校が許可するかどうかが問題だ。また、二年下の生徒と同級生となり、机を並べるのも気が進まない。

中学校の意向を聞いてみることにした。反対もあったようだが、入学を許可してもという返事があった。明治二十七年五月、ふたたび小倉の破れ服を着てもとの学校へ通うこととな

った。友達はなんと見たか。今度はでたらめの生活は許されない。兄といたところを出て下宿をすることにした。これまでの四年間の梁山泊生活に終止符を打った。

下宿は、出淵町から西町へはいって右側の二軒目、地方出身のおばさんの経営する素人下宿屋であった。他の下宿人は今治と西條の地方出身の下級生で、三食付きの一日九銭であった。下宿屋のことを言うと、だいたい素人下宿屋は、一日米一升だという。このころ米一升は九銭二厘だった。したがって三人の下宿人がいると、おばさんの生活費は十分出たということである。

広徳にとって、生まれて初めての下宿生活であった。これまでの不規則な自炊生活に比べ、毎食の準備の煩《わずら》わしさはなく、毎回腹一杯食べられ、気は楽でうれしい毎日であった。ただ一つ、勝手な時に食べるというわけにはいかず、時間に縛られた。食事時間に合わせて自分の生活を組み立てなければならなくなった。

この気楽な生活もつかの間で、下宿後まもなく、便所に行くたびに肛門から出血していることに気づいた。直ちに近所の医者にみてもらうと、痔核という便秘からくる病気であることが分かった。

これは大変、自分の目標に対して生涯を左右する大きな出来事ではないか。手術をするといっても、入院をしなければならず、費用や期間の点で貧乏書生の出来ることではない。規則正しい生活に入って、こんな病気になるとは皮肉なものだ。

念のため県立病院でみてもらうと、手術をすると癒《なお》るが、入院を一か月しなければならぬという。そんなことしていたら、八月の初めからある海兵の試験は受けられない。また一年を無駄にしなければならない。再入学した中学校の勉強も少しは分かってきたところであって、多少の自信もつき始めたころである。

今は八月の試験を断念して、また一年を待たなければならなくなった。七月の下旬、兄が亡くなったので、その後へ下宿を引き払って戻ることにした。

初めての猛勉強

下宿を引き払った広徳は、この夏の海兵も受けるだけは受けてみた。しかし、当然ながら身体検査で不合格に終わった。

これからの一年間というものは、学校に通いながらまじめに勉強せざるを得なくなった。もう後には引けない。まずいながらも三度の食事を自分でつくり、腹一杯食べ、規則正しい生活に入った。二歳も年下のクラスであるから冷やかす者もいない。皆、あれがホコラかという感じで、自分を見ていることも分かる。

二歳違うと、大変子供らしく同級生が見えてくる。ボヤボヤしてはいられない。ただ服装だけはどうしてもみんなよりも粗末であり、手がかかっていない。洗濯も行き届いていない。でも案外、皆まじめにつきあってくれる。相手がそうであれば、こちらも真面目にならざるを得ない。教室の中がそうであると、遊歩の時間もそうなってくる。

先生も始めのうちはじっと見ていたが、別に以前の自分を意識している様子はない。自分も変な質問などもしない。多少予習なるものをしていくと、友達よりも分かりが早い気がし出した。自分もこれだと思うようになり、勉強に弾《はず》みがついてきた。

合間を見て病院にも通った。若いからか、食べ物が変わったからか分からないが、痔の病気もだんだんと好くなってきた。年末のころにはこれで様子を見ようということとなって、医者も解放してくれた。それ以来再発はしなかった。

ところで広徳は、明治二十七年十月、生年月日明治八年十月を十年十月と戸籍を訂正している。戸籍の訂正が、なぜそんなに簡単に出来たのか。

海兵合格

昨年、再入学の勉強でこれまでにさぼっていて授業に出なかったところ、新しく海兵の試験に追加された科目なども、どうにか受験の資格くらいまでは出来るような気がし出した。

幸いなことに突然であったが、年末の十二月に海兵の追加試験があることの発表があった。これは広徳には驚きであり、広徳のために世の中が動いているようにさえ思える情報であった。

「やった！……」と思わず声をあげた。出願もしていない、受験もしないうちから合格したような気持ちになった。時代は、日ロ戦争を予想した追加募集であった。四度目にやっと合格した。

伯父は合格を大変喜んでくれた。心の底から喜んでくれた。

父の頼托状を見る

広徳の海兵合格の前年の暮れ、笹井家で一緒にいた喧嘩相手の従兄弟が、陸軍の士官候補生に採用されていた。出世は役人か軍人としか思っていなかった伯父は、これで侍をついでくれるものが二人も我が家から出ることになった、一門の名誉だと言ってくれた。広徳のために初めて祝いの会をしてくれた。叔母も従兄弟たちもみんな喜んでくれた。

お祝いの後、伯父は広徳を残し、一通の古びた文書を取り出してみせ、

「これはお前のお父さんが亡くなられるすぐ前に、俺に寄こされた遺言状と依頼状をかねた手紙じゃ。このご依頼を果たすために、俺もずいぶん心を遣ったが、今度お前がいよいよ海軍へ入ることになったので、俺も大安心をした。これというのもお前がよく勉強してくれたためで、これで俺もお前のお父さんに会わす顔が出来たというものじゃ。お父さんも、定めしあの世で喜んでおられることであろう。この後とても、十分勉強して家名を挙げにゃならんぞ。これまでやかましく言ったのも、皆、お前のためを思ってのことだから、悪く思わないでくれ」

伯父の目には涙が浮かんでいた。

感情を忘れて生まれてきたかと思うような、伯父の初めての感情である。広徳も何だか嬉しいような悲しいような気がして、涙が自然にこぼれだした。

恐ろしいものに触《さわ》るような気持ちで、遺言状なるものを開いてみた。生まれて初めて見る

父の自筆。あまり良くない紙であったが、一枚の半紙に、薄い墨で「頼托状」と書いてある。読むにも涙で霞んで見えない……何回もしばたいていると見え始めた。

頼托状

一私病勢日々勝レ衰弱漸ク極マリ死期モ近キニ有ルベシ。死去ノ後ハ萬端御世話奉願上候。家続ノ義ハ広徳ヲ御立、大役ナガラ尊君様後見被成下（度）候。又別テ御面倒ノ義ハ不如意ノ内辺支配向是亦御願申上候。（中略）子供ノ義ハ機織、子守奉公、綛《かせ》クリ等宜シニ従テ御勤サセ下サル可候。先ハ要目迄如此ニ御座候。萬端御心添ノ程幾重ニモ御願イ申シ上候。病苦ノ中ノ承書御推察可被下候。已状。

身代ノ底ヲタタイテ

一金五〇円

一禄券證証書　四枚

右御預ケ申候、宜御取遣イ可被下候。

父の死の一か月前に書いた頼托状である。広徳は読むうちに字の乱れや崩れを感じ、死期の迫る最後の父の疲れをひしひしと感じていた。四十五歳で母に先立たれ、幼い子供たちを相手に維新の直後を寂しく生き、四十九歳という当時としてもそれほど老いた年でもないときに認《したた》めた書状である。

五人の孤児を残して旅立たんとする今を思いつつ認めた父の遺言を読む広徳は、熱き涙を止めることができなかった。

「どうせ助からぬ命、少しでも後に残る子供のために」と言って、好きなものも食わず、医薬さえも倹約をして亡くなった父に対して、広徳は感謝を表わす術《すべ》がなかった。

また、人並みはずれた暴れ者を、これまでに育ててくれた伯父と伯母が、神や仏にさえ見えてきた。

その夜はこの世の中の親兄弟、親戚がいかに大切で有り、有難いかが分かった。床に入っても嬉しくて悲しくて、涙が枕をぬらし、眠る努力はしたが、朝まで眠れなかった。

海軍兵学校

江田島三年間

大きな希望と小さな誇りとをもって江田島の海軍兵学校の門をくぐった。明治二十九年（一八九六）二月のことである。ここまでは広徳にとって長い道程であった。

入ってきた生徒は追加募集も含めて六十二人、空前の人数であった。大方の者は山育ちの野人で、初めて汽車に乗ったという者もいた。

点呼の後、被服が給付された。ボタン釣の付け方が分からない。ワイシャツの前後ろを反対に着る者もいた。笑う上級生だって、一年前は同じであったに違いない。軍艦ラシャの七つボタンのジャケットは、今まで着けた小倉の破れ服よりはるかに着心地がよい。撫でてみると、すべすべしている。

ただし、慣れぬ襟カラーの硬さはのどを締め付けて苦しい。これで夏になったらどうするんだ。ネクタイの結び方がどうしても分からない。靴も今までの物よりはるかにやわらかい。最後に金色の短剣を貰い、腰にぶら下げると、嬉しくてたまらなかった。まさに貧民窟の子供が華族の養子にでもなったら、こんなことかと思うようである。

笹井の伯父、伯母、従兄弟たちの顔が浮かんだ。このまま逃げ帰って、餓鬼どもにいばって見せてやりたかった。修業年限は四年間であったが、この年から三か年になった。下から一年、二年と呼ぶのではなく、上から一号、二号と呼び、新入生は四号生と呼ばれた。

この江田島は、サツマイモ畑のほかは何もない。日曜日の外出以外は、何の娯楽も慰安もなかった。それでも坂の上の頂上に見える赤い生徒館を見た時は、あれが今日から自分たちの住むところだと思うと、受験時代の羨望や憧《あこが》れとは違った嬉しさを感じた。

翌日からは毎日決まった時刻に起き、機械のごとく勉強をし、食べ、寝るばかりであった。入ってみると、外から聞いていた帝国軍人の指揮官を養成するような教育内容や施設は見当たらない。いつかはそのような内容に変わると思っていたが、予想以上に平凡な生活であった。生徒いわく、自らを「動物園のトラ」と。ただ待たれるのは、夏と冬との休暇のみであった。

生徒はきわめて従順温良、若き二十歳の青春を誇りながら覇気も蛮勇もなかった。ただ区別すれば、勉強組とずぼら組ぐらいである。

江田島の生活で生徒が苦痛に感じたのは、食べ物の不足であった。ことに広徳にとっては元来、大飯食いであったため耐え難かった。分量の少ない食事のほかは一切の食べ物は禁じられていたので、外出の日が待ち遠しかった。村の食堂で久し振りに腹一杯食べ、一週間分の食い溜めをして帰る。翌日は診察室が大入り満員、軍医にもちゃんと原因は分かっているらしい。あまり聞きもせず薬をくれる。

食堂では当直将校の「着け」の号令まで立っていなければならなかった。「開け」の号令で一斉に食事が始まる。毎週金曜日には、夕食のときボタ餅が一個ずつあった。このときもボタ餅の大きさで取り合いすることがあった。

広徳と同じ分隊であるGという男は、よく屁を発砲した。ものすごい屁で、着替えの時などは、片足をあげるたびにピーとやる。毒ガスを出し、隣人を困らせた。

消灯ラッパの後は、一切の談話やひそひそ話も禁じられていたが、放屁を禁ずるとはどこにも書いていなかった。当直将校の巡検が終わると、一分も立たないうちにGがぷーとやる。それに応えて広徳がブーと応える。とうとう二人で屁の掛け合いとなる。日が経つと、だんだんうまくなってきて、Gが正午の「ドンー」、続いて広徳が工場のサイレンの音を「ブー」。するとだれかも突然、神社の太鼓の音を「ドドーン」とやる。さすがの分隊長も怒鳴り付けたことがあった。その分隊長は後に大将となり、鎮守府長官となった。

陸軍の兵営における厳しさのようなものはなかったし、階級や学年の差によるいじめ、いわゆる、しぼりなどもなかった。そこは万国流の自由の気分を取り入れた常識があった。

　毎日が坦々と平凡な生活のなかで、ただ一度ある事件が起きた。広徳が二号生の時である。一号生にOという生徒がいた。主席の生徒で、極めて厳格な人柄であった。兵学校の生徒は、士官候補生であるから、下士官よりは上、准士官の下位という規則があった。したがって下士官は、生徒に敬礼をしなければならない。しかし、下士官の中には規則であっても生徒に敬礼なんてと思う者もいた。ある日、一人の学校付き水兵が故意に欠礼をしたというので、生真面目なO候補生は大変憤慨して水兵を殴り付けた。

　一週間後の日曜日、みんな外出して、腹一杯食べこんで帰ってきた。このとき玄関に雨合羽を小脇に抱えた水兵がたたずんでいたのを皆、見過ごしていた。Oは夕食後に着替えて、自習室に入ろうとした。その瞬間、水兵は、

「過日のうらみ思い知れ！」

と怒鳴ったかと思うと、合羽の中に隠し持った日本刀を抜くや否や、「やあ！」とばかりOの肩に深く切り込み、そのかえす刃で横面を切った。

　不意をつかれたO候補生は、咄嗟のこと、肩に手をあて傷口を抑えたまま、階段を二段飛びしながら上がり、当直監事室に飛び込んだ。

　水兵も、血のしたたる日本刀を下げたまま後を追った。

　O候補生と水兵は、監事室の中で丸いテーブルを回りながら追っ掛けること数回、O候補生は力尽きてその場に倒れた。

相手の倒れたのを見るや、水兵は潔《いさぎよ》く縛についた。

O候補生は、ふたたび立ち上がることはなかった。かくしてこの若き俊才は、江田島の露と消えた。

水兵は軍法会議にかけられたが、死刑にはならなかった。

相手が他の候補生であれば、殴らなかったであろう。また相手が他の水兵であったら、あのような復讐はしなかったであろう。

ひもじい思いを残して、いつしか三年間の江田島生活は終わりが近づいた。最後に三年間の総ての出題範囲で、四十日間ぶっ続けの試験があった。これが一生を支配する卒業試験とは知らなかった。大砲を撃ち、帆を操り、艦を動かすことは覚えたが、その他のことは忘れてしまった。でもどうにか試験はパスして卒業証書は貰った。

「少尉候補生ヲ命ズ」の厚い辞令を貰ったときは、さすがに悪い気はしなかった。広徳にはこの喜びよりも、学校の檻《おり》のなかから開放され、自由になること、腹一杯飯を食えることがはるかに喜びであった。

遠洋航海

近海航海から

明治三十一年十一月、三年間の流罪のような生活から開放され、江田島に別れを告げたと広徳は書き残している。広徳の目には、山とわずかな畑に囲まれた江田島の生活を、日本中の若者の的として羨《うらや》んだ三年間とはとらえず、獄中の生活とさえ表現している。

この広徳の受けとめ方は、単なる印象か、軍人の教育にはもっと広く娑婆《しゃば》を知り、世間を学びながらと自分の意見を交えているのか、どうも後の見方をしていると思われる。いずれにしても、これからの航海訓練に期待を寄せていることには違いない。

近海の航海は、単にある時間、部分的に学ぶのではなく、自ら帆を操り汽罐を焚き、梶を採り、大波を超え、夜の星を眺めながら、岩にぶっつからないように目的地に時間通り着かなければならない訓練である。

これだけでは戦争はできない。以上のことは当然のことで、一般の商船も皆やっていることである。本務はこのほか臨戦体勢を取り、敵を捜索し、適時に完璧な攻撃をすることである。士官たる者は、これらを咄嗟に総合判断し、部下に命令しなければならない。考える暇はない。それが訓練である。指揮者の判断が違っていれば、船もろとも全員共に死が待っているのだ。だからいい加減な訓練ではすまされない。ぎりぎりのところまで経験をするのだ。これがこれからの遠洋航海訓練である。

三か月の航海訓練は終わり、横須賀に戻った。広徳は湖のような瀬戸内海と豊後水道しか知らず、海の概念は瀬戸内海と抱いていたが、太平洋も日本海もこのとき知った。波は大きく、どこを向いても何も見えない大海を航行することも初めてであった。

次の航海までにはしばらく準備期間があり、その間には東京を見る機会もあった。東京にはまだ電灯はなく、暗い穢《きたな》い町であるという感じでいた。銀座通りは鉄道馬車がこれ見たかとばかり威張って通り、乗っている客は手を振って喜んでいる者もいた。馬車を引く馬から馬糞は散らばったままで、風が吹くと舞い上がって飛んで行く。不潔この上ない。

宮城前の日比谷から丸ノ内にかけては、兵隊が馬の調教や練兵をやって、まさに練兵場であった。広徳はこのような東京のイメージを抱いたまま、いよいよ遠洋航海に出ることとなる。

遠洋航海

三月十九日、艦体の点検修理を終り、荒海へのための索具の締め直し、食料、飲料水、燃料、医薬品などの積載も完了し、横須賀を出発した。今度は国内ではない、太平洋を渡って外国に行くのである。海も日本近海とは違って荒いであろう。出発の当日になると、候補生たちは身内の者との面会、国内の飲食店の未払い精算、故郷への挨拶状などで艦への出入りも多くごった返しの呈である。広徳はその点、仲間にくらべれば大変気楽な者であった。

定時になると、船は静かに浮標からはなれた。

スクリュウの回る鈍い音が、船底の方から気持ちよく響いてくる。航海室では、四人の水兵によって、大きな舵輪が格好よく右へ左へ回される。横の航海士は、じっと前方を見据えている。

回りの船はみな、甲板に乗組員が上がって、決まった礼式により見送ってくれる。

檣頭には、「汝の安全なる航海を祈る」が掲げられている。

「奉賀・奉賀」の叫びが互いに交わされ、帽子やハンカチが振られる。

鎮守府から派遣された軍楽隊のランチが行進曲を奏《かな》でる。最後には「今度今度」の別れの曲に変わった。

見送りの船も次第に遠ざかり、岩影に消えていった。広徳もこのころになると、長途の旅に出る感傷にふけり、身の引き締まる思いさえしてきた。行く先はバンクーバー、工程は四千四百キロ、日数五十日である。

早春の青空、碧《あお》き海、房総の山々を左舷に見ながら観音崎を過ぎる。風はないが波はだんだん高くなり、船は揺れはじめる。湾口は特にうねりが大きい。みな昨夜は横須賀で遅くまで暴飲暴食をした。頭は重い。波は次第に大きくなる。青い顔をして、青年士官候補生の風体はどこにもない。

甲板には一人減り、二人減り、室内に下りて行った。すでに三か月の沿海航海の経験はあるが、テーブルに凭《もた》れると、吐き気を催してきた。

総員候補生プープ集合

プープとは後ろのことである。みんな重い頭を抱え、柱や手すりに捕まりながら、後ろ甲板に上がってきた。水雷艇が四隻ぴたりと付いて、我々を見送っている。

艦の前は沈んだかと思うほど波をかぶり、ゆっくり頭を持ち上げては進んでいるかどうかは分からないくらいだ。波は容赦なく甲板に上がり、瀧のごとく流れ落ちている。間もなく教官の講義が始まった。

中にはもうゲーゲーとやっているのがいる。これが次々と候補生の間に伝染していく。

「これくらいの波で」と怒鳴られる。

とても立ってはいられない。

「ああ苦しい。頭が割れそうだ」

「何で海軍に来たのだ」

「こんなくらいなら、海軍なんて来るのではなかった」

酔い止めの薬なんて、何の役にもたたない。夕方までに二つの洗濯桶が候補生のゲーで一杯になった。便所も甲板もヘドロの海。

艦内でもっとも大切な物は水である。これからバンクーバーへ行って帰るまでの五十日間の真水は、なくなっても補給できるところはない。候補生は一人一日五合、約一リットル弱と決められている。一リットルの水で、朝起きてから寝るまでの用を足さなければならない。飲み水は別だ。下手をすると、口をすすいで顔を洗ったらなくなる。それでも慣れとは恐ろしいものだ。幾日か経つと、靴墨の付いた手でパンを食っても平気になった。

その日は食事といっても、席につく者はいない。船酔いの時は、目を閉じ、鼻をつまんで食べるよう教わったが、のどを超さなかった。

航海中の当直は四時間勤務である。ハンモックに潜り込んで、だれも音を立てる者はいない。シーンとしている。船酔いに苦しみながらの勤務は、平時の十時間よりも苦しい。夜が明けたが、一杯のミルクを飲んだだけで食堂から戻ってくる。しばらくすると航海長から、

「非番の候補生、セキスタントを持って集合」

さあ大変、頭がいたいのに航海の計算など出来るものか。

「航海長残忍！」と陰口をたたきながら、仕方なく六分儀や甲板時計を持ってプープに整列した。体の小さい目玉のくりくりした、熱心で親切で元気で、かんしゃく持ちの航海長ということが伝説として伝わっていた。

「皆、感心に元気な顔しちょるのう。お前たちが横須賀停泊中、夜遅くまで酒などを飲んで帰ってきて俺を苦しめた。その返礼に、今日は船酔いの早く直る方法を教えてやる。今から天測をやるんじゃ」

航海長の部屋は候補生室の入り口にあって、横須賀停泊中、消灯時間過ぎまで騒いで怒鳴られたことがたびたびあった。軍隊の命令は絶対である。一同畏《かしこ》まって天測にかかったが、頭はいたいし、船はがぶる。甲板で足はひょろつく。水平線がデコボコで、太陽が容易にセキスタントの鏡に入らない。やっと捕らえても、すぐ外してしまう。何回やっても太陽の高度が計れない。太陽は見る見るあがって、測定の高度を超えてしまいそうだ。おおよそでやってしまえ。

陰気な部屋に戻って計算にかかったが、みんなテーブルに頭をもたげ、ゲーゲーやってい

る。

「何をしちょるか、意気地無しめが」航海長の声。

ようやく机に向かって鉛筆を持ったものの、整数以下六桁までのややこしい計算で、対数表もひいては、後もどりして、なかなか進まない。吐き気はするし、頭はいたい。針で頭をえぐられているようだ。

正午の天測をやって、やっと出来上がった。これぞと航海長に持って行ったが、一言のもと撥《は》ねつけられる。やり直す。

また撥ねつけられる。三回、四回と繰り返す。だれもかれも泣きそうな顔をしている。ようやく合格すると、はや夕暮れとなっている。この合格したものをさらに清書してもう一度出すのが、またなかなか。テーブルは床を滑る。インク壺も転がるのでなかなか進まない。だれかが、「どうしても今晩中にやらないと、明日また、雷が落ちるぞ」という。たった一題の航海計算に、一日かかってまだ出来ず、巡検に追われて、着の身着のままハンモックに潜り込んだ。もぐると今日の疲れで巡検も知らず、ぐっすり眠ってしまった。目が醒《さ》めるともう朝の点呼の時刻。

「コイツ、しまった」とハンモックをしまうや、顔も洗わず清書の残りを仕上げた。自分と同じ者も沢山いる。ビクビクしながら清書を持っていくと、

「不埒な奴じゃ、貴様には点は一点もやらぬ」ご機嫌すこぶる斜めである。

船乗りも楽じゃないとしみじみ思った。

帆走

翌日は実に穏やかな天候であった。昨日、あの大騒ぎで計算をしている間に帆走の準備が出来ていた。汽罐の運転は中止している。一時間の速度は三海里という。人間の歩く速度と同じぐらいだ。今ごろ戦争をする船が帆走とはと思っていると、今回の帆走で日本海軍の帆走は最後だと聞いた。何と言うことか、名誉か侮辱か。

生の糧食が欠乏すると、壊血病にかかり、手足が腐ってくるという。欧州からインド洋への往復に二年もかかった時代には、半年間も港に着くことはなかった。この間、青物を食べなかったため、一人残らず死亡し、船は洋上を漂っていたという話を聞いたことがある。

艦を動揺から守るため、大砲をはじめ、一切の物をつなぎ止めてある。長い間にはこれがゆるんでくる。締め直しが必要になってくる。

ジャガイモ拾い

船が一揺れすると、どうしたことかジャガイモが甲板に転がりだした。きっと当番が糧食庫の戸締まりを忘れたのであろう。みるみる二百個、三百個が甲板を転がりはじめた。吐水口まで転がると、海に落ちてしまう。艦の中には生鮮食料品は、ジャガイモだけである。転がりはじめたジャガイモは、当直候補生だけでは間に合わない。

「芋拾い方！」珍しい号令をかけた。

候補生のジャガイモ拾い競争だ。大の男が四つんばいになり、小学校の運動会のよう。突然の喜劇の場面となった。滅多に笑わぬ航海長が腹を抱えて笑っている。

暴風雨

比叡はアリューシャン列島近くまで北上し、東へ東へと進んだ。その間に三度の暴風にあう。北の方を回って航海するのは地球の形からして、専門家の間ではよく知られている。大圏航法といって、きちんと理論に基づいた法則がある。この法則に則《のっと》っての航路がアリューシャン回りである。北太平洋回りとなると、季節によっては太平洋ではなく大荒洋となる。これは海の人たちの間では常識だ。

元々、太平洋と名づけられた説に二つの説がある。

スペインの大航海者マガリエン（マゼラン）が世界一周の際、寒潮荒《すさ》ぶ南アメリカの南端を通過して、西岸に出た時、広い広い静かな大海原を見て太平洋と名づけた。後に南アメリカの南端の海峡は、マゼラン海峡と名づけられた。

他の一説は、コロンブスがアメリカ大陸を発見して間もなく、同じくスペインの探検家バルボア（一四七五〜一五一七）がパナマ運河を通過し、熱帯無風、油面のごとき大海を見て、太平洋と名づけた。

以上の二つの説にはいずれも根拠があり、否定は出来ない。説得力もある。ここではこれだけに止める。

いずれにしても太平洋とは、平穏の大海という意味である。

この間に比叡は、三度の暴風雨にあった。二度目、三度目の時は、帆走航海であるから、大風の時は帆を下ろさなければ船が危なくなる。帆を下ろすには、マストの上まで登って手で操作しなければならない。一人だけ登るのではなく、すべてのマストの枝（ヤード）にあたる部分に人が付かなければならない。

甲板に立っていても、片手で何かに捕まっているだけでは立っていられない。両腕で縋《すが》っていなければ、転んで滑《すべ》るか波にさらわれる。船の傾きと波と風、船酔いなんて感ずるひまもない。それよりも瞬間、瞬間を、いかに身を安全に持ち堪《こた》えるかである。

こんな荒れ狂うときに、マストに登らなければ風を孕《はら》み過ぎて船が転覆してしまう。

候補生といえども、もうお客様扱いにはしてくれない。

「登り方用意」

四月十一日といえば日本中が桜の季節、春風を浴びながら桜の木の下で杯を交わし、円陣を組んで踊っている時である。

水兵と共に位置につき、登っていった。水兵はしっかり綱に捕まり、確実に次々と登って行く。ヤードまでぐらついていて、どこを摑んでいれば安全かも分からない。第一、寒風と左右の揺れが大きく、手を綱に指し伸べても指が曲がってくれない。これで上へあがってから作業をするなんてとてもとても、自分の体が落っこちないようにぶら下がっているのが精一杯である。

一番早い候補生が真中ぐらいまで登った時、水兵はもうマストの頂上に達していた。口の悪い上官は、

「おーい候補生、弁当持って行ってやろうか」と皮肉を言っていた。

何とか頂上に達したが、これからあのきつく締めた綱をどうやって解くか、手袋も氷り、指なんて動きもしない。甲板の動揺よりもはるかに大きく揺れる。自分の体を支えているのがやっとだ。体を支えていると言っても、綱梯子に抱き付いていると言った方が正しい。

その間に綱のもとの一つが風のため切れた。帆ははたはたと音を立ててはためきだした。どうすることも出来なくなった。みんな、しばらく眺めているだけだ。そのうち皮のごとく厚くて強い帆も、真ん中からパンと裂けた。

遂に副長が出てきて下士官を連れ、マストの頂《いただ》きまで登ってきた。両足にしかと綱を挟んで体を支えながら二時間の格闘の結果、帆をヤードに縛り付けた。大勢の候補生はただ感嘆するばかり。ヤードから下りて来る水兵の手には、もう色はなかった。

何も出来ぬ自分たちが、

「吊り床の縛り方がゆるい」

「甲板の拭き方が悪い」

と言っては、日頃こづいていることが恥ずかしくなってきた。

終日の激しい風と揺れに手も足も萎《な》え、ハンモックがいくら揺れても、波の音がどすんどすんと響いても、眠りは深かった。

翌日も天は裂け、海覆《くつがえ》る日であった。

初めての外国

いくつかの危険にさらされながら航海が続いたある日、

「今夜十二時ごろに陸地が見えるはずだ、気をつけておれ」

横須賀を出てから毎日毎夜、星を図ってその日その日の船の位置は分かっていたものの、島影一つ見えなかった。

午前一時ごろ、予想の方向にぼんやりと光が見えてきた。

「航海長って偉いもんだなあ」

理屈は習ったが、これだけ多くの者が幾日も幾日もかかって島影一つ見えなかったのに、よく当たるもんだなあと敬服した。太陽の直径とか星と星との距離だとか、嘘のような数字を並べる学問も案外、正確なもんだと思った。

われら比叡は、太平洋の孤児にもならず、これまで見てきたものは雲と波、食べてきたものは、パンと缶詰、そしてジャガイモばかり。

「陸地が見えてきた」

カナダのコロンビア州の首都ビクトリア市であった。初めて電車に乗った。道路はきれいに舗装されている。掃除までしている。

機関車がないのに、針金一本で電車は走っている。家は石で出来ているのか。これが西洋文明というものか。在住日本人の二百余名は、ほとんどが労働者であるという。

ここでは、もうすでに日本人排斥運動が起こっていると聞いた。

いくつかの軍事施設と街の設備を見て、つぎのシアトルに向かう。

シアトルに入った。ここは商業都市で、ビクトリアよりはるかに大きな都会である。人口八万を超す。二十年前は草地と森林であったという。アメリカインディアンが住んでいたが、ヨーロッパ人がきて土地を占領し、わずか十年のあいだにこのような街が出来たと。しかし、十年目に大火災のため焦土と化し、先を危ぶまれたが、ふたたび十年の間にかくのごとき大都会となった。電車とケーブルカーは、縦横無尽に走っている。

毎月一回、日本郵船が定期便として入港していることを聞いた。

日本人は百数十名だが、十数名は、事業を自ら営んでいるという。日本人の信用は厚く、全米国の中でもっとも日本人の待遇が良いという。しかしその反面、日本女性の醜業婦が多く、信用を失墜しているとも聞く。およそ日本人の醜業婦ぐらい海外で活動している者はいない。

男の移民のいないところにもいる。彼女たちは男よりも多く金儲《もう》けをし、余計に日本に送金をしている。

銀行や郵便局の代わりとして、男たちがアメリカで稼いだ金を集めて、日本に送金までするという不思議な能力を持っている。広徳は、この醜業婦たちに対して慨嘆と同情とが錯綜して来る。ある面では日本の功労者でもある。彼女たちが老いた後はどうなるのかとの心配までした。

サンフランシスコ

明治三十二年六月、サンフランシスコに寄港。まずプレシド兵営を見る。三千名の兵士は一人残らず志願兵である。兵営は広く、丘陵あり森林平野あり、訓練はすべて営内でやっている。日本のように練兵場へ行かなくてもすむ。軍馬も放し飼いにしている。

軍紀厳正ならず、職工か士民のごとし。

武器いかに精良なるも、訓練いかに勤むるも、敵として恐れるに足らず。

ここサンフランシスコは、幕府の遣米使者として新見豊前守が一行を率い、ちょん曲げに陣笠姿で上陸したところで、時は万延元年一八六〇年であった。当時のサンフランシスコと今のこの街とも比較にはならないだろうが、江戸の街の方が街の様子は異なるもはるかに大きく、驚きはしなかったのではなかろうかとも思った。

しかし、人々の暮らしを見ると、そこにはまったく異なる世界があったに違いない。広徳も豊前守それ以上の驚きを感じた。人口は三十五万であるが、初めて文化都市なるものに出会った。

まず港に驚いた。あまりにもその差が大きい。いつになったら東京の街がここに追いつくかと考えるとき、消極的にならざるを得なかった。一方では、

「いや、日本だって維新以後の三十年は速すぎるほどの改革あり、アメリカから見れば少々

日本を意識し出したのでは……」とも考えてみた。

このころアメリカは、盛んに中国人を排斥していた、入国を厳禁していただけでなく、在住者にも圧迫を加えていた。中国人を見るやモンキーとかピッグとか言いながら、長い弁髪を後ろから引っ張ったりしていやがらせをしているが、経済力に対しては米国人もかなわず、圧迫はかえって中国人の強靱《きょうじん》さをそそることになる。その結果、市内に一大商圏をつくり、治外法権とも言える一画を作り上げた。中国人は長く住むも、頑として風俗習慣を変えず、弁髪のまま市内を誇らしげに闊歩している。

それに対して日本人のなんと貧弱なることよ。風貌の粗野、目先の狭小、短期結果の期待、いずれも大成の基は無し。そしてやっと日本人仲間の共食いで生きている。外国人から軽蔑を受けるのは当然である。サンフランシスコ滞在中に聞こえた言葉は、ジャップ、スケベエー等であった。日本人排斥運動も燃え盛っていた。

サンフランシスコで初めて映画を見た。汽車が黒い煙を吐いて威勢よく停車場に進んで来る。

買い物

電車に乗って驚いた。運転手だけで車掌がいない。ほかの客を見ていると、車両の片隅に貯金箱のようなものが取り付けてある。それへ電車賃を各自が投げ込んでいる。「人を見たら泥棒と思え」の東洋の道徳とは違う。

デパートにも行ってみた。不思議だ、一つの店に何でもある。どの品物にも正札がついている。高ければ自分で買わなければよい。これも電車賃と同じく日本のやり方と違う。日本では正札はつけるところも出てきたが、これは見かけの値段で値切るのが本来の客であった。田舎では、郵便局で老人が切手を値切ったという時代である。

水兵たちは英語も出来ないのに時々、安物を買って来る。不思議に思ってある日、遠くから見ていた。

「ハウマッチワンダラーアッパッパ、フィフティーセン・ダンダン」

そして五十セントを放り出し、品物を持ってさっさと出て行った。

店の者は呆気にとられ、ただニヤニヤしているだけ。やがて顔を見合わせ、アッハッハと笑っていた。

帰艦後、水兵たちに聞いてみると、アッパーはアッパーマストから高いという意味、ダンはダウンホール、つまり帆を下ろすことを思い出したからだと言う。

「一ドルは高い、下げろ下げろ」という意味だという。

これくらい応用が効けば、英語もすぐ上手になれると思った。

ハワイへ

船は滑るように動揺もなく、呑気な航海となった。ロスアンゼルスの南サンディエゴ港を経てハワイに向かった。静かな、それこそ名のとおりの太平洋の航海ほど呑気な旅はない。

風は昼も夜も甲板に微風として流れ、石炭の粉塵《ふんじん》も落ちず砂埃はない。甲板は訓練の苦痛の場ではなく、行楽の場に変わった。

この航海を騒がせるのはスコールである。紺碧の空に一抹の雲が現われたかと思うと、天の一方が曇り、瀧のごとき雨が降って来る。降るというより雨粒か落ちて来る。電光ピカピカ、雷ゴロゴロ、裸の水兵が甲板に上がって来る。体に石鹸をいっぱい塗り付け、汗と垢とを洗い落としている。突然、

「総員上へ」

「アッパーヤード下ろし方」

石鹸を流す間もない水兵は、何もつけず、タオルを腰に巻き付けただけで集まる。何たる光景ぞ。

ホノルル在住日本人二千。ほとんどが、労働者、小商人、洋人の下僕。大方は和服の着流しで、日本人町にいたってはみすぼらしく穢《きたな》く、中国人の堂々たる商家軒を連ねるにくらべると、慨嘆せざるを得なかった。

ホノルル停泊二泊、北西季節風を追い風を受け、航海三十三日の末、比叡は無事、横須賀に錨を投じた。

海軍軍人生活

千代田乗り組み

明治三十二年、遠洋航海から帰還した広徳たちは、候補生としての第二期練習が待っていた。遠洋航海まで三年余、寝食を共に生活をしてきた五十九名の同期生とも、諸艦に配属されることとなった。三々五々、比叡から出ていく。この分散は、会社と違ってふたたび一堂に会することはない。みな別れを惜しんだ。広徳は呉鎮守府所属の三等巡洋艦千代田の乗組員となる。このころはすでに新式の「富士」「八島」などの戦艦もいたので、広徳は少々不満であった。

千代田での勤務は、甲板士官、仕事は会社の役員と女中頭をあわせたようなものである。艦内の整理整頓、保存保安、火災予防、便所の掃除まで、その他なんでも責任がかかってくる。艦内生活の規則つくりと取り締まりと言えば分かりやすい。したがって厳しいと下から怨まれ、優しいと上から文句が出る。これまでの先任の話を聞くと、取締役が反対にひどい目にあったりすることがたびたびあったという。でも若い士官にはやりがいがあるし、面白いと思った。

どこにも変わり者はいる。艦内の分隊長に荒っぽく、向こう意気の強い大尉がいた。皆、「蛮勇」という仇名で呼んでいた。

甲板士官には「取次」という伝令の役をする水兵がついていた。この役を、「とりつぎ!」というのに、蛮勇は「とりつぐ!」と呼んで聞かなかった。誰かが「とりつぐ!」ではなく「とりつぎ!」だと教えても、がんとして聞かない。

「自分の親戚にツグ」と読むのがいるからツグが正しいのだと頑張って、用がある時は鹿児島弁で、「トリッーグ」と呼んで、みなを笑わせた。

その蛮勇がある時、自分を呼んでいると取次が知らせてきた。食事中であったが、甲板に上がってみると、蛮勇大尉、その日は当直であった。

「何しちょるか？」

「飯くっちょる」

「飯食う前によく甲板を見回って見給え」

何かしくじったかと思い、甲板を回ってみたが、何もない。

「甲板異常ありません」

ブリッジの上から蛮勇が、

「前甲板に洗濯桶がだしっぱなしになっているではないか。目は何のためについているのじゃ」

その時、甲板には機関の候補生が整列していた。大いに侮辱された。

「あの桶はまだ乾いていなかったので、前直将校にことわってある。甲板士官が勤まろうと勤まるまいと、大きなお世話だ」

「な、なにが生意気なことを言うな」と、今にも飛び掛かってきそう。

「何が生意気じゃ。当たり前のことを言っているんじゃ」

ブリッジと甲板で睨めっこしたまま、双方とも拳を握りしめている。機関の候補生はあっけに取られて見ているだけである。

しばらくすると副長から呼びがかかった。副長室へ行くと、「事情は良く分かっておる。しかし、上官と争いをしてはいけない」と穏やかに諭《さと》され、問題はこれで終わった。

前直が、「自分が申し継ぎを忘れた」、蛮勇大尉が、「僕が言い過ぎた」、広徳は、「私の言葉も不穏当であった」でけりがついた。

以後は表面的には大変仲良くなり、いろいろの社会勉強を教えてもらうこととなった。第二期の勉強は修業というより、束縛から開放され、一人前の士官として扱われる。料理屋に行っても、外泊しても怖い顔をする人はいない。

ガンルームでは、絶えずエロ講義を先輩から聞く。先輩も話をして結構、楽しんでいるらしい。海軍の講義よりも、身を乗り出して聞く。まず海軍用語。

M〔もてる〕、F〔ふられる〕、N〔のろけ〕、S〔げいしゃ〕、P〔女ろう〕。G〔私娼〕R〔淋病〕、メード〔仲居〕、ハーフ〔半玉〕、ケプ〔船長〕、コンマ〔副長〕、ランニング〔女郎買い〕、カーレント〔居続け〕。

このような座学が終わると、実地練習が始まる。

候補生の多くは、このとき初めて芸者のいる席に侍《はべ》ることを知る。そして何パーセントかが続いて禁断の園に入る。彼らのもっとも大切なものを落として帰る。いつしか習い性となり、一人前の海軍軍人となる。

次はイモ掘りである。料理屋に行って滅茶苦茶な悪戯をする。これをイモ掘りといった。世間では考えられないことである。なぜこのようなことをするかは誰も考えない。でも海軍のしきたりとして長く続いた。おそらく明日の命は分からない。事あれば艦と共にいつ運命を共にするか分からない。日ごろの上官への憂さ晴らしもある。しかも軍港という限られた地域の料亭である。料亭の方もちゃんと代金はとっている。

上陸して料亭に入り、ほどほどに酔いが回ると、芸者の来るのが遅い、メードが気に入らぬ、酒がぬるい、あの子はいないのか、等々言い掛りをつけて、杯を投げる、徳利を廊下に抛《ほう》り出す、しまいには床の生け花に小便をする。膳をひっくり返す。特に激しいときは、床下に潜り、床下から畳を次々と押し上げ、部屋の膳までひっくり返す。まるで何のために、誰のためにやっているのかわからない。

でも、これら後始末の代金はちゃんと請求書に入っていた。

老練になってくると、壊していい物、いけない物をわきまえてやっていたし、芸者やメードの着物に酒をかけるなんてことはしなかった。広徳はまだ一本の金筋、ぺーぺー士官のため、ビールの空瓶さえ投げることはしなかった。

海軍少尉

明治三十三年正月、本当の海軍少尉となった。これまでも准士官であるから士官と同じようなものだったが、やっぱり違う。自分もそう思うと共に、人の見る目も違っているように自分には見える。

「気分がいいものだ」と納得するまで何日かかかり、服装も日に何回か点検してみた。早く外出をしてみたい。松山に帰ってみたい。仲間たちのように、写真をとって早く両親に送りたいという煩《わずら》わしさはない。中ノ川のやんちゃどもには会って見せたい。

やがてこの年の六月、呉水雷艇隊に転じた。

呉水雷艇隊・義和団事件（北清事変）

呉水雷艇隊に移った頃、北京で義和団の事件が起こった。北京事件、一般には北清事変ともいう。宗教の秘密結社で排外心が強く、特にキリスト教徒を迫害した。この宗教団体は、山東省と河南省に拠点を持ち、各地の船頭や貧民の親分たちの集団であったぐらいで、その他のことはよく分からない。排外心が強い点では一致し、神を祭っていたが、その神も何であったかはよく分からない。

日清戦争に大敗した清国は、領土並びに多額の賠償金を日本に支払った後、三国干渉があり、続いて欧州諸国は清国に対して、租借地や非割譲地を盛んに要求設定した。このような時代背景のもとで、清朝は列国に対して打つ手に困っていたときであり、国民も外国に対して強い反感を抱き、排外思想に燃えていた。したがって、ひそかに清朝は義和団を支援した。義和団はキリスト教のみならず、北京の外国公館を包囲し始めた。

折からの北清地方の凶作、流行病と相俟《あいま》って、暴動は拡大していった。英国宣教師の殺害、略奪等の暴挙は各地に蔓延《まんえん》した。清朝の生温《なまぬる》い態度に不満を持つ欧米各国は、清朝政府に対して強硬措置をとるべく、連署要求書を出したが、答えはなかった。

英国はこれを見て、軍艦二隻を太沽《ターク－》に向かわせた。清国政府は、あわてて義和団加入禁止令を出したが、効果はなかった。

このころ西太后政府の高官たちは、諸外国を相手に一戦を交える構えを決し、全国に出兵を命じ招集したが、各省の長官たちは、勝ち目のないことを見通し、応えなかった。

ここに至り、各国は公使館を守るため太沽に派遣していた軍艦の陸戦隊を北京に向かわせることとなった。

西太后らはなお義和団を信じ、外国人殲滅《せんめつ》の密旨を団に伝えた。

北京在留の外国人は、公使館に避難しはじめた。日本公使館は書記生杉山彬を連絡のため場外に出張させたが、城門外の近くで甘粛軍兵に斬殺《ざんさつ》された。団員は続いて場内に入り、西洋関係の商店、教会、建築物等を破壊し、この世の地獄を思わせる状態とした。

各国艦の司令官たちは協議をし、もはや清国内内乱とは見なさず、各国陸戦隊が共同して当たることにした。

やがて清国は、各国に開戦の通告を出す。これを予測していた各国連合は、六時間の激戦の末、太沽砲台を占領した。各国公使らはこの占領をまだ知らず、西太后政府に抗議書を出したが回答なく、自衛手段として城内への籠城を決めた。

太后の政府側は、外国公使館攻撃を決し、砲撃を開始した。公使館側は必死の防御にあたり、救援を待った。救援隊も政府軍に妨害され、動きが取れなくなったとき、日本の陸軍少将福島安正が第五師団の一部をもって諸外国軍と連携、天津城の南門に迫った。頑強に抵抗する城内の敵を勇敢に攻め、日本軍の手によって天津城内の各国公使館は開放された。この戦いで第五師団の一部を率いる山口素臣は、福島隊と合流し大活躍をした。引き続き日本陸軍の主導で、連合国軍は北京城内へも入った。日本政府は、参謀次長寺内正毅中将を派遣し、体制を整えた。

この間に西太后は変装をして、山西省太原に逃走した。

各国日本の増援を望まず

このような義和団と名乗る浮浪者ともアヘン中毒者の集まりともいわれる集団の起こした外国人襲撃事件は、清国の対外事件にまで発展した。この集団もはじめは宗教団体と名乗り、一人の老巫女《みこ》をかついでいた。この巫女は、自分の唱える呪文をとなえれば、やがて我が身は天に舞い上がり星となり、天上から火を落とせば外国人を焼きつくすことができる。しかし、義和団も形成不利となるや、この巫女も糾弾されることとなった。

この事件が始まるとすぐに、諸外国は国ごとに対応していたが、それだけでは収まらなくってきて連合して当たることとなった。しかし、国々は一番近くの国で変化に即応できる日本に頼りたくはなかった。その理由は、つい先年、日清戦争をしたばかりの日本がまたしてもここで一人舞台の活躍をして、より大きな権益を要求するのではないか、との危惧《きぐ》を持っていたからである。

天長節事件

鳥海の航海長として、北清の沿岸を警戒任務中の千トンあまりの砲艦は、この冬は営口で冬越しをする計画であった。この付近の港は、冬期になると氷結して閉じ込められてしまう。そこで早めに営口に入り、その場で越冬する計画でいた。冬ごもりに入ると、それはもう軍艦ではなくなり、満州方面の日本人保護といっても、どうすることもできなくなるが、陸戦隊に早変わりするくらいのことにはなる。

ところが、日ロの交渉はますます悪化し、全艦隊は佐世保に集結することになり、十月の末、冬ごもり中止の命令が出て、佐世保に引き返すこととなった。

天長節

佐世保に戻るとまもなく天長節、港内は連合艦隊全艦がそろい、実に壮観であった。日ロ戦争直前の明治三十六年十一月三日、明治天皇誕生日である。当日は、どの艦も盛大な祝賀会が艦内で催された。鳥海は特に冬ごもりの酒食は満載であり、艦内の倉庫に何でもいっぱいあった。冬ごもり中、外国艦隊との交際のため、高級ワインもウイスキーもふんだんにある。午前は簡単な式典を行ない、午後になると祝宴となった。

「接待用の酒はもういらないはずじゃ、大いに天長節を祝おうじゃないか」

「賛成、賛成……」

艦長不在のため主計長をおどかし、艦長糧食庫を開け、あらゆる酒を持ち出した。

「接待用じゃ、遠慮はいらん」

ポンポンと栓を抜いた。

口障《ざわ》りのいいままに日ごろ飲みつけていない高級酒を、みんなガブ飲みした。これらのチャンポンまでやってすでに頭にきていた広徳は、何を考えたか、同僚と共に上陸し、何も分からないまま長官の官邸にたどり着いた。

何人かが官邸の庭に入っていった。庭では自転車の曲乗りが行なわれていて、拍手にわいている。広徳はいきなり庭の中央につかつかと出て、やじるやら拍手するやら……そのうち演劇より広徳に、観衆の目は注がれるようになった。

「長官、お杯を頂戴します」

やがて宴会場が開かれた。先ほどの庭の演劇も東郷第一艦隊、上村第二艦隊、鮫島佐世保鎮守府の三長官はじめ、海陸将校数百名とその家族が集まり、官邸内も入りきれないくらいであった。

宴会場は、艦長級の一等室、上官の二等室、ペイペイの三等室に分かれていた。水野は、

つかつかと最上席の東郷長官の前に進み、

「長官、お杯を頂戴いたします」

東郷さんは何も言わず、杯をくれた。続いて上村長官の前に行って、

「長官、お杯を頂戴します」

上村さんは、ギロリと広徳を睨めつけながら薩摩訛《なま》りで、そして睨み付けた。

「お前たちの来るところじゃない。あっちへ行け」と叱りつけた。酔いの覚めぬ広徳は、

「なんじゃ、上村彦之丞の馬鹿野郎め」と怒鳴った。

賑わっていた場内は、水を打ったように静まった。

次の瞬間、幕僚の大尉が跳んできて、広徳と取っ組み合いとなった。それからのことを、
広徳は何も覚えていない。

目が覚めると、のどが無性に乾き、頭が痛い、ここはどこだ、長押《なげし》に懸かる額の絵によって、来たことのある旅館であることがやっと分かった。艦内でめちゃくちゃ飲んだこと、あと上陸して歩いたこと、それまでしか思い出せない。

同期の中尉が来た。

「目が覚めたか」

「昨夜はだいぶ猛烈だったね、覚えているか」

「今思い出そうとしているんだが、さっぱり分からん」

友人は、長官官邸での醜態を細かく話した。広徳は、あまりにもひどい自分の狂態に驚い

た。ぼんやりと脳裏に現われ出した。ピンぼけの写真のように。生まれて初めての深酔いに驚いた。

いくら酒の上とはいえ、めでたい日であるとはいえ、長官を「馬鹿」呼ばわりするとは許されることではない。

「軽くて停職だ」

それからという毎日は、生きている気がせず、懲罰の辞令を待っていた。

しかし何の咎《とが》めもない。いや、まだこれからだ。

ついに何も来なかった。おそらく、時局柄「ああ言う男にも、いざ戦争となれば使い道があるかもしれない」の温情によるものだと解釈するようになった。

第十水雷艇隊第四十一号水雷艇長

処罰無き代わりに、海戦となればもっとも敵に接近し、危険に晒《さら》される水雷艇の艇長となった。翌三十七年二月には、日ロ開戦となる。（ここまで「反骨の軍人・水野広徳」参照）

日本の近代化と富国強兵

明治維新後のわが国は、農業、工業の近代化と技術の移入によって、アジア各国の中で独り急速な進歩を遂げた。農家の二、三男は、家を出て都会で働き、女性も繊維工業を中心とした工場で多くが働いた。人口も明治以降は急速に増え、産業の拡大に応ずる労働者の役目を果たした。

農家はイネ、ムギ、イモ等を中心として、国民の食料を確保するほか、養蚕《ようさん》によって絹糸・絹織物を生産して輸出し、外貨を獲得、それに対して綿花の輸入によって綿織物工業を興《おこ》した。

造船機械電気などの工業は、元々わが国に基礎がなかったため、繊維工業などより遅れて出発した。このような殖産興業の循環発達により、政府は軍備の充実へと向かった。これらを支える政治組織も新しくして近代産業に適応し、急速に社会制度も代わり、国民は未来に希望を持つようになった。

一方、身分制度を改め、どこのだれであっても、努力さえすれば、いかなる仕事にも就《つ》くこともできるし、実力があればどこまでも昇進ができる社会となった。これによって国民は良く学び良く働いた。後にこれを近代化と呼ぶようになる。近隣の諸国がわが国よりも遅れをとったのは、これらの国々には明治維新のような改革がなく、王制のもと身分制度は続き、専制政治が長く残ったからである。

日清戦争へ

維新後、富国強兵の道を歩んできたわが国は、朝鮮海峡を隔てるだけの隣国朝鮮に深い関心を寄せていた。歴史的にも古くからつながりをもち、人の往来も多く大切な隣国であった。しかし清国もまた、朝鮮は地続きであり、わが国以上に朝鮮は自国の一部の感覚を持っていた。

日清両国は、朝鮮にそれぞれ軍隊を駐留していたが、今後の移動、権益の拡大等については両国で事前協議をする約束をしていた。朝鮮においては、この条約で清国に対して平等の立場となった。

このような日清関係のもと、明治十五年の朝鮮国内で起こった「壬午の乱」、十七年に「甲申の変」が起こった。いずれも朝鮮自国の国内問題であったが、国王の実父大院君は、あるときは清国に、あるときは日本に援助を求め、絶えず不安定な政治情勢が続いていた。

甲申の変

甲申の変とは、朝鮮国内の進歩派の独立党と保守派の事大党との争いによる事件のことである。

独立党派は日本に近かったが、清国は袁世凱《えんせいがい》に兵二千をつけて、京城駐在の全権委員として派遣。大君院不在中の実権をとらせた。独立党も政権を取るべく、クーデターを十二月四日としてひそかに、計画を立てていた。その日はあたかも京城郵便局の落成の儀式があったのである。

宴会さなか、独立党は反乱を起こし会場に突入、主客ともに逃げ散じたあと、独立党の朴、金氏らは、直ちに王宮に参じ、王にまみえたうえ、日本公使館に王宮護衛の依頼許可を得た。後から駆け付けた事大党の主要人物を惨殺した。これによって一時、独立党の時代と思いきや、事はまた急変した。

この状況を知った袁世凱は、その日のうちに兵二千を率い王宮に迫り、朝鮮兵と共に攻撃を始めついに放火し、王を連れ出した。これによって国内の争いが日清戦争に転嫁されることとなる。王は狼狽し、なすところを知らないまま清国軍に渡された。

竹添公使は、王宮を守る必要なしと判断し、公使館に引き上げた。無事引き上げられればこと無きを得たのだが、清と朝鮮兵は、王宮から引き上げる日本軍および日本人を無差別に虐殺し、日本公使館も焼き討ちにした。僅かな兵で公使館を守りきれないと判断した竹添公使は、残りの兵を連れ、仁川に避難し、日本政府に連絡した。朴、金の両氏は日本に亡命した。

これを知ったわが国は、井上馨を全権大使とし、陸海軍に守られて、十二月末、仁川に着き、明治十八年一月三日、京城に入る。六日、国書を提出し、八日から談判に入った。朝鮮の全権は日本の主張を大筋で認め、僅かの修正で条約の調印が成立した。

京城条約（漢城条約）

この京城条約の骨子は、次の通りであった。

一、朝鮮国王は、国書を呈して日本に謝罪の意を表わすべし。

二、遭難日本人のため、朝鮮より金十一万円を出すべし。
三、磯林大尉を殺害せし凶徒を厳罰に処すべし。
四、日本公使館の新築費二万円を支弁すべし。
五、日本公使館護衛の兵舎をその側に置くべしであった。
井上大使は直ちに帰国し、朝鮮の謝罪使者は二月に国書を持ってきた。

天津条約

京城条約によって甲申事変はわが国と朝鮮の間では決着が付いたが、この事変の最中、多くの日本人を殺戮《さつりく》したのは清国兵によるものであったため、政府は伊藤博文、西郷従道を清国に派遣し抗議をした。清国の全権は、李鴻章であった。李鴻章は、甲申事変は日本が独立党を支援したことにより起きたものと主張し、譲らなかった。そのため全権たちは決裂、帰国の準備に入ったが、李鴻章は急に態度を変え、日本の主張を認め、天津条約となった。

天津条約内容は、次のようである。
一、日清両国は、朝鮮に駐留する兵士を撤退する。
二、朝鮮兵士の教育のための教官は、日清両国から派遣せず、第三国の武官を招聘《しょうへい》させる。
三、以後、両国が朝鮮に兵を派遣する時は、お互いに通知する。
日本人の殺戮に対する問題は、確証がなく、後日調査の上証左あれば厳罰に処す、という別文を李鴻章は、伊藤博文に渡した。

しかしその後も清国は、朝鮮を属国とする考えは根強く続き、袁世凱は、隠し兵を朝鮮に駐留させたり、政治に干渉したりした。また、抑留中の朝鮮国王大院君を朝鮮に帰した。

この頃のわが国は、明治維新の集大成たる憲法発布、市町村制の実施、これに伴う法令の整備等で外交には意を注ぐ余裕もなかった。

その間に元山港における米取り引きの日本人商人にとっては大打撃を受ける「防穀令」なるものを発令した。日本の商人は突然のこの法律により、即刻、米の売買ができなくなり、大損害を受ける者が多くいた。

わが政府は、これに対する抗議、談判、事後処理などにも翻弄された。時は、明治二十六年五月であった。

三国干渉と日英同盟

日清戦争の起きる直前までの概略を書いた。わが国が国の外において近代戦争をしたのは初めてであった。だが大国清国と戦って勝利を勝ち取った。どの国が日本が勝利と考えたであろうか。しかし、始まってみれば勝利の連続であった。日本は明治維新という大事業を成し遂げて近代国家が出来上がっていたが、清国はまだ日本の明治維新に相当する時代は通っていなかった。これが第一の原因であると、後の識者は評価した。ここでは日ロ戦争に早く筆を進めることとする。

三国干渉

連戦連勝で簡単に終わったかに見える日清戦争も、明治維新後二十数年、国内制度も完備していないときに、初めて経験する日本国民の外国との戦いであった。国民一人残らず全力をあげてこの戦いに取り組んだ結果であった。

戦死した家族も、悲しみを名誉に置き換え、戦傷者は身の不自由を勲章と思い、社会も尊敬し、まさに国中が初めて戦勝の歓喜に沸いていた。

この戦いに参加した軍人二十四万人、戦費二億余円、軍艦四十八隻を要したのである。

下関条約（日清戦争の講和条約）締結の六日後のことである。こちらは突然、相手国は準備万端していたとしか考えられないが、ロシア、フランス、ドイツの三国が「遼東半島の返還」を求めてきたのである。これを三国干渉という。

政府も国民も何のことかわからない。ただ憤慨するのみ。政府のある要人たちは、

「やはり言ってきたか」

「ならばもっと戦争を続けるか」

「それにしても今なぜ」など頭にひらめいたに違いない。

原因は後で分かったことだが、ロシアは威海衛の戦いの頃、すでにこのことを清国に申し入れていたし、各国々とも連絡を取っていた。

残念ながらわが国にはこれを拒否し、はねつけるだけの国力はなかった。まさに臥薪嘗胆《がしんしょうたん》

である。

これを受け入れた反面、国民の意識はどことなく燃え上がるものを感じ、歯を食い縛った。これがこの当時の日本の力であり、日本人の感情であった。国民は急速に対ロ戦争を意識するようになって行った。

列国の対清国政策

下関条約後のヨーロッパ各国は、清国に対して次々と権益を獲得していった。まさに競争のようでさえあった。

明治二十九年（一八九六）ロシアは清国と対日防御同盟を結ぶ。東清鉄道の敷設権を獲得。

明治三十一年（一八九八）ロシアは関東州を租借、南満州鉄道の敷設権を獲得。ドイツが膠州湾を租借。イギリスが威海衛と九龍半島を租借。

明治三十二年（一八九九）フランスが広州湾を租借。

以上の情勢の中で、日本の国会においても日ロの清国における関係が議題を乗り越え、危機的事態の討議となってきた。清国への各国の利権獲得競争、ロシアの満州占領、わが国の朝鮮への野望等の問題が世論や想像の時ではなくなり、現実の問題となってきた。

このように、各国々が清国と直接交渉をしているさなか、ロシアは清国と攻守同盟の密約を結んでいた。

当時の日本は、日清戦争に勝利を得た後でも、決して急に大国になったわけではなく、朝鮮に対しても、ロシアほどの援助ができず、京城以北の鉄道延長なども満州におけるロシアの東清鉄道のようには行かなかった。

日英同盟

そこでわが国は、英国と手を結ぶこととなった。その頃は、ドイツの外交官の提案による日本、ドイツ、イギリスの三国同盟も浮かび上がっていた。日本が同盟を真剣に考えはじめたのは、ロシアとの関係をわが国だけで解決することに自信がなかったからである。それが解決できても、証人となる国を求めたのである。

時の外相小村寿太郎の意見では、

一、英国と同盟を結べば、ロシアに対する立場を強くする。
二、清国を刺激することを避けることが出来る。
三、英国は世界に植民地を持つ大国である。
四、世界一の海軍国である。
五、英国もロシアに対する立場が強くなる。

この頃、ヨーロッパには他にも幾つかの同盟国があった。

この後もわが国とロシアでは、韓国の中立問題についての交渉が続いていたが、交渉の解決を認める方向が見い出せないまま、国民は戦争の準備へと進んでいった。

そこで明治三十五年（一九八五）一月、日英同盟を結んだ。条約の内容は、次のようであった。

一、両国の一方が第三国と交戦するときは、他方は好意的中立を守り、複数の場合は、共同して戦う。

二、韓国での日本の政治的・経済的権益と清国での両国の経済的権益を相互に承認する。

という内容であった。

第三部　運命の海戦

日ロ戦争へ

日清戦争終結後五年、すでに述べたように清国北東部で義和団事件が起きた。この事件は、諸外国が清国に対して利権を獲得することが激しくなり、これに憤りを感じた一宗教団体が、暴動を起こしたことに始まる。

これを機に欧州各国は、公使館並びに自国民の保護のため軍隊を派遣した事件で、当時としては大きな国際事件であった。

わが国も出兵し、列国の一員となる。清国救済のためであったが、内心は帝国主義の各国に追随することであり、講和会議にも列国の一員となることを期待したのである。

国内は、政友会が伊藤博文を頭に、その十日後に犬養毅が国民同盟党を結成して、帝国主義の推進、ひいては朝鮮の占領説まで飛び出すほど、外交問題には強い姿勢が芽生えていた。

義和団は北上し、ロシアの東清鉄道への反対攻撃を始めた。ロシアはこれに対し、この時とばかり満州全域を占領した。列国は清国の周辺国である日本とロシアの関係に目を注ぐようになった。わが国は朝鮮に対して日清戦争中は、強硬屈服せしめていたが、朝鮮の民心を捕らえることはできなかった。かえって日本に対して、ますます反感を強く持つようになった。

そこでわが国は、朝鮮における日ロの関係を対等にすべく直接外交交渉に入り、朝鮮の南北分割協議をはじめた。ロシアは一たんは拒否したが、のち再びロシア側より提案したこともあった。このように直接交渉をしているさなか、ロシアは裏で清国と攻守同盟の密約を結んでいた。

日ロ開戦

韓国と満州の利権について交渉を続けていたロシアとの協議は、遂に決裂した。韓国には中立地帯を設けること、韓国を軍事目的に利用しないことの二点については合意したかにみえたが、ロシアは調停の終わり頃になって、満州におけるロシアの権益を日本および外国は認めることを言ってきた。日本締め出しということである。これには承知しがたく、交渉の余地は無しとし、いよいよ開戦へと踏み切った。

戦時の本土防衛

日清戦争後、わが国民は次の戦争はロシアであると思っていた。したがって、国土防衛や軍備拡張には強い反対はなかった。陸海軍はそれぞれに国土防衛構想を立て、実施が進められていた。

陸軍は本土の重要地点に要塞を建設した。敵の攻撃を予想して上陸軍を撃破するため、要塞砲を設置したのである。

東京湾、函館、舞鶴、由良、芸予、広島湾、下関、佐世保、長崎、対馬に明治十三年から工事が始められていたが、日清戦争後はさらにピッチをあげ、日ロ戦争の始まる時は完成していた。これらの地点に砲台数百二十、砲数八百三門が海に向かって砲口を開いていた。開戦時には芸予要塞を除き、すべてが戦闘準備態勢を取っていた。

これらの要塞砲は、実際には発砲することはなかったが、これを恐れてロシア艦隊、とくにウラジオ艦隊は、東京湾に進入することはできなかった。

この芸予要塞が、水野広徳の終焉の地伊予大島と今治の間にある小島の要塞である。いまなお大砲を据えたあとの砲台は残っている。

また、後述するが旅順攻撃の折、東京湾と芸予要塞の砲を旅順に運び、二百三高地を背後から攻めて占領することが出来た話は有名である。

海軍は、本土防衛として、各要塞には水雷を敷設し、航路を管制した。四軍港のほか大湊、竹敷、長崎、馬港に水雷敷設隊を配して備えた。

水雷敷設と共に水雷艇の拡充にも意を注いだ。わが海軍は、艦船の中での水雷艇の比重は大きい。この八十六隻のうち対馬に十六隻、第三艦隊に十二隻が配置されただけで、五十八隻は国内の防衛のために配置されていた。

日本の戦争見通し

開戦した場合、わが政府および軍は勝たなければならない。そのためには根拠あるわが軍事力限界を予測してみた。それは、

一、まず韓国を軍事力を持って占領する。当時ロシアはフランスと同盟国であった。

二、わが国の戦費を計算し、その結果、戦争期間を一年とした。

三、戦争地域を遼河以東に限定した。

四、ある時期に仲裁国を予想した。

正確な資料による予測、単なる日清戦争後の三国干渉への感情的な報復ではなかった。

日韓議定書

開戦に当たってまず外国の地を踏むのは、韓国であることは分かっていた。開戦の前年秋から韓国との間で密約をしておくことが決められていたが、その内容について双方は合意に達せず、韓国は中立声明を各国に発した。韓国はこれを日本が認めれば密約に応ずると言ってきた。日本の軍事力を背景にした威圧力を持ってしても、韓国は日ロのいずれかに加担す

ることとなると言って、調印には応じなかった。

日本はこれを待たず開戦に踏み切り、京城を占領した。この調印は、開戦後になって初めて議定書の調印となった。このことですでに韓国内は内乱があちこちで起こったが、日本の憲兵によって抑えられた。なお、これを機会に日本は韓国を植民地化する構想を立て、内政にも深く関与することとなった。

日ロの戦力比較

開戦直前のわが国とロシアの戦力の比較は、一口に言えば、敵は世界一の陸軍国ロシアであり、ロシアが大いに勝っていた。そのうえ、日本は兵も兵器も技術・生産力ともに遅れていて、後続部隊兵員も兵器も弾薬も、補給する戦力はなかった。日本には工業生産力というほどのものはほとんどなかった。一日遅れればロシア軍はシベリア鉄道による輸送量が多くなり、満州における戦力は強大になってくる。
まず兵力について見ると、単純には比較できないが、陸軍では平時兵力十七万（二百七万）、戦時兵力百十万（百二十万）、戦場兵員八十六万（八十五万七千）、戦時師団数二十五（四十五）、戦時砲数一千二百（二千八百）（（ ）内はロシア）
連合艦隊とバルチック艦隊を比べてみると、次の通りであった。
連合艦隊　戦艦四、装甲巡洋艦八、装甲海防艦二、巡洋艦十六、通報艦三、砲艦五、駆逐艦二十一、水雷艇四十一、特務艦八で総排水量二十一万七千トン

バルチック艦隊　戦艦八、装甲巡洋艦三、装甲海防艦三、巡洋艦六、特務艦九で総トン数十五万トン

ロシアは、このほかウラジオストックと旅順にロシア東洋艦隊を持っていた。ロシア東洋艦隊は、バルチック艦隊編成の明治三十七年四月三十日、太平洋第一艦隊と改名した。このバルチック艦隊名は、正式には太平洋第二艦隊である。この艦隊がリバウ港を出発したのが十月十六日であった。このバルチック艦隊と太平洋第一艦隊が日本の周辺で攻撃を始めたら、とても勝ち目はないと判断し、わが大本営戦略は、このことを基本に考え、旅順攻撃を急いだのである。

兵器については、次のようであった。

機関銃　国産のものがこの戦いには間に合わなかった。旅順攻撃にあれほどの犠牲者を多く出したのは、機関銃と小銃の戦いであったからである。ただ後半戦には秋山騎兵隊に輸入の機関銃が届き、騎兵隊は有利に展開することとなる。

小銃　三十年式（後の三八式歩兵銃）が開発され、この戦いに間に合った。弾丸の口径は小さかったが、それだけ軽くて多くの弾丸を携帯することができた。

速射砲　砲については、わが国開発のこれも七十ミリ口径のもので、軽くて移動が容易で、わが軍の攻撃には向いていた。これもやっと三十一年に完成した。しかし、残念ながら生産が間に合わず、この図面により、ドイツ、フランスで製作してもらった。これまでの大砲は、数分に一発という速度の射撃であったが、この七十ミリ速射砲は、毎分三発の速度で発射す

ることが出来るので、わが国のものとしては、画期的のものであった。

大砲は残念ながら、すべて輸入に頼った。しかし、輸入が間に合わず、しばしば戦中も弾丸に枯渇《こかつ》する有様で、戦略は砲弾の輸入に左右されるような時が多かった。当時の国内生産量は三百発で、これは一日分の使用量でしかなかった。

旅順港の夜襲と緒戦

連合艦隊には明治三十七年二月五日、第一・第二艦隊は黄海方面のロシア艦隊の撃滅、第三艦隊は韓国の鎮海湾を占領し、朝鮮海峡の警戒をせよとの命令があった。

二月六日、栗野公使は国交断絶と十日に公使館引き揚げをロシア政府に通告。同日、連合艦隊は佐世保港を出発した。第二艦隊第四戦隊は、陸軍の先遣部隊木越旅団二千二百名の兵士を仁川に上陸援護した後、旅順に向かった。他の戦隊は旅順艦隊の攻撃に向かった。

第三戦隊・第二戦隊・第一戦隊は八日夜、旅順沖に着く。

午後六時、駆逐隊に湾内の敵艦隊攻撃を命じた。敵艦隊の将校は夜間に上陸していて、レトウィザン、ツェザレウィッチ、パルラダ三艦に大損害を与え、本隊に引き返した。

九日朝、千歳から昨夜の戦況偵察の報告があり、攻撃の好機と知らせて来た。

東郷司令長官は、総攻撃の命令を出した。正午を過ぎること五分、一斉砲撃、敵艦も砲台と連携して応戦してきたが、砲弾の多くは海中に落ちた。わが方の被害は少なかった。

その結果、ノーウィック、ヂアナ、アスコリッド、ポルターワの四隻に戦闘力を失わせた。しかし、黄金山砲台からの砲撃は続き、これ以上の戦闘は被害を多くすると判断して、仁川に引き揚げた。この攻撃によって、敵艦七隻の戦闘力を失《な》くせしめた戦果は大きかった。

仁川沖の海戦

佐世保から護送してきた瓜生少将は、敵艦の攻撃は後回しにし、木越旅団に敵前上陸をさせた。瓜生少将は第四戦隊の一部を残し、他は仁川沖に徐行させた。その時、コレーツはわが艦隊に近付き発砲した。わが水雷艇がこれに応ずる反応を示すと、砲撃を止め、ワリヤーグに信号を発した。

木越隊が上陸後、京城に向かい、わが艦隊はすべて仁川港外にいたが、瓜生中将は港内の全艦に向かって、文書で、

「港外に出よ」

と警告した。各国、領事館にも連絡した。

敵艦は戦うより他なしと判断し、檣頭に戦闘旗を掲げ、港の外へと動きはじめた。

仁川沖に待ち構えていたわが艦隊は、七千メートルに近付くや猛火を浴びせ、三十五分間の交戦によって二艦を撃沈・自爆させた。敵の将卒はすべてわが軍の捕虜となり、仁川居留の邦人の婦人団体によって人種の壁を越え、厚く手当てを受け、上海に送られた。

鴨緑江の戦い

三月十四日、先遣部隊、十二師団と後続の近衛・第二師団の奥軍は北進をはじめた。途中、敵の反攻はなく、長い行軍の後、義州の敵に出会った。斥候を出したが、敵はすでに退却し、鴨緑江の右岸に陣地を築いて待っていた。わが方も海軍が遡航《そこう》していて、砲艦水雷艇が共同作戦を待っていた。

互いに砲撃戦が始まった。工兵はその間に中の島まで橋を架け、左岸と連絡することが出来るようになった。敵は架橋にもあらゆる妨害を加えてきたが、わが砲撃に妨《さまた》げられ、ついに右岸までの架橋にも成功した。

五月一日、ついに渡河に成功し、安東県、九連城に猛攻を加え占領した。敵は鳳凰城に向け逃走した。この逃走兵を日本軍と誤認した鳳凰城のロシア軍は砲撃し、同士討ちとなり、ついには死傷者百七十名と輜重《しちょう》を残し逃走した。わが軍は六日、鳳凰城を占領した。この日は第二次旅順港閉塞の翌日であった。

第二軍金州・南山占領

三月七日、大本営は、第一師団（東京）、第三師団（名古屋）、第四師団（大阪）を動員し、奥保鞏《やすかた》大将司令官をもって第二軍を編成した。

対馬海峡に面する鎮海湾で待機していた第二軍は、第一軍の九連城の占領の知らせを待って出港し、遼陽と旅順の中間、塩大墺《えんたいおう》に入港した。

夜が明けると、敵は気付き発砲してきたが、護衛の第三艦隊の援護射撃と陸戦隊の強硬上陸の先導により、遠浅一千メートルに及ぶ敵前上陸に第二軍は成功した。上陸後、陸戦隊は艦隊にかえし、その地を占領した。普蘭店では鉄道を破壊し、電線を切断し、満州と旅順を完全に遮断し、孤立化させた。

その後、第二軍は金州・南山の攻撃を準備、折から第十師団（姫路）も大孤山に上陸し、第二軍と合流した。

金州城は市街地の城壁で、三キロ半の長い城であった。わが工兵隊は、城外八百メートルの地点に歩兵展開用の堡塁《ほうるい》をつくり、攻撃を待っていたが俄《にわ》かに大雨となり、別の工兵隊が設置した城門破壊の装置は濡れ、綿火薬に火は着きにくく、火薬の乾くのを待って南門を爆破した。駄目かと思っていたが、やっとのことで火薬も乾き爆発し、南門は破壊され、砲兵の援護射撃のもと場内に突入した。五月二十六日、金州城はわが軍の占領するところとなった。

乃木大将の二人の子勝典中尉、保典少尉は、ともにこの戦いに第一師団として参加し、勝典は敵の流れ弾にあたり戦死した。

時を移さず、南山の砲撃を始めた。海軍も砲艦四隻が金州湾に入り、陸海呼応して砲撃したが、敵の反撃もすさまじく、歩兵の進撃する小銃の射程距離には近付けなかった。

敵は前面に地雷を設置していることがわかり、左翼軍がその導線を見つけ切断して、地雷の恐れはなくなった。第一・第三師団の歩兵は突入を決行したが、今度は敵の機関銃の反撃に会い、敵陣の目の前でバタバタと倒れていった。我が砲兵隊は、基地を進め、命中率をあげるとともに、港の砲艦とも連携して砲撃を加えた。さしもの敵も砲火をやめて、旅順方面に逃走し始めた。この日の攻撃は十六時間にも及び、彼我共に死傷者は多かった。

第二軍が本格的に戦いに取り組んだのがこの戦いであったが、双方共に死傷者が多かった。大本営ではあまりにも死傷者が多いので、一桁違うのではないかと疑ったくらいである。金州攻撃で九百三十余名、南山で四千三百余名の死傷者を出した。

十年前の日清戦争に比べると、戦いははるかに近代化していて、火器の使用量は比較にならなかった。特に敵の機関銃には、多くの死傷者を出した。我が方も途中から国産の機関銃を各連隊に六丁ずつ準備したが、銃の故障と使用法の不慣れのため役に立たなかった。

二十六日はその場で野営し、翌日、南関嶺、柳樹屯を、三十日には無防備のダルニーも占領した。このダルニーが大連である。以後、我が軍は大連と呼ぶようになった。

第三軍は旅順へ、第二軍は新しく編成された第四軍と遼陽に向かう。

旅順港閉塞

二月八・九日の急襲によって、港内の戦艦巡洋艦に大きな損害を与えたというものの、沈没させたのではなく、攻撃をゆるめている間に、湾内で修理を終えればまた旅順艦隊は勢ぞろいして日本周辺を暴れ回り、やがてバルチック艦隊と合流すれば、我が連合艦隊では手に追えなくなることが目に見えている。急がなければならない。

閉塞とは、港のもっとも狭いところに輸送船の古いものを航行させ、自爆させて何隻かの船を連ねると、港内のロシア艦船は出られなくなり、港外から砲撃すると港内の旅順艦隊を殲滅《せんめつ》することができる。

しかしこのためには、万全の要塞に囲まれている周囲の要塞砲が睨《にら》んでいる。探照灯も完備されていて、我が方の動きが手に取るように見える。艦船からも攻撃を受ける。こちらは暗闇の中を無防備の商船が進んでいく。こちらは百トンから五百トンくらいの水雷艇が数隻前後を警戒しているだけで、無灯火で進む。天候も大きく影響する。

このような複雑な不安定要素を抱えている湾内に進入し、適当な位置に到着すれば、あらかじめ用意している爆薬に点火して船を沈め、救命艇に乗り移り、水雷艇に救助してもらう。これだけの関門を通過して、ようやく生きて帰ることができる。

船にはあらかじめ沈没しやすいように、石やコンクリートを底荷として積み込んでいて、爆発と同時に沈みやすくしてある。

このような戦法が過去になかったわけではない。明治三十一年、アメリカ・スペイン戦争のとき、アメリカ海軍がキューバのサンチャゴ港を汽船で封鎖した。この戦いを後に秋山参謀は、当時アメリカ駐在武官として観戦し、細かく報告書を書いて送ったことがあった。この作戦計画は当初、生存率が少ないと、東郷司令長官は許可しなかったくらい危険な作戦である。

それでも第一回の閉塞作戦に六十七人の下士官・兵の募集をしたところ、二千人余の応募があった。中には、旗艦三笠の乗組員二等兵曹の血書の願書もあった。

第一回閉塞決行

朝鮮の西海岸で準備万端整え、天候を待っていた閉塞隊は、二月二十二日、諸艦艇の護衛のもと旅順に向かった。その編成は次のとおりであった。

船名	指揮官		旗艦長	
天津丸	海軍中佐	有馬良橘	大機関士	山賀代三
報国丸	海軍少佐	広瀬武夫	大機関士	栗田富太郎
仁川丸	海軍大尉	斎藤七五郎	大機関士	南沢安雄
武陽丸	海軍大尉	正木義太	中機関士	大石親徳
武州丸	海軍中尉	島崎保三	小機関士	杉　政人

二十四日午前二時、穏やかな旅順港沖に到着した。休む間もなく、駆逐隊を先頭に湾口に向かって進んだ。やがてロシア側は、わが警戒先進の一艦を発見、直ちに発砲攻撃を加えてきた。閉塞船隊はそのまま真っしぐらに湾口に突入、突然の敵艦に、ロ軍は探照灯で郊外を照らし、猛射をしてきた。このため先頭の天津丸はわずかに進路を誤り、老鉄山東方に座礁した。有馬指揮官は船尾に走り、広瀬少佐の報国丸に合図し、声をかけた。

報国丸は座礁を免《まぬが》れたものの敵弾を二発も受け、ボートを降ろして乗り移り、現場から引き上げた。

仁川丸も港口に向け進んだが、梶《かじ》がきかなくなり、その場で爆沈させ、ボートに乗り移った。このとき、ただ一人、二等機関兵梅原健三が戦死した。

第二回閉塞

第一回の閉塞隊の成果は、わが方の被害は少なかったが、閉塞には結び付き難い結果となった。暗闇の中の無灯火の航行、敵の探照灯のために船の方向の誤認等が重なり、湾口に達するまでに沈没した。

東郷司令長官は、その後も何隻かの敵艦が港から出入りするので、これを食い止めようと、第二回の閉塞計画を立てていた。千代丸、米山丸、弥彦丸、福井丸である。この四隻は大阪で船底に石材を積み、爆薬を仕掛け、拠点で今か今かと待っていた。

総指揮官は前回と同じく千代丸の指揮官も兼ね有馬中佐、指揮官は福井丸広瀬少佐、米山丸正木大尉、弥彦丸は斎藤大尉であった。それに今回は各閉塞船に指揮官付き一名を付けた。島崎中尉、島田中尉、森中尉、杉野兵曹であった。兵曹がこの指揮官付きに抜擢《ばってき》されたのは前回の経験から異例のことであった。閉塞隊員は前回の隊員も全員希望したが、五十三名中二名の兵曹以外は、すべて新しく募集した者であった。

二十六日、東郷艦隊は、駆逐隊、水雷艇隊、閉塞船を率い旅順に向かった。

広瀬は自室で冷水で身を清め、帽子に香をたき浄《きよ》め、艦橋に立った。

午前二時、旅順沖に達したが敵は気づかない、しばし準備をし、千代丸に続き福井、弥彦、米山の順に進んだ。湾口に近づくや砲台から、そして哨戒艇から猛射を受けた。

千代丸は湾口手前で爆沈、全員引き上げ、福井は千代丸の左を過ぎ投錨せんとする時、敵の水雷を受け、その場に沈没した。このとき指揮官補杉野兵曹は戦死、広瀬指揮官は杉野を探し求めること沈没に及ぶまで船に残ったが、端艇に乗り移った。この瞬間、敵弾を受け戦死する。この杉野兵曹と広瀬少佐の責任感と勇猛果敢な瞬間が、日ロ戦中の美談として広瀬は、南山攻撃のときの橘中佐と共に軍神とあがめられた。戦後国民に歌われ、神として祭られ、小学校の教科書にも書かれた。

米山丸は港口近くまで進み、湾口の中央近くで敵の水雷にあたり沈没した。

しかし、第一回、第二回とも、湾口を塞ぐことには至らなかった。

マカロフ司令長官戦死

第二回閉塞隊攻撃の後、湾口を遮断することのできなかった連合艦隊は、港外に機械水雷を敷設して警戒に当たっていた。

敵マカロフ司令長官は、芝罘《チーフー》の北西方面を我が艦隊が遊弋《ゆうよく》中との情報を得、駆逐艦八隻に出動を命じ、港外沖を索敵した。たまたま天候が悪くなり、我が連合艦隊を発見することができず旅順港に引き返した。そのうちの一隻が昨夜来、水雷敷設船を護衛していた我が駆逐艦に発見され、追跡され、わが方は旗艦雷《いかづち》の檣頭《しょうとう》に戦闘旗を掲げた。続いて戦闘ラッパが響いた。

敵駆逐艦一隻は方向を変え進んだが、我が方は前方を遮《さえぎ》り、他の艦は正確に敵艦の煙突を倒した。敵艦からも至近距離で水雷が発射された。水雷の航跡は、我が雷か電《いなづま》のどちらかに命中しそうであった。何という幸運か、この敵の水雷は、両艦の間を通り抜けた。この間にわが方の砲弾は、敵の水雷発射艦に命中し、その場で敵艦は旋回を始めた。

このストラシヌイは発砲をやめ、十数名の敵兵は海中に飛び込んだ。わが方は端艇《たんてい》を降ろし、救助と艦の曳航のため近付いた。その時、旅順港口からバーヤンが出て来て発砲を始めた。バーヤンは飛び込んだ兵を救助した後、わが駆逐艦への反撃に転じた。

わが駆逐艦は、第三戦隊の援助を得て退避した。

間もなく港内から旗艦ほか五艦が出て来て、攻勢反撃に転じた。わが第三戦隊も応戦しつつ後退し、敵戦隊を誘い出した。霧の中にいた第一戦隊は、突如現われ、猛反撃を加えた。これによってロシア艦隊は反転し、旅順港に向かった。我が艦隊は港外まで追いつめたが、旗艦ペトロパウロスクの航路は、昨夜わが蛟竜丸が敷設した水雷の方向に進んでいるのが見えた。

「かかるぞ……かかるぞ……」と見ていると、火柱が天に上がった。

この艦にはマカロフ司令長官以下六百余名の乗組員がいたが、わずか二分間で海底に沈んだ。

この日、東京では、広瀬中佐の葬儀が行なわれていた。

ロシアでは、マカロフの戦死に衝撃を受けた。直ちに黒海司令長官のスクロイドロフ中将を任命、大平洋艦隊司令長官とした。

水野と旅順港第三回閉塞

旅順港閉塞作戦は二度にわたり決行したが、二度とも計画通りの戦果を挙げることは出来なかった。にもかかわらず、我が方の二度にわたる夜襲のため、敵は、ますます警戒を厳重にしている。このままでは、バルチック艦隊の到着は日々近付きつつあり、ただいまの陸軍の戦いの補給のため、内地からの輸送の安全さえ確保されなくなる。

大本営は、第三回の閉塞を決定した。幸い兵の士気はいよいよ盛ん、第二回に漏れた者は今度こそはと熱望する状態であった。

今回の閉塞船は新発田丸、小倉丸、釜山丸、長門、三河、遠江、江戸、小樽、相模、愛国、朝顔、佐倉の十二隻、これまでの二倍の閉塞船規模である。総指揮は鳥海艦長林三子雄中佐が新発田丸に乗り、前回同様に各船に指揮官と指揮官付きが乗っている。

これらの船は、五月二日夕方、砲艦鳥海、赤城と駆逐隊水雷艇隊援護のもと旅順に向かった。しばらくして夜半前、南東の風が吹き始め、強風となった。大波を超え、怒濤となって来た。そのうえ霧がかかってきて、仲間の船を見失うようになってきた。やがて互いに見失い、連絡さえとれなくなった。

林総指揮官は、この先を案じ、中止を決めた。このまま決行すれば、多数の勇士を見殺しにする。新発田丸は中止の信号を掲げた。鳥海、赤城もこれを見て中止の信号を掲げたが、暗夜、波浪のため、この命令は全体には通じなかった。

折から釜山丸は機関に故障が、新発田丸は舵に故障が出たため中止、残るは各船はどこでどうしているか分からない。

五月三日午前二時、閉塞船は別々に旅順に向かった。敵は港外で駆逐艦による偵察をしていて、我が方の水雷艇を砲撃し出した。

三河丸はこの砲撃を港口に達した我が偵察隊の発砲と勘違いして、単独港内に向かって驀《ばく》進《しん》、深く港口に進み爆沈、これはこれまでになく奥深くで自沈し、成果を上げた。

続いて遠江丸は、棒材に当たって爆沈し、港口水路の半分をふさいだ。

江戸丸は港口に達し投錨せんとする瞬間、指揮官高柳少佐が敵弾で倒れ、指揮官付きの永田中尉が指揮を執り、見事に自爆した。

佐倉、小樽、相模も港口の近くで爆沈したが、愛国は敵の敷設水雷に掛かり、港外において沈没。朝顔は、舵を損じて港口に達せず、これも港外で爆沈した。

八隻中五隻がまずまずのところに達し、爆沈したが、敵艦船の出入りを防ぐにはこれだけでは遠かった。暴風雨のもとであり、中止の命令も出ているなかでの決行のため、我が方の損害は大きかった。

小樽、相模、佐倉、朝顔の隊員は、一人の救助も出来ず全員戦死。

突入決行した閉塞船は八隻、その乗員合計百五十八名中、収容されたものは、僅かに六十七名（このうち戦死したもの四名）であった。

かくして、第三回の旅順港閉塞作戦は壮烈と悲惨の戦いであった。

水野の活躍

この第三回閉塞における水野の行動は、戦後大正三年十二月、「戦影」（旅順海戦私記）として、「一海軍中佐著」の匿名で出版。「此一戦」の出版が明治四十四年であるからちょうど三年後である。この出版は当局の許可を得ていたが、どういうわけか、書肆《しょうし》の店頭に並ぶことはなかった。

水野が自ら述べているように、この「戦影」は水野の会心の作であった。「書肆の店頭にほとんど姿を見ずして堙滅《いんめつ》したるは遺憾なり」と書き残している。

次にしばらくこの「戦影」から、第三回閉塞隊の活動の様子を表わす部分を引用してみる。

「……実弾を送る敵に向かって進むは、自分においては臍《へそ》の緒切って以来、今度が初めてである。もし武運拙くば一発の敵弾に砕かれるかも図られない。両三日以来、下士卒の出す軍事郵便には、大分遺言的なものが多い。然しながら林子平にあらねど、天下に父母なく、兄弟なく、妻子もなく、財産もなく、生きて扶養の責めもなければ、死して後顧之憂もなく、戸籍簿の一枚をば己ただ一人にて独占する自分は、人間並の遺言書など残す必要も認めず、ただ少しばかり人に見られて恥ずかしき手紙と、写真のあったのをば、せめて出陣の言い訳までに処分した。中にはこれ許りはと、破るに断腸之思がしたものもある。

さしもの各艦の汽艇端舟も、正午過ぎには総て艦内に納められ、数十隻の艦艇より吐き出す煤煙の色は次第に濃くなってきた。汽笛の響きも今はいと稀に、港内真に森としている。しかしそれは決して死の静けさでもなければ、夜の寂しさでもない。恰《あたか》も猛虎の正に搏たんとする前に於ける息續いの如く、静寂の裡にも自ら凄殺の気が滂々として居る。砲も水雷も準備された。出港の用意も整うた。今は唯出港を待つばかりである。」

やがて予定の午後五時を報ずるや、旗艦の檣頭高く、

「直ちに出港せよ」

の信号が掲げられた。轢轆《れきろく》たる「ウィンチ」の響きと共に、各艦艇は順次に錨を巻いて港外に出て、直ちに予定の航行陣形を制った。

第三戦隊先鋒を承り、出羽少将其の司令官として「千歳」を旗艦とし、「吉野」、「高砂」、「笠置」、「浅間」、「八雲」の諸艦これに属して居る。第一船隊続いて進んだ。

東郷連合艦隊司令長官は将旗を三笠に掲げ、「初瀬」、「朝日」、「敷島」、「富士」、「八島」の六大戦艦を直卒し、梨羽少将司令官としてこれに隷した。「第二」、「第三」、「第四」、「第五」の四駆逐隊其の右翼を護り、閉塞船隊は更に「第一船隊」の後方に従うた。総指揮官林中佐は「新発田」丸に搭乗して先頭に先位し、「小倉丸」、「朝顔丸」、「三河丸」、「遠江丸」、「釜山丸」、「江戸丸」、「長門丸」、「小樽丸」、「佐倉丸」、「相模丸」、「愛国丸」の十一隻順次これに次ぎ、砲艦「赤城」、「鳥海」其の左翼を援護し通報艦「龍田」は列外

に在って通信伝令に従事して居る。艦艇合して六十隻、陣形蜿蜒として恰も長蛇の黄海を捲くが如く、前艦既に霞に入って後艇尚未だ水平を出ず、黒煙天を焦がし、艦旗波に閃き、凛々たる軍容、堂々たる陣形、意気軒然として乾坤を飲むの慨があった。時に夕日既に西に低く、暮雲錦を染めて波燃ゆるが如く、風和やかに海静かに、韓山高低紫烟濃やかである。

此の夜海風死して一面摩すが如く、舷に瀲漣《れんれん》の囁きもなければ、マストに蕭颯《しょうさつ》の響き聞かず、十八日の月朧に懸かって前艦後船、影眠るが如くである。小子当直代わって室に下りれば、一睡する暇もなく、濃霧襲来の報に接した。眠き目を擦りつつ上甲板に出て見れば、天海溟濛《めいもう》として、唯僅かに前艇の燈火霧に咽んで、明滅するを見るのみである。数十隻の艦艇が互いに衝突を警むる汽笛の声は、或いは遠く猛虎の鳴くが如く或いは近く屠牛の泣くが如く、哀れに又物すごく、暗き夜半の寂莫を破って居る。蓋し閉塞行動には誠に絶好の天候である。旻天《びんてん》若し霊あらば、願わくは夜明けも亦今夜の如くあらしめんことを私《ひそ》かに心に祈った。

已にして午前七時頃に至るや、北西の強風俄かに起こると見る間に、今迄細波漣漣とし て池の如くなりし海面は、突如として白波奔騰、狂瀾怒号の荒海と変じた。怒濤舷を叩いては、激端奔湍として甲板に漲り、船隊動揺して殆ど坐立に堪えない。速力遅緩なる閉塞船の如きは、隊伍の保持困難にして、或いは進み、或いは遅れ、陣形漸く乱れんとした。幸いに正午頃に至り風は次第に衰えしも、余波尚揺蕩《ようとう》として航行頗《すこぶ》る困難を極め、閉塞船隊は隊列益々混乱して、一、二のものは遠く後方に落後するに至った。是れにおいて、艦隊は暫《しばら》く速力を緩めて陣列を整え、午後三時再び航進を起こした。ここは既に黄海の真中、何れを見ても波又波で、行き来の船の帆影も見えねば、飛び交う鳥の翼も稀である。

（略）疲れし体をしばし休めんものと室に下りて横たわれば、当直の水兵早くも来たりて、旅順の探照灯見ゆと告げた。時正に午後九時三十分であった。

生来焔《えん》に三十年、初めて敵弾の下に立たんとす、昔は斎藤実盛鬢髪を染めて陣に臨み七百年後の今日、尚ほ人をして此の老武者の意気を偲ばしめ、木村重成は戦死の鎧に香を焼き込め、袖の香りを三百歳の後に留む、我に実盛の意気、重成の雅懐なくとも、せめては日本武士の嗜みと、褌取代え、衣服を改め、午後十時出でて指令搭上に立った。

（略）死地は近づけり、虎穴は眼前に迫った。敵探照灯は次第にその数を増して二基三基、四基となった。其の左に高きは白頭山、右に低きはろう葎嘴《りつし》、中央右なるは黄金山、左なるは蓄子営の探照灯である。而して中央二灯の中間こそ、二百有余のわが将卒が、将に其の屍を埋めんとする旅順の港口である。死地か、虎穴か、旅順の港はスクリュウの一回転毎に近づきつつある。繊弱なる商船を駆って、空手空拳、此の死地に乗り入らんとする。閉塞隊勇士の心緒、今果たして如何？（略）夜は次第に更けて時は正に十一時を報じた。先程より吹き起こりたる東南の風は、何事ぞ、この時急激に力を増してついに暴風雨となった。

地利、人和も天の時を失えば成功期し難しとか、今や風浪逆に怒って我に利あらず、自分は心密かに今夜の行動の中止せられんことを希うた。偶々《たまたま》沖合に方り、敵か味方か、頻りに発光信号をなして居るものがある。ついで二、三の閉塞船の反航する如きを見た。信号を読まんと力めしも、激しき艇の動揺と、絶え間なき飛沫とに妨げられて果たさず、曖昧の間に行き過ぎた。後に聞けば、是れぞ林総指揮官が閉塞隊に降したる、行動中止の命令信号であったという事である。

正午頃我らの艇隊は進んで遂に旅順港外に達した。風は益々吹き募り、マストも煙突も吹き倒されんばかりの勢いである。（略）

強風と争い、激浪と戦いつ旅順港外を漂游せるあいだに、時刻は次第に進んで五月三日の早や午前二時となったが、閉塞船は未だ姿を表さない。或いは中止になったのかも知れぬ。若ししかりとすれば、何等の目的もなきに、このまま朝までがぶられては溜まったものではない。かえって何れかに避難した方が、得策であろうなどと考えているうち、突然、黄金山砲台から発砲した。血よりも赤き一発の火光、鋭く暗中にひらめくと同時に轟然たる砲声が山海にどよめいた。（略）（「戦影」参照）

閉塞船の突入

付近一の海岸砲台から五発六発――続け様に打ち出した。扨《さて》はいよいよ閉塞船の突入？と、速力を増して直ちに予定の受持ち哨区についた。眸を定めて港口を眺むれども、其れぞと思う船も見えねば、弾丸の行衛も判らない。射撃の目標は何であろう？　砲撃は益々急に、砲声はいよいよ激しい。暗黒の海岸は深紅の砲火に飾られ、探照灯の旋転は一層敏活となった。艇の動揺も手足の痛みも、今は全く打ち忘れ、しばし茫然として、この壮烈なる光景に見惚れるうち、港口のあたり二、三の水雷艇らしきもの、電光を潜って縦横に馳突せるを発見した。中にも一隻の水雷艇は敵弾に傷つきたるものか、頻りに蒸気を噴出しつつ、敵の探照の下に猛撃せられて居る。是れ閉塞隊前衛の任務を有せる第十四艇隊が港口偵察を行なうのであった。

斯くして砲撃約十分ばかりにして、水雷艇は何れも探照界を退きたるものの如く、其の姿を闇に没すると共に、敵の砲火も又収まった。(「戦影」参照)

前衛隊既に来たる! 最早間もあるまじと、我らの艇隊は円陣画を書きつ哨区の警戒を続けた。そもそも自分らの受持ち哨区は、旅順港口の東なるろう葎嘴の南方、距離約二海里の所である。仰げば六万燭力の大探照灯は、爛爛たる毒焔を海面に放ち、時々我等を照射して居る。一たび照らさるれば新聞の字は素より針の穴さえ見える。探照灯の周囲には幾多の敵砲台がある。暗にそれとは見えねども、砲は弾丸を含んで、恐らく我等を狙って居るだろう。発砲の電流一だび通ずれば、艇も人も、ただ一発の弾丸に粉砕せられるのである。探照灯の回り来たりて我等を照らす毎に、今度は打つか、今度は中るかと、黙って待って居る心の中は弾雨を冒して突撃するよりも尚遣る瀬ない。

風は少しも其の力を緩めず、敵の警戒は益益厳となった。中央二基の探照灯は、港口を挟んで十字照線を作り、左右の二基は旋動して頻りに餌を探って居る。時は進んで午前の二時三十分、一隻の閉塞船は今しも忽焉として、敵探照界の内に現れた。是れぞ匝嵯《そうさ》海軍大尉の指揮せる「三河丸」である。同船は林総指揮官よりの、行動中止の命を知らず、我が偵察隊に対する敵の砲撃を見て僚船の突入と信じ、単船、弧行程を急いでやって来たのである。

城頭山砲台まず放火を開いて之を迎撃、饅頭山ほかの永久砲台をはじめとし、港口両岸に布列せる大小幾多の臨時砲台之に和し、我が「三河丸」目掛けて一斉に砲撃を開始した。殷々たる砲声は百雷の一下する如く、山は砕け、海は覆らんばかりに凄まじく狂風も怒濤も、為にその声を奪われ、紅を溶きたる如き深紅の砲火は、点点として高く、低く、暗中に閃き、紫電紅焔、相応射する状、壮絶又凄絶の極みである。閉塞船は如何にと顧り見れば、その痩せたる煙突より吐き切れぬばかりの、ドス黒き煤煙をば強風に靡かせつつ、降り敷く飛弾を物ともせず、港口目指して一直線に突進して居る。城頭山探照灯は船の真横を照らして寸時も離れず、墨絵の如き船影は青白き電光の裡に、物すごく描きだされて居る。煙突は細くマストは小さく、加うるに速力遅遅として、船首に波も得揚げぬ風情は屠所の羊の其れにも増して、一しお哀れに見える。船の周囲には大小の弾丸落下して、水煙沸沸、銀柱林立、時に全く船影を覆うこともある。その砲撃の兇猛激烈なること、最早船内には生きた人間は、恐らく一人もあるまいと迄思われた。しかし船は尚依然として前進を続け遂に港口付近に達した。

この時又二、三隻の閉塞船は一団となって、敵探照界の内に現れた。敵砲火の大部分は今やこの新たなる餌食に向かって移された。

さきに港口に進みたる「三河丸」は、今正に爆沈を果たしたるものの如く、合図の火箭高く中空に輝くを見た。次いで閉塞船は、断続として更に又港外に現れた。敵の射撃はいよいよ益々急である。大は二十八サンチ、小は二吋《インチ》三吋の軽砲、偖《さて》は機関銃に至るまで、幾百門の方向より吐き散らす大小の砲弾は、実に雨よりも繁く、霰よりも密に船舷に砕けては紅焔迸発、波に閃き、海面を打っては水柱三丈、電光に輝く、砲声は轟轟として天海にどよめき渡り、耳は聾して、身は恰も太鼓の中に封じ込められたる如く、砲火は閃閃として暗空に瞬き、満庭の紅花咲いては散り、散りては又開くに異ならず。正に是れ満山のイルミネーションである。中にも最も壮烈なるは敵水雷の爆発にして、海水逆立ち、天に冲し、紫電之に映じては白銀の巨木、万朶の珠玉を結ぶ。両国橋畔の川開など到底較べ物になったものではない。

昔秀吉征韓の役、鍋島勝成嘆じて曰く、「我れ曾て吉野の花を見て蓋し天下の絶美と為す。然も今日海戦の壮を見るに及んで、吉野の花遠く及ばず。」と、凡そ天下如何なる美も、壮も、海の野戦に如くものはあるまい。……』

長々と水野の傑作といわれる「戦影」を引用して、旅順港閉塞の状況を補足した。状況ちょうど絶頂のところで打ち切ったが、これからが水雷艇の活躍場面である。

水雷艇の活躍

ふたたび「船影」から抜粋してみる。

『――折しも鮮生《せんぷ》角《かく》方面辺り、一隻の閉塞船は突如としてろう葎嘴の探照界に現れた。その船首の形状に依って、直ちに向海軍大佐の指揮せる「朝顔丸」なることが知られた。纔《わずか》に緩れを離れし浜千鳥の友を追うごとく、単船捷路を採って港口に向い驀進して居る。群まんとせし砲声は再び激烈となり、敵は殆どその全砲火をばこの一船に対して集中した。「朝顔丸」は我が艇隊と陸岸との中間をば、真一文字に突過ぎたのでわが隊との距離僅かに一海里に過ぎない。船体に命中する敵弾は手に取るように見える。中《あた》る！ 中る！ 忽ちの間に舷側に爆発したるもの十余発を数えた。残酷無情！ 殆ど見て居られない。全身の血は煮えくり反って独り腕を扼し、歯を切っするも、如何ともする事が出来ない。見れば船の後部は已に半ば沈んで、速力は著しく減じて居る。而し煙突よりは黒い黒い煙を吐いて、尚も死地に向かって急ぐ有様、乗員は是れ神か鬼か、じつに大和魂の精である。敵は少しも砲撃の手を緩めず、流弾は頻《しき》りに我等の付近まで飛んでくる。

斯くして「朝顔丸」は遂に港口に達するを得ずして、黄金山の南方断崖下に沈没した。時凡そ午前の四時、乗員は恐らく全滅したであろう。

「朝顔丸」既に沈没し、最早後に続くものも見えない。今や我等収容隊の任務を尽くすべき時は来た。風はやや衰えしと雖《いえど》も、波は尚荒れ狂い、山の如き奔浪は澎湃として、港口に向かい打ち込んで居る。百余噸《トン》の水雷艇ですら、転覆せんばかりのこの荒海に、閉塞隊員如何に勇なるも、木の葉に等しき端舟をこいで、いかでか沖合に出て来ることが出来よう。

最初の閉塞船「三河丸」が爆沈してより、早や一時間以上を経過するも、未だ一隻のボートさえ帰って来ない。港口付近における砲撃は尚盛んである。爆竹の如きけたたましき機関砲の響きは刻々激烈となって来た。この響きこそ既に任務を果たして帰らんとする、わが忠勇の将士を殺す音かと思えば、腸を掻き裂かるる様な思いがする。この有様では閉塞隊員は、恐らく一人の生還者もあるまいとさえ信じた。偶々港口に方りてチラチラと白い物が見える。岸に激する白波の光とは、稍色が異なって居る。潮水に浸りし双眼鏡をば拭い拭いて熟視すれば、アナ無慚！　これぞ二隻のボートが敵探照の真下にありて、猛撃を受けて居るのであった。風浪前を遮り、敵弾後より迫り身は傷つき、船は壊れ、百計焔に尽きてわが閉塞隊勇士は、今や敵の嬲《なぶ》り殺しに遭って居るのである。

此の惨状を見たる瞬間、一種言うべからざる敵愾の心と、惻隠の情とは悠然として心頭を衝き、「前進全速！」速力を早めて猛然港口に向かい突進した。敵は忽ち我を照射して、猛烈なる放火を開き、饅頭山あたりより発射する時限弾は、頻りに頭上に破裂して、断片はバラバラと霰の如く降って来る。しばらく速力を緩めて敵の注意を避くるうち、前方の当りに、微かに軍歌の声らしいものを聞いた。海は暗し、波は高し、加うるに目は探照灯に曝され飛沫に打たれて、視力甚だ衰えて居る。唯声を便りに進みゆけば、暴れ狂う逆浪の間に浮きつ沈みつ、漕ぎ来たる一隻の小ボートを発見した。此の一瞬、陸に敵なく、海に波なく、胸中唯歓喜の一念あるのみである。艇員一同、思わず万歳を大呼した。「メガホーン」を取って大声「ボート」と呼べば、声や通じけん、軍歌は止んで、万歳の声は彼方より起こった。

「何番船」

「四番船」

　自分は此の答えを耳にすると同時に、更に一種の感は電の如くに胸底に閃いた。

　四番船！　「三河丸」！　指揮官は匝瑳大尉！

「匝瑳無事か？」、喉元まで出し言葉をば、僅かに唇を噛み殺し、無言の裡に端舟を見詰めた。問わぬは問うにやや勝る、不幸の答えを聞くを恐れてである。

　漸く端舟近づき行進を停むれば、艇は忽ち横波を浮けて動揺愈々《いよいよ》激しく、艇、舟、交交相相上下して、ボートのオールは篠よりも脆くベキベキと折れる。若し一度舷舷相打たんか、繊弱き端舟は唯一撃に粉砕する恐れがある。加うるに敵弾尚頻りに飛び来たり、閉塞隊員を艇内に収容するには、多大の危険と苦心を重ねた。流石《さすが》決死の勇士も、張り詰めし気の緩むと共に、連日の疲労一時に発したるものの如く、水雷艇に移乗するや否や、死人の如く、忽ちその場に打ち倒れた者もあった。先には一人の生存者もあるまじと思われた「三河丸」の乗員、総数十八名中、唯僅かに一名の戦死者と一名の重傷者とを除く外、悉《ことごと》く無事生還したるを見ては、一層の歓喜を禁じ得ざると共に、又、大いに意外の感に耐えなかった。四番船の隊員は収容した。先に見えたる他の端舟を救わねばならぬ。再び機気を前進するや、三重に取たる舫索は、唯一撃の怒濤に断たれて、あわれ勇士を救いし名誉の短舟は、見る見る闇の裡に流れ去った。記念の短舟素より惜しからざるにあらねど、今は徒に空艇を追うべき時にあらず、「分隊長より戴いた刀を流して残念だ」、「水筒をボートへ残して置いたのに」などと、閉塞隊員の繰り言を聞き流しつつ、再び収容の任務に就いた。偶々後ろより、

「艇長！」

と呼ぶ者がある。声は確かに今は今とて念頭をを離れざる匝瑳大尉！ 振り返ると同時に

「匝瑳！ 生きて居たか、好くマア貴様無事で帰って来たね」

最早この世で相見ることは出来まいと思ひし友の、其の身に微傷だも被らず、而も偉功を遂げて、今眼前に相見るに居たっては、感極まって発すべき詞をさえ知らない。唯心中彼が武運の目出度きをば寧《むし》ろ怪しむばかりであった。

先に港口にありたる端舟は如何にと眺むれば、敵弾に沈められたか、将た怒濤に呑まれたるか、今や其の影だに見えない。ただ岸を噛む独浪の独り電光に輝くあるを見るのみである。嗚呼《ああ》勇士の行衛や何処？』（「戦影」参照）

水雷艇の警戒任務

元来、駆逐艇や水雷艇は、戦艦や巡洋艦と異なり、敵艦隊と正面からぶっつかって戦う船ではない。艦隊の進む前方十数キロを先に進み、両側を駆けり、敵の情報を捜索したり、僅かな障害についてはその場で直接に排除・駆逐するのが任務である。

また、時には単独あるいは複数で隊を組み、警戒水域を決め、二十四時間警戒する。戦闘時にあっては、真っ先に進み露払いをし、砲激戦となればその場から遠ざかり、戦闘の終わり頃にはまた、その残敵掃蕩《そうとう》など機動力を利して活躍する。

以上のような働きをするため、勇敢でなければならず、そのうえ常に危険を背負っている。もっとも海戦を実感することの出来るのも水雷艇である。攻撃し自分の発射せる水雷の結果が見え、やったという結果をその場で見ることが出来る。

対馬を母港として

日ロ戦始まるや、二月二日、港外の哨戒の命令が出た。港は対馬にあらかじめ作っていた竹敷港である。対馬の中央部のもっとも東西幅の狭い竹敷の港を明治三十三年、日本海軍が掘削《くっさく》して艦船の往来を便にしたところである。

その掘削したことによって対馬は上、下の二島となった。その二島を陸上交通のため繋《つな》ぐ万関橋が架けられ、今日では対馬の名所となっている。

水野は、この竹島の風景を、次のように「船影」の中に書き残している。

『……自分が知れる範囲内に於ては駿河湾の富岳と共に、実に日本風景の双絶であると思う。即ち後者は壮麗にして雄渾である。前者は雅致にして清秀である。かの日本三景たる松島は勝は勝なるも水が濁りやすい。厳島は美は美なるも俗である。橋立は奇は奇なるも変化がない。大磯や須磨に至りては、唯それ、肺病患者の転地療養地たると、デカダン派男女の海水浴場たるに過ぎないとの世評がある。自分は対州が其の地、壁偶に偏在して名玉徒に瓦礫の間に埋没せるを惜しむと同時に其の地僻遠にあるが為、天成の美景をしてあたらペンキ塗り別荘と、醜悪なる広告画とに、蹂躙俗化せられざるを祝するものである。（略）』（水野広徳「船影」より）

二月の初めであるから、佐世保にいても暖房が欲しいのに、対馬名物の空風はビュービュー吹いている。そのうえ水野は夜の哨戒についた。竹敷を出港すると、風は強く、波は高く、港を出る前からすでにざぶりと頭からかぶった。首筋から背中へ潮水が流れ込んだ。内地にいる時ならば、大声で冷たいと声を上げるかも知れないが、この艦上では言ってもしようがない。白黒も分からない暗闇荒波の中、夜通しの哨戒とは、果たして耐えられるかと思われる。ただ乗っていて時間が経てばいいというのではない。敵の駆逐艦が先に発見して発砲するかもしれない。我らには生命が係わっているし、我が艦隊わが国の防衛が、この夜は我等の水雷艇に係わっているのである。眠いなんて言っていられる場合ではない。

このような哨戒を、幾隻かの水雷艇がスケジュールを組んで、地区を決め、来る日も来る日も勤務に当たる。単純であるが真剣である。何か月も哨戒が続いた後、いよいよ旅順港閉塞作戦が始まり、出動したことは前章で書いた。このときも水雷艇は先導役を勤め、閉塞船を待ち、誘導をし、爆沈を見届け、端艇に乗り移った乗組員を収容した。

ウラジオ艦隊のもぐら作戦

海軍は明治三十七年二月、三月、五月と、三回にわたる旅順港閉塞の後、陸軍は第三軍を編成し、六月、塩大墺に上陸、新しい満州軍総司令部が編成されたことはすでに述べた。ちょうどその頃である。ロシア東洋艦隊の一部がウラジオ港にいることも述べたが、このウラジオ艦隊も、わが海軍にとっては何時も目を離せない存在であった。一隻でも日本海にて暴れ出し、無防備の船舶を攻撃することはいつでも出来るし、攻撃されればこちらは船舶、戦いにはならない。日本の船舶のみならず、第三国の船も捕らえて処置することが出来る。

ウラジオ艦隊の出没

ウラジオには、次の艦船がいた。

艦種	艦名	排水量
装甲巡洋艦	ロシーヤ	一二、〇〇〇トン
装甲巡洋艦	グロモボイ	一二、三三六トン
巡洋艦	ボガツイリ	六、六四五トン
水雷艇	一二隻	

潜航艇　若干

これだけの艦隊が隊を組んで行動すれば、大変な威力である。

これらの艦隊もじっとしていたわけではなく、四月二十五日には朝鮮近海で我が歩兵一個中隊が乗った船が撃沈された。六月十五日には、塩大墺から帰国中の陸軍輸送船が対馬海峡で攻撃され、ついで塩大墺に向かう常陸丸、佐渡丸を砲撃、常陸丸は沈没、佐渡丸は魚雷を受けた。いずれも一千人を越える陸軍部隊を乗せていた。

翌十六日には、イギリス汽船を捕らえ、ウラジオに連行、わが帆船二隻を沈めた。

十七日にも、わが帆船を撃沈。

七月二十日には津軽海峡を通り、大平洋を南下して汽船高島丸を沈めている。

続いて南下し、御前崎沖まで延ばし、日本の帆船四隻、イギリス汽船二隻、ドイツ汽船一隻を沈め、二十日には津軽を経てウラジオに帰っていった。

この十日間の間に房総半島を越え、相模湾沖を往復通過したとき、東京湾にも入り、宮城を砲撃できることは十分に分かっていただろうが、お台場の二十八サンチ砲を知っていたウラジオ艦隊は通過した。お台場がなかったら、東京湾に入って来たことは十分に考えられる。

内容はまったく異なるが、三十八年後、太平洋戦争の初期、アメリカの艦載機が昭和十七年四月、突然、東京の空に現われ、爆弾を投下したのと似ている。

日ロ戦争時、国民はこの事実を知っていて、「第二艦隊、何をしている」の声が高かった。

上村第二艦隊司令長官の自宅には、盛んに野次が飛び、罵倒、脅迫等の示威や手紙が届いた。

黄海の海戦と蔚山沖の海戦

わが海軍の遼島半島封鎖の宣言以来、旅順港内の旅順艦隊は、このままでは封鎖されたまま、日本海軍の好餌《こうじ》となることを恐れ、これまでの艦の破損修理に懸命になる一方、港口の出口拡張を急いでいた。半ば封鎖されていた日本商船の破砕を進めていた。そして、隙あらばウラジオに逃避することを狙っていた。

六月二十三日早朝、ロシア艦隊八隻が、三時半、掃海船数隻を先頭に港口近くまで進んできた。港口近くのわが艦は、瞬間、無電を打った。連合艦隊は待っていましたとばかり、位置に着いた。わが駆逐隊は、港口に出てきた駆逐艦を砲撃、その一隻は火災を起こした。港内に残っていたノーウィックは、これを見て出てきて、わが駆逐隊を攻撃し始めた。わが駆逐隊は、敵艦隊を港外に誘い出すべく後退し、艦隊に合流した。

わが艦隊はなおも誘い出し、午後七時半、戦闘旗を揚げた。これを見た敵艦隊は、かなわじと悟ったか、八時過ぎ反転を始めた。わが艦隊は追跡したが、水雷艇駆逐隊に委せることにし、前に出し後に続いた。敵は艦列を乱して港口まで逃げたが、港内には入り得ず、投錨した。夜間わが艦隊は八回にわたり、砲台からの砲撃にもめげず夜襲をし、損害を与えた。翌二十日、敵は港内に逃れた。

その後約一か月、わが陸軍の旅順攻撃の近付くを悟り、八月十日、ふたたび掃海艇を先頭に艦艇のほとんどが港口に現われた。わが艦隊は刻々の無電に呼応して、敵艦隊の港外脱出と見て、なるべく遠くまで誘い出し、午後一時十五分、戦闘を開始した。

敵は包囲網の脱出港を開くことに努力しながら応戦、午後六時半にいたり、旗艦チェザレウィッチが左舷に傾き、他の艦も多数の死者が出るや夜に乗じて、四散した。

旅順港に逃げこんだのは五艦、旗艦チェザレウィッチは傾きながら膠州湾《こうしゅう》へ、アスコリッドは上海へ、ヂアナはサイゴンへ逃げ込んだ。駆逐艦一隻レシテイヌイはチーフに逃れ、ノーウィックも続いた。のちノーウィックは樺太の大泊付近で、津島、千歳の両艦に砲撃され沈没した。

この戦いを黄海の戦いという。

蔚山沖の海戦

黄海の海戦で、チーフに逃げ込んだ敵駆逐艦レシテイヌイの無電を傍受したわが艦隊は、旅順艦隊がふたたびウラジオに向かって脱走することを知った。八月十四日払暁、警戒中の第二戦隊は、敵艦三隻を蔚山《うるさん》沖に認め、「今日こそは」と勇み立った。敵艦はわが艦隊に気づくや進路を北に変え、逃げ去ろうとする。わが方も予定の行動と、直ちに前を遮《さえぎ》り、猛烈に砲撃した。

敵は早くも逃げ腰に転じたが、リューリックは速力が遅く、他の二艦より遅れた、他の二艦は、殊勝にもリューリックの援助に向かった。この間、他の二艦も多くの被害に合い、援助どころではなくなり、見捨てて全速で逃げた。

やがてリューリックは沈没、敵兵は浮き沈みしながら漂い始めた。

敵兵の救助と厚遇

第二戦隊の浪速、高千穂、新高、須磨、明石各艦は端艇を卸《おろ》し、救助に当たった。ウラジオ艦隊に第二艦隊はたびたびの怨みを持っており、我が兵たちは如何にするかと思いきや、この憎きロシア兵をば当然のごとく、懸命に拾い上げておる。

おりから心配した上村司令長官からも、「捕虜を厚遇せよ」の信号があった。敵兵六百二十五名、捕虜の多くは涙を流して感謝した。

なお心配した参謀が、巡回してみると、捕虜の回りを我が水兵が大勢取り巻いている。何かと見ていると、兵たちは、それぞれ自分の衣服を持ち出し、捕虜に与えている。中には、団扇《うちわ》、扇子まで持ち出して、捕虜をあおいでやっている者までいた。

参謀は涙を流しながら、

「良く労《いたわ》ってやれ」

「憎い奴とは言え、こうなったら可哀相です」

逃走した二艦も旅順港に逃げ帰ったが、ふたたび港外には出なかった。

これで黄海の制海権は完全に、我が方のものとなった。蔚山沖の海戦である。

旅順港残敵掃討

二〇三高地の山頂の一角を占領したのが十二月五日午後一時であった。ここで万歳というところを、児玉参謀総長は休む暇もなく砲を進め、直ちに港内の敵艦めがけて攻撃にかかった。元々国内にあった要塞砲・海岸砲である二十八サンチ砲は、海軍の予想通りの威力を発揮し、その日のうちに戦艦ポルタワを撃沈した。続いて六日・七日・八日・九日・十日と、連日の砲撃により、セバストポリーを残して主力艦を殲滅《せんめつ》した。

水雷艇隊の大襲撃

五月三日の第三回旅順港閉塞作戦の後、水雷艇隊および駆逐艦数隻は、旅順港周辺を固く守っていた。一隻たりとも港外に出せば、如何に何処で暴れだすかもしれぬ。陸軍の旅順攻撃も順調となり、占領の見通しがついた頃を見計らって、海軍は陸軍と呼応して、港内の残敵掃討のため、水雷艇隊は出動した。明治三十七年十二月二十日、東京日日新聞によれば、「水雷艇隊の大襲撃（東郷連合艦隊司令長官報告十二月十七日午後八時三十分電着）十四日夜我が水雷艇隊は、大挙して頗《すこぶ》る勇壮なる敵艦襲撃を決行せり、各艇隊は正午前後旅順港外に達し、先頭艇隊（司令少佐内田良隆）及特殊水雷艇隊（艇長海軍少尉横尾敬義）は先ず偵察の目的を兼ね、深く敵の泊地に進入し午前一時敵艦及要塞の探照砲火の下に襲撃を果たせり。此の時の一艇（艇長大尉三田村清造）は一弾、他の艇（艇長大尉中牟田武正）は四弾を被り後者の下士卒三名負傷せり。之より各艇隊攻撃の目標を定め先頭の甲艇隊（司令司令笠間直）は敵防御の破壊及び敵探照砲火の牽制を目的として第一に進撃し、乙艇隊（司令少佐神宮寺純清）丙艇隊（司令少佐大瀧道助）丁艇隊（司令少佐関重孝）及び戊艇隊（司令少佐河瀬早治）之に次ぎ敵に接近して午前二時より同四時に至るまで各勇敢なる水雷攻撃を続行せり。就中《なかんずく》攻撃動作の猛烈なりしは、丙艇隊にして各艇隊に肉薄して発射を遂げ順次退却中一艇は瞬時に敵の数弾を受けて、艇長大尉中堀彦吉外下士卒五名戦死し、一名負傷し艇も亦進退の自由を失いたるをもって、後続艇隊（艇長大尉中原弥平）は敵弾雨飛の下に百方其救助に努め、辛ふじて曳航中曳索敵弾に切断せられ曳艇も更に数弾を被りて沈没に垂としたるをもってやむを得ず生存者を収容して艇隊を遺棄せり。別に同艇隊中の他の一艇（艇長大尉水野広徳）も二弾を受けたり又最後に襲撃せる戊艇隊も猛射を受け一艇（艇長少佐河瀬早治）は一弾を受け、卒二名戦死し他の一艇（艇長中尉高橋武次郎）外卒二名負傷し他の一艇（大尉庄野義雄）も一弾を受け下士一名戦死五名負傷して艇も亦一時運転の自由を失いしが、僚艇二隻（艇長大尉渡邊真吾）（同森駿蔵）に護衛せられて帰航せりその他各艇隊も皆敵の砲火を冒して勇敢なる襲撃を果たしたるも幸いにして各艇損傷なし攻撃の効果は未だ明らかならざるも命中爆発を確認し得たる発射水雷の数少なからず翌朝望楼の観測する所に依ればセバストポリは前日より更に其の艦首を沈め南南東に向きて風潮によりても方位を変ぜざるに至れりといふ。蓋《けだ》し敵艦の泊地は陸岸に近くして海底浅きをもって確実に敵艦損害の程度を視認する能はずといえども我が水雷艇が寸毫の混乱もなく勇敢なる襲撃を果たし且つ僚艇よく相助け得たる操縦の技量と敢爲の気力に対し本職は満足を表し且つ深く之に信頼するものなり」（以上二件、昨日第一号外再録）

このような警戒任務は、簡単なようでもあるが実はなかなか、相手もその気になれば、知恵を搾って細工をしている。

ろくに言葉も分からない外国人相手の船であるから、こちらの尋問にも苛酷の時もあり、寛容の時もある。寛容であれば乗じられる。ノルウエーやオランダの船にはてこずる。夜間や嵐の時なども難しい。外国の新聞記者の船などには、いかにしても腫物《はれもの》に触《さわ》るように取り扱いがちである。これも日本人の欧米崇拝か。

こんな毎日も戦争の大事な部分だと言い聞かせながら、勤務すること半年の長きにわたった。

二〇三高地占領

この間に陸軍は、二〇三高地占領を海軍の艦隊と呼応し、旅順の要塞は五万余の死傷者を出し、年末にいたってようやく占領の目安がついた。

国内の新聞にも旅順占領の遅きを批判され、国民の多くも敗退の戦いになるのではとさえ思うようになっていた。大本営は、第三軍に強く檄文《げきぶん》を突き付けたり、満州軍司令部からは児玉参謀長が一時、乃木大将と交代して指揮を執ったり、苦渋の半年間の戦いであった。難攻不落といわれたコンクリートの要塞東鶏冠山、二竜山の攻撃を中止し、二〇三高地へと攻撃の目標を変更したことが、勝因の糸口となった。二〇三高地は東鶏冠山ほど完全要塞化していなかったのである。

わが国内の要塞から運んだ二十八サンチ砲によって、二〇三高地の要塞は雲行きが変わってきた。敵はこの大砲をカバンと呼び、恐れていた。これがまた確実によく当たった。このたびの突撃は、この火気で十分な破壊をした後の突撃であったため、これまでほどの戦死者を出さなかった。

その後、東鶏冠山外の要塞も次々と占領、遂に一月二日、水師営において乃木・ステッセルの会談、規約の調印となった。この戦いが、後々まで日ロ戦中の陸軍の物語となっている。

思えば、旅順攻撃は海軍戦略の犠牲になったと、水野は言っている。

陸軍から言わすれば、あの程度の要塞ならば、あれほどの犠牲と費用をかけなくとも、海と陸の封鎖さえ十分にやっておれば、攻めずとも自然に落ちる要塞であった。史上稀なる大戦争となりたるは、海軍力が足りなかったからである。海軍のつけが陸軍に回ってきたのである。

ロシアの海軍は、旅順とウラジオストックとに分かれている。この東洋艦隊とわが連合艦隊とが、互角で戦えるかが疑問であった。そこへバルチック艦隊が来ることになったのであるから、到着までにわが艦隊は、無傷で、ロシアの東洋艦隊をすべて撃沈しておかなければならぬ。この通り行けば、バルチック艦隊恐るるに足らずであるが、それはわが希望でしかない。

敵はいつかは港内から出てくるであろう。戦艦を撃沈することは考えられず、我が方にもかなりの犠牲がでる。ならば、港内で殲滅するに勝る戦略はない。一日も早く決行することが望まれた。ここで海軍は、やむをえず陸軍を煩《わずら》わせたのである。

国内新聞では、早ければ六月十日、遅くとも七月七日には旅順が落ちると見ていた。陸軍当局もあれほど強固なる敵とは思っていなかった。第一回攻撃の時は、我が方の砲は最大十二サンチ砲であった。世界一を誇るロシアの陸軍に対してである。

実際、戦闘に入ってみると、大和魂だけが強いのではないということも分かってきた。ロシア人のスラブ魂も強かった。大和魂も機関銃の前にはもろかった。

国民が期待した六月も七月も過ぎた。何をぐずぐずしていると催促が来る。陸軍からは矢の催促が来る。一人気の毒なのは第三軍である。

乃木将軍は、最初からこの要塞の容易ならざる堅固なものであることは、鉄と石で固められていた要塞が銃剣の突撃では落ちないことも承知していた。

乃木大将は何故それを知っていて、繰り返し繰り返し銃剣突撃を決行したのか。

「今や区々たる一身の毀誉《きよ》と、部下の損害とを顧慮すべき時ではない。たとえ、忠勇なる七万の将士を全滅さすとも、一日も早く旅順を攻撃せねばならぬ」と決心し、非常手段をとったのである。

沙河の会戦

九月四日、遼陽を占領したことはすでに書いた。その直後の九月七日、我が総司令部は遼陽に移り、この勢いを持って奉天に進むことを考えていた。時にクロパトキンは、皇帝から「奉天以北に後退すべからず」の勅命が届いていた。ロシアはここで日本軍を食い止め、反撃し、ひいては旅順の援助までせんと、大軍二十万を準備していた。

我が軍は、それ以前に攻撃に転じ、左翼から第二軍を先制攻撃に出した。敵は我が右翼たる第一軍に迫った。十日に至り、沙河から本渓湖の線で砲火を放った。これに対し、我が方は良く陣地を死守し、その隙に第四軍が前進したため、敵も抗しかね、右翼も進撃、遂に沙河の右岸まで後退せしめた。

敵はその後、たびたび反攻を繰り返したが、我が軍は反撃した。

我が総司令部は、遼陽から烟台に移動した。

これより数か月は、両軍共に沙河を挾んで奉天会戦まで冬営した。これを「沙河の戦い」という。

奉天の会戦

旅順開城後、第三軍から十一師団を抜き、第一師団とでもって、新たに鴨緑江軍を編成し、大本営直属とした。満州軍司令部は大本営直属に強く反対をし、撫順方面に進出させた。

大山総司令官は、二月二十日、奉天攻撃の総力戦を訓示命令した。その内容は、これまでと異なり、土地の占領ではなく、我が被害を極力少なく、敵に大打撃を与えることを目的とし、弾薬も節約、無駄な発砲はせず、敵がふたたび立ち上がれないほどの損害を与えること……であった。

二月二十二日、鴨緑江軍が行動開始。清河城を占領。

二十七日、第一・二・四軍と鴨緑江軍の右翼軍が一斉に攻撃開始、敵の攻撃に反撃した。この間に第三軍は西の方から北上し、我が軍の左翼から迫る。

三月一日、一斉総攻撃開始するも、敵の反攻は激しかった。我が方は、夜襲に夜襲を重ねたが、戦果を上げることが出来なかった。かえって第四軍は、多大の損害を出した。第三軍の北進のみ快進撃。第二軍の左翼にあって、奉天の完全包囲の体制となった。

三月三日、第二軍は第三軍との連携のもと包囲網を圧縮。この日、敵軍は撤退し始めた。

三月十日、第三軍は敵と二キロメートルの近くまで接近しながら猛攻、敵の主力を後退せしめた。敵は列車に満員の兵士を乗せ、北方に走っている姿も見えた。

三月十五日、我が軍は奉天入城。

三月十六日、奉天の北方鉄嶺を占領したが、戦闘中止。

大陸における戦いは、これで終結を迎えることとなったが、これも後から言えることであった。総攻撃開始から十日間であったが、世界戦史未曾有の戦いで、世界中がこの戦闘を見守っていた。我が軍二十五万、ロシア軍三十二万が対峙する大会戦であった。我が方の戦死二万二千余、ロシア軍は二万六千五百、ロシア軍の捕虜四万名であった。

我が方は勝ったとは言いながら、内地から補給できる現役師団はなく、ロシアはいまだ続々とシベリア鉄道で輸送中であった。

我が軍の弾薬も枯渇《こかつ》し、国内生産では補えず、輸入に頼っていたが、これも輸送が間に合わず、これより北進攻撃は無理であった。兵士も続く攻撃に疲労は増し、脚気患者は増え、指揮官の将校も不足、折からの講和の機運も見え始めていた。

日ロ戦争における最大の会戦は、この奉天の会戦であったが、ここでは極めて簡単に書いた。それは余りにも大きな戦いであり、いまだ我が国民の間にも古く新しく頭に残っていることだし、本論の「水野広徳」に早く戻したいからである。

バルチック艦隊を待つ

一時の無風

奉天の占領後は、今度は海軍がバルチック艦隊をいかに迎え撃つかの大きな山場が目の前に迫ってきた。陸軍は、ロシアの反攻の警戒はあったもののクロパトキンは辞任し、後任がレネウィッチとなり、しばしの休戦状態が続いた。

児玉参謀総長は、陛下のお召しにより、三月三十日、上京参内し、報告した後、大本営、関係諸管庁と連絡をすませ、五月二十日、奉天に帰着した。

陸軍は奉天の会戦に勝利を得たものの、ロシアの反撃無きにしもあらず、我が方は兵も兵器もこの先は見通しが立たず、兵器は生産も輸入も間に合わず、寂しいものであった。これで連合艦隊がバルチック艦隊に敗れでもすると、これだけの陸軍は満州平野に釘づけとなり、自然に枯れていくかもしれない。海軍以上にバルチック艦隊の動向が気になるところである。バルチック艦隊が、どれほどの力を持っているか、どこを通っていつ東洋に来るのか、カムラン湾から先はさっぱりわからない。兵士は元気なのか、去年の秋に出発していることはわかっている。

バルチック艦隊

ウラジオストック港には、前述のように古くからロシア艦隊が駐留していた。ロシアでは東洋艦隊と呼んでいた。日ロ戦争が始まって、我が国の艦隊を殲滅するためには、ロシア本国より艦隊を派遣する必要があった。この艦隊はバルチック海から出発したので、バルチック艦隊と我が国では呼んだ。続いて後発の第三艦隊がバルチック海を発ったこともすでに書いた。

これらの三つの艦隊をバルチック艦隊と呼んだり、ウラジオにいた艦隊はウラジオ艦隊、バルチック艦隊を第二・第三艦隊と呼んだりしている。ロシアでは東洋第一・第二・第三艦隊と呼んでいた。バルチック艦隊が百日をかけて、いかにして東洋の果てまで航海してきたかを、水野の「此一戦」によって少し振り返ってみることとする。

万里の遠征

『（略）かくて第二艦隊は、船舶の艤装、乗員の編成等、其の発航準備に約半歳の日を費やし、明治三十七年十月十六日をもって皇帝の信頼と国民の輿望とを双肩に担いつつ、軍容堂々、婆爾的海《バルチック》なるリバウ軍港を出発した。行を壮にせんが為、海岸に群衆したる幾万の国民は、この堂々たる雄姿と、整整たると、陣列とを眺めては、以って国家の仇を報ずるに足ると信じ、手を挙げ、足を踏み鳴らし、万腔の熱誠と、歓喜とを持って、露国の万歳を唱え、艦隊の祝福を祈った。やがて艦隊は、司令長官の旗艦を先頭とし、錨を抜く一艦又一艦、惜しき名残を煙に残しつつ、波濤万里の遠征に上った。

生別死別は弓矢取る身の常とはいえ、思えば前途に横たわる千障、氷は前途を寒して船脚鈍く、波爾的海の関門たるランゲランド海峡に達した。此処には予《かね》てより日本水雷艇待ち伏せおれりとか、日本海軍将校は海峡に水雷を沈置したりとか、殆ど常識を持って判断に苦しむ如き流説があるので、露艦隊乗員は、将卒共に神経頗《すこぶ》る過敏に陥っている。之が為め、艦隊嚮導の任に従事したる、露国砕氷船の如きは、此処より分離して、単独帰国を命ぜられたるも、日本水雷艇の攻撃を恐れて、出発を躊躇したるが為め、露提督は遂に、実弾を放って之を追い返したとさえ伝えられた。かくて艦隊は駆逐艦をもって行ないつつ、丁抹《デンマーク》海峡も無事航過し十月二十日には丁抹の北端なるスカーゲンに着した。

前日来の暴風雨のため、やや分散した艦隊を此処に整頓し、第一回の淡水補充を行ひ、翌二十一日航路の警戒を厳にするため、全艦隊を数梯団に分ち、相前後して北海に向かった。前途を鎖《とざ》せし濃霧もいつしか霽れて、ドイツ灘、風は起こって、逆巻いている。北海の永き秋の夜も、早更け渡って、夜は深く、星斗密なる二十二日の午前一時頃、後続の一艦より発したる無線電信は、水雷艇隊を追尾すとの警《けい》を伝えた。見渡せば荒れ狂ふ海面に、点点明滅する漁火数十。風声に肝を冷し、鶴涙《かくるい》に心を破る露艦隊は、驚破こそ日本水雷艇の攻撃と、戦闘の号音一声鋭く、深夜の寂莫を破ると同時に、哨兵勤務の疲れに眠り覚めやらぬ砲員は、敵味方の区別さへなく、忽ち猛烈なる砲火を、此等の漁火に向かって雨注した。砲火は閃々闇を劈《つんざ》き、砲声は殷殷として天海に轟き、北海洋上雲なくして電光は迸り、霹靂打つの壮観を現出した。やがて煌煌たる探海燈の闇を貫いて海面を照らすと共に、不意の砲撃に驚きて、右往左往に逃げ迷ふ、英国漁船の一群を見た。

或るは機関を破られて、弾丸雨飛の下に進退自由を失えるもある、或るは船体を貫かれて、将《まさ》に沈没せんとするもある。救助を求むる叫喚の声は、怒涛の吼号と和して光景惨烈を極めて居る。しかも目指す水雷艇は影だに見えない。此処において露国艦隊は、初めてその誤りなるを知りたるものの如く、漸《ようや》く砲撃を中止し、遭難者の救助をも為さず、倉皇姿を暗中に隠し、程を早めて二十五日西班牙《スペイン》の西岸なるウィゴー港に着した。この砲撃の為め、英国漁船「クレーン」号は沈没し、他の数隻は損害を被り、「クレーン」号船長以下死傷者も少なくなかった。中にも滑稽なるは、露国巡洋艦「アウローラ」亦味方の数弾を被り、死傷者を出した事である。

漁船砲撃の報一たび英国に伝るや、国民の激昂は忽ち沸騰点に達し、政府は直ちに内閣会議を開き、露国に対して、一、謝罪　二、被害者に対する賠償　三、関係将校の処罰四、英国船に対し将来の危害に関する保障の四条件を提示し、厳談を申し込むと同時に、其の優大なる全国艦隊に対して出師準備の訓令を発した。欧米各国の新聞亦筆を揃へて、露艦隊の暴挙を詰難し、或ものは斯る危険なる艦隊をして、航海を継続せしむるは、世界の航業をして不安ならしむるものなれば、須《すべから》く婆爾的艦隊の東航を中止せしむべしと論じた。然しながらロジエストウェンスキー少将は頑として、漁船中に水雷艇の混在したるを確認したと主張しておる。出師準備の命を受けたる英国艦隊は、直ちに戦闘準備を整へ、其の数隻は、急航ウィゴー港外に到りて、露艦隊の動静を監視し、英露の関係は頗る急潮を呈した。露国は英国の要求に対し、其の第一第二を容れ、第三第四を拒絶すると共に、事件の審判を国際調査委員会に付せんことを提議した。英国政府亦当初の意気込みに似ず、露国の提議に応じ、事件は遂に英露米仏墺の五か国より選出した、調査委員会に付せらるる事となった。審査の結果、委員会は十七か条より成る査定を下し、砲火を開きたる行為、及びその漁船に対する結果に対しては、ロ提督其の責めに任ずべきものと決定し。かつ其の末項にこの審査報告は露帝国並びに其の艦隊員の武勇及び徳義心を傷つくるものにあらずとの一条を加えた。而して別に露国は損害賠償として、英国に対し六万五千ポンドの償金を払ひ、一時世界の耳目を聳動せしめたる北海事件も、一先ず平穏に其の局を結ぶこととなった。』（「此一戦」より）

バルチック艦隊の出港時における事故、事件である。北海事件という。その後、艦隊は、アフリカのタンジールを経て吃水《きっすい》の浅い艦はスエズ運河を通過して、深い艦は、ロジェストウェンスキー提督率い、アフリカの西海岸を回って、マダガスカルで出会った。途中、この本隊は、ダカール（仏領）、ガブーン（仏領）、モッサメデス（ポルトガル領）、アンギュラペケナ（ドイツ領）に寄港し、炭水を補給しながら、マダガスカル島に三か月かけて着いた。

ロシアの危機感

リバウ出港後まもなく、日本の水雷艇の跳梁を妄信し、英国の漁船を砲撃する大きな国際問題を起こしたことから、ロシア国内では、危機感が起こった。

『我が第三軍の旅順攻撃は、すでに半年の久しきに亘り、世界に光輝を放ちていた旅順要塞も、今や内に糧弾薬尽きて、援兵外に到らず、加ふるにわが軍の攻撃は、日にますます急にして、難攻不落の堅塞も、遂に弧城落日の観あるに到った。殊に港内に蟄伏《ちっぷく》せる其の艦隊の如きは、我が砲撃の為め、既に多大の損害を被り、砲熕は陸上の防備に移し、乗員は要塞の守備に当て、婆爾的艦隊縦令《たと》ひ来るとも、到底之に援助を与ふる事は出来難くなった。』

『是において露国有識者並びに列国海軍軍事通の間には、露国は更に第三艦隊を増派するにあらざれば、ロジエストウェンスキー艦隊は到底東郷艦隊と、対抗することは出来ないとの説が高まった。露国当局者は、遂に驚愕憂慮し始め、特に御前会議を開きて、更に第三艦隊を派遣して、第二艦隊に増勢するか、将に第二艦隊を召喚するかに関し、軍議を議した。

甲論じ、乙駁し、其の結果遂に、今にして第二艦隊を召喚するが如きは、大ロシア帝国の対面上、むしろ敗戦に勝る恥である。最後の勝利を博し、日本を屈服せしめるには、是非とも海上権の獲得を必要とする。宜しく速やかに第三艦隊を増派して、ロ提督の東航を継続せしむべしとの議に決した。』

頃は明治三十七年十二月上旬、二〇三高地は陥落、第三艦隊の派遣は急がれた。第二艦隊の編成に漏れた老朽艦ばかりの軍艦による編成であった。三十八年一月、旅順開城の報、露国に伝わるや、前途を悲観し、ふたたびバルチック艦隊召喚説が再燃した。

この時点で、神は日本の勝利をすでに見越していたかもしれない。我が艦隊は、戦略的には、一か所に集中して敵艦隊の来航を待ち、勝利を待つのみとなっていた。

ロシア国内では、さらに若手海軍の戦略家グラード海軍中佐などの急進派によって第三艦隊の派遣は進められた。

『(略)行こか浦塩、帰ろか露西亜、露国第二艦隊がマダガスカルにおいて思案せる間に、第三艦隊の出発準備は着々進捗し、五隻の装甲艦よりなる艦隊は、明治三十八年二月十五日、いよいよリバウ軍港を解纜し、程を急いで第二艦隊の後を追うた。司令官はネボガトフ海軍少将である。翻ってこの時における我が艦隊の状況如何にと顧みれば、旅順陥落後、内地軍港に回航したる大小の艦隊は、既に全く其の修理を終わりて、新たに戦備を納め、将卒共に欝勃の英気を抑えつつ、敵の艦隊何時でも来たれと待ち構えて居る。好客遠方より来たる。何をもってか是に報いん。』（水野広徳「此一戦」より）

マダガスカル

『夫れ水帯ふること久しければ孑孑《ぼうふら》生じ、軍駐《とどま》ること永ければ軍機弛む。露国第二艦隊は、三十八年一月上旬マダガスカル島に到着してより以来、同島に淹留《えんりゅう》すること既に二か月、将士ようやく軍に倦んで士気日に衰へ、兵士は徒《いたずら》に飲酒に耽り、将校は頻りに不平を鳴らし、殊に運送船などに於ては、上官に対して屢々《しばしば》「ストライキ」さえ起こす者あるに至った。加ふるに、所はしょう煙深き熱帯の海、時は金石とくる南半球の盛夏である。北欧の寒国は日々各種の操練を励行して、鋭意軍紀の振粛と乗員の健康を図ると共に、夜は水雷防御網をはり、艦内は将兵を配して、もって日本艦隊の襲撃に対する警戒を厳にした。

是より先、露国に於ては、其の陸海軍の頻りに敗績するや、現政府にけん焉たる国内の不平党は、各所に蜂起して盛んに戦争反対説を唱道した。（略）」

不平党は、遂に革命にまで発展し、全国の学生、労働者の罷業、これを鎮撫する兵士との衝突は、老幼男女の鮮血をみるに至る。皇帝は遂に、詔勅を発し、官民一難に当たらんことを述べた。

このとき、露国の期待は奉天の勝利であったが、これも三月十日に日本軍の入城となり、ここにおいて露国はいよいよバルチック艦隊の勝利を得て東洋の海上権を握り、清国東北部への糧食補給路を絶つ計画となった。

ロシア第二艦隊ノシベを出発

三月十六日、ノシベを出港した第二艦隊は、秘密命令の下、どこへ進むかわからなかった。本国への帰還、スエズへの第三艦隊の出迎えのため、紅海へ、はたまた決戦を期して東へと、世評は賑わっていた。

東洋への道には、二つの道が考えられる。その一つはマラッカ海峡、もう一つはさらに南方のスマトラとジャワ島との間のスンダ海峡を通るコースである。距離はどちらも同じである。ロジェストウェンスキー司令官のもっとも恐れたのは、しばしばボルネオ近海に出没するわが艦隊であった。日本艦隊は、露艦隊の運動不自由なるボルネオ近海の狭い海峡と予想した。しかしマラッカ海峡は、東西の海上交通の要路である。その他国の船の込み合う街道で、日本艦隊が戦闘行為を発することはあるまいと確信し決断した。

あたかも、わが東郷連合艦隊司令長官が、対馬か津軽か宗谷かを決断したのと同じ苦汁であった。

しばらく不明のバルチック艦隊は、ノシベを出港してより、インド洋三千二百海里を寄港地も無きまま、給水給炭もせず、ロシア人には耐えられない熱帯の海を越え、シンガポールを通過してカムラン湾に入港した。

仏国政府への抗議

カムラン湾はフランス領ではあるが、戦時中立国としては露艦隊の寄港は違反であり、軍事的援助をしていることとなる。そこで日本政府は、厳重抗議をした。それに答えたか、艦隊は移動をした。ところがそこは、同じ仏領のホンコーへであった。露艦隊の意図は、第三艦隊との合流であった。

五月九日、第三艦隊と見事合流に成功した。この時の世界各国の評価について水野は、次のように「此一戦」に書いている。

『露国第二第三艦隊合同の報、一度世界に伝わるや、列国軍事通は筆をそろへて航海術上に於ける露国艦隊の成功を称揚すると共に、軍事上における合同の利害に関して、盛んに論評を試みた。ある者は旧式にして速力大ならざる第三艦隊との合同は徒に第二艦隊との行動を束縛拘制するのみにして、却って日本艦隊の戦勝を大ならしむるに過ぎずと論じ、ある者は、露提督の仏国の苦痛を冷眼視し、隠忍もって第三艦隊の来会を待ちしは軍事上適当なる挙措なりと評した。抑《そも》一利の存するところ一害亦これに伴ふは、兵においても往々免るあたわざる所である。楯の一面のみを見て直ちに其の堅脆を判じ、盧山の一側を眺めて、忽ち其の峯嶺を定めんとするが如きは、蓋し当を得たるものではない。元来艦隊の戦闘なるものは、団体競争であるか、はた又綱引きであるか。もし戦闘をもって団体競争とすれば、足腰弱き老幼を伴ふの不利なるは、言を待たない。もし亦これをもって綱引きとすれば、三尺の児童もなお多きを利益とする。而して之を綱引きとなすか競争となすかは、一に主将その人の、運用如何によって決するものである。露提督にして、若し能くわが艦隊と競争するを避け、之を綱引きと為すを得ば、重砲二十門を有し、五隻の装甲艦よりなる、第三艦隊との合同は、是れ寔《まこと》に戦闘力上多大の利益といわねばならぬ。』（水野広徳「此一戦」より）
各国の論評をまことによくとらえ、吟味した水野の文章である。

ウラジオへの新入路は

中立国の仏領に滞在すること一か月に及んだ露艦隊は、五月十四日、やっとホンコーへを出発した。日仏間の問題が発展すると、世界戦争にもなりかねない多くの問題をはらんでいた。胸を撫で下ろしたのはフランスであった。

これから露艦隊がウラジオに進入するには、二か所の関門を通過しなければならない。初めの選択は台湾の西を通るか、東側を通るかである。西コースは我が膨湖列島が横たわり、馬港要塞がある。東コースは、ルソン島との間隔が広く多くの島が点在している。しかしこの島々は、汽船の通過も少なく、行動の秘匿も可能である。

五月十九日、バシー海峡を緩速で通過した。次は朝鮮海峡、津軽海峡、宗谷海峡の三つの何のコースを通るかである。朝鮮海峡は海面広く、潮流緩やかで、霧も少ないなどから、朝鮮海峡を選んだ。水野は、次のように書いている。

『――然しながら、七か月に余る長航海に、船体は汚損し、機関は摩耗し、備品は欠乏し、乗員は衰憊せる艦隊をもって、直ちに艤装完備、士気旺盛なる我が艦隊と、雌雄を争わんよりも、一先ず浦塩に入って、戦備を整斉し、英気を蓄養し、機を見て更に出動する方が、迥《はるか》に賢明なる策である。之をロ提督の為めに謀るに、ここに採るべき三策がある。乃ち我が虚を窺ひ、決戦を避けつ、全艦隊を率い、浦塩に潜入する、是れ上策である。其の艦隊の一部を犠牲として、我が艦隊を一方に牽制し、残部を掲げて浦塩に入る、之れ中策である。全力を挙げて堂々我が艦隊と決戦する、之れ下策である。想ふにロ提督亦必ずや、此の上策を希望したであろう。然りと雖も、之れが成功を期する為には、先ず我が艦隊主力の所在をば、確実に偵知せねばならぬ。既に諜報機関の絶えたる露艦隊に取りては、之れ最も困難にして、殆ど不可能の事である。次には巧みに我が視聴を避けねばならぬ。わが国沿岸の岬角、島嶼には、無数の望楼、観台が設置せられ、通信網は恰も蜘蛛の巣の如く、全国に敷かれてある。敵艦隊発見の警信、一たび発すれば、東西南北、響の如く応ずる事が出来る。昨年黄海海戦後、我が東海岸を迂航して、浦塩に逃れんとしたる、眇たる小巡洋艦「ノーウィク」でさえも、忽ち望楼の為に発見せられて、我が艦隊の追撃する所となり、あわれ屍を霧深き樺太の海に曝すに至った。況して四十隻の大艦隊を率いて、延長数百海里にわたる、我が沿岸の視聴を晦《くら》まさんことは、こう天潜回の術あらざる限り、到底不可能である。之れをもってロ提督の採るべき上策なるものは、十中の十まで成功の望みなきものである。然らば中策を採り、艦隊を二分して一を北海に、一を朝鮮海峡に進めんか、東西相距つる一千海里、両隊通信の連絡全く絶えて、到底完全なる共同作戦を取ること難く、両隊個々に撃滅せられ動《やや》もすれば蚯蚓ともに失うの結果を生ずるの虞《おそれ》がある。是においてか、ロ艦隊の採るべき策は、今や唯一の下策あるのみである。既に決戦を避け得るの望なく、かつ我が艦隊の所在全く不明なりとすれは、海面広濶にして、戦いを為すに便なる朝鮮海峡を通過するをもって、最も得策なりとするは、理の自ずから明なる所である。是即ち、ロ提督の朝鮮海峡突破を決心した所以であろう。

既に朝鮮海峡を強硬通過するに決したる以上は、次に解決すべき問題は、通過の時刻である。昼か夜か朝か、暮れか、是亦戦術上、至大の利害を有する問題である。』（水野広徳「此一戦」より）

我が水雷艇の威力

『前述べた如く、ロ提督の最も恐るる所は数十隻をもって算する我が駆逐艦、水雷艇の攻撃である。是れロ提督のみならず、凡そ実戦に臨むもの、、等しく感ずる所にして、一万トンの大艦が、僅かに百トンの水雷艇を恐れて、逃げ回るなぞは、実に海戦術上に於ける一奇観である。昨年旅順方面の戦闘における駆逐艦、水雷艇の実績に照し、世人早くも、水雷艇の効果に関して疑いを懐くものあるに至った。併しながら元と水雷の恐るべきは、恰も河豚《ふぐ》の恐るべきが如くである。河豚の中毒は、極めて稀なるも、其の害たるや、必ず人の生命に関する。今日水雷の命中率は比較的小なるも、一たび中れば、戦艦といえども、沈没若しくは廃艦となるを免れない。世人は、河豚の中毒稀なるも、尚之を食ふを敢えてせざるが如く、軍艦は水雷の命中率小なるの故をもって、之を軽蔑することは出来ない。而して水雷艇の真威を発揮するは、主として夜にある。ロ提督は我が駆逐艦、水雷艇の根拠地をば対州と想定したるが故に、夜間其の付近に接近するは、最も好まざる所である。之をもって日の出前、並びに日没後においては、成るべく遠く、我が根拠地たる対州と離隔せんが為、海峡の最狭部をば、正午に航過せんと決定した。（略）

露国艦隊は途上幸いに、一の船舶にも遭遇せず五月二十六日の正午、既に朝鮮済州島の南方に達した。回顧すれば、冬猶ほ浅き昨年十月の中旬、祖国の隆昌を双肩に託せられ、万歳声裡にリバウ軍港を出てより、日を閲すること二百二十日、程を重ぬること一万七千海里。昨日は瘴煙迷うアフリカの海、今日は炎熱焦がす印度洋、或は風濤荒き洋中載炭の苦痛に、人知れぬ袖を濡らし、或るは不自由なる艦内の生活に、枯腸屡《しばしば》医し難く、風檣索に嘯《うそぶ》けば、明日航海の難を憂ひ月舷頭に冴ゆれば、千里故山の妻子を懐ふ。殊に支那海に入りてよりは、海鳥の羽ばたきにも、敵の来襲かと驚かされ、波際に光る星影も、敵の灯火かと疑はれ、波枕、寒枕の夢さえ安からず、千辛万苦嘗め尽くしたる万人の遠征も今や唯是南柯一睡の夢と過ぎた。

九仞の山将に一簣《さく》の功に成らんとす、目指す浦塩まで剰《じょう》す航程僅かに七百海里。明日は愈日本海に乗り入るのである。見事朝鮮海峡を突破して、戦捷の祝杯を浦塩に挙ぐるか、将た六尺の肉塊をば屑く日本海の鯨鱶に与ふるか、一身の生死、祖国運命の決する、こゝ二十四時間の内である。上は長官より下は一卒に至るまで、心に懸かるは、明日の戦、人々の面には深き憂慮の色満ちて、談笑の声もいと稀に、或るは妻子に決別の文認むるもあり、或るは死後の形見を戦友に託するものもある。陸行かば草結す屍、海行かば水漬く屍は、武士の常の道とは言へ、纔《わずか》に嶮岨を降って、更に深淵に臨まむとする露艦隊将士の心情、思い遣るだに哀れである。殊に同情すべきは、フェリケルザム司令官の病没である。同提督マダガスカル滞留中より健康を損じ、爾来艦内に在りて、療養に手を尽くしたるも、薬石効なく、五月二十三日無限の恨みを齎《もたら》しつゝ、太平洋上遂に不帰の客となった。ロ提督は、士気の沮喪せんことを憂ひ、固く其の死を秘して、次期司令官たるネボガトフ少将にさへ、之を知らさなかったとのことである。自国艦隊全滅の惨状を見ずして逝けるフェリケルザム少将は、夫れ不幸か幸か。』（水野広徳「此一戦」より）

日本海海戦

明治三十七年十月十六日、リバウを出港したバルチック艦隊（太平洋第二艦隊）は、アフリカの西海岸沿いに喜望峰を回り、マダガスカルのノシベ港でスエズ回りの別働隊と合流し、インド洋を東へ、仏印のカムラン湾で待機、後発の太平洋第三艦隊と合流した。第三艦隊は、四か月遅れて出発したが、カムラン湾には十日遅れで到着した。

先発の喜望峰回りの第二艦隊がいかに苦労をして東洋に来たかがわかる。途中、水、野菜、石炭等の補給に困難を極め、赤道直下の航海で兵たちの疲労も激しかった。その裏には、日英同盟が厳しい警戒網を敷いていたからである。

カムラン湾に寄港した時も、日本のフランスへの抗議で出港を余儀なくされ、またその北ホンコーへでも同じことを繰り返した。

この仏印領内での停滞期間は、我が連合艦隊の休養補給期間となり、内地での修理等の時間稼ぎとなった。

五月十四日、ホンコーへを出発したバルチック艦隊を、我が艦隊は一時見失った。

東郷司令長官の迷いと決断

ホンコーへで勢ぞろいをし、出港した三十八隻のロシア艦隊が、ウラジオに向かうことは自明であった。しかし、日本のどこを通過するか、バラバラに分かれて進む論議はなかった。

対馬海峡……津軽海峡……宗谷海峡……のどこだ……。

この判断決断が刻々迫ってきた。まさに日本国の興亡が係《かか》っている。

東郷大将および参謀たちにとって、一年余りも前からこのことが頭から離れたことは一日もなかった。

東郷はすでに決断をしていた。信念の如くであったという。それは、この季節、北の海は霧深く、航行が困難である根拠を、東郷は信じていたからだと伝えられている。

我が第一・第二艦隊は、朝鮮の鎮海湾に、第三艦隊は対馬南島の尾崎方面、そして一部は五島列島に待機していた。(……以下、紙面の都合上、海戦記は事実を列記するに留める……）

五月二十七日

未明五時四十五分　五島沖哨戒中の信濃丸より敵艦隊見ゆの報告（此の朝五時、夜通しくり舟を漕いで宮古島の若者五人が、石垣島の八重山電信局にもたらした通報が届いた）があった。

六時二十分　「敵艦見ユトノ警報ニ接シ、連合艦隊ハ直チニ出動、コレヲ撃滅センドス。本日天気晴朗ナレド波高シ」を大本営に発信。

正午頃　壱岐の北東「沖ノ島」にて、第一・第二艦隊は敵艦隊を待つ。第三艦隊は対馬尾崎方面より、敵艦隊を監視しつつ並行北上。「皇国ノ興廃此一戦ニアリ。各員一層奮励努力セヨ」のZ旗が揚がる。敵艦との距離八千メートルとなり、T字戦法に入る。二列縦隊で進む敵艦隊の先頭を、三笠先頭で一列で横切り、T字型戦法をとった。これは昔、瀬戸内海の村上水軍が、得意とした戦法で、秋山参謀を中心として、十分に研究しつくされていた。

二時十分　敵の先頭スウォーロフが発砲、続いて敵艦は三笠に集中発砲。旗艦スウォーロフとの距離六千五百メートル、わが方猛然応戦。まずスウォーロフに集中、百発百中。敵の砲弾は不発多し。

二時二十分　敵の砲弾の破片、司令塔内に飛び込む。水雷長、参謀負傷。敵第二戦隊旗艦オスラビア火災、続いて第一戦隊旗艦スウォーロフ火災、アレキサンドルも火災。敵陣営崩れはじめる。

二時四十五分　わが方の猛攻続き、水雷艇大活躍。戦艦オスラビア沈没。仮装巡洋艦ウラール沈没。工作船カムチャッカ、戦艦ボロジノ、アレキサンドル、スウォーロフ沈没寸前。ロジエストウェンスキーは重傷、司令官をネボガトフに代わり、駆逐艦ブイヌイに移乗。我が駆逐隊、水雷艇はオスラビア、スウォーロフ、アレキサンドル最後の留め。この日はこの後の攻撃を駆逐艇隊、水雷艇隊に任し、艦隊は、欝稜島に集結。

五月二十八日

五時二十分　水雷艇隊、駆逐隊も合流。沖合に数条の媒煙を発見。第一・第二艦隊出動。進路を遮り、片岡、瓜生、東郷（正路）の三艦隊は退路を断ち包囲す。戦艦アリヨール、ニコライ一世（ネボガトフ司令長官）、巡洋艦イズムールド、アグラクシン、セニヤーウインの五隻。わが艦隊はこれに対し、砲撃を加えたが、ニコライ一世は日本国旗を掲げ投降。イズムールドは快速を利して逃亡。参謀秋山真之中佐、岡本信次郎大尉はニコライ一世に行き、ネボガトフ司令官、参謀長、艦長を伴い帰艦。東郷はこれを懇《ねんご》ろに扱う。此の四艦とネボガトフを佐世保に富士の案内で移す。なおも我が艦隊は、スウェトラーナ、ドリトドンスコ、ウーシャコフを撃沈。駆逐艦ブイストル擱坐、グロムスキー、ブイヌイ撃沈。昨夜から傷ついていた戦艦シソウェリーキ、巡洋艦ナヒモフ、モノマフを撃沈。

ここで日本海海戦は終結することとなった。わずか二日間の戦いであったが、連合艦隊にとっては長い長い苦悶の後の戦いであった。この海戦での損害は大略、次の通りであった。

	日本	ロシア
沈没艦船	水雷艇三	十九
その他艦船	0	マニラへ三　上海へ巡洋艦三、駆逐艦一、特務艦二逃走。逃走中沈没三、抑留一、ロシアへ三
戦死	百六十八	四千余
捕虜	0	六千六百余
負傷者	五百三十八	？

七月、樺太占領。八月九日、講和開始。八月十二日、日英同盟更改。九月五日、ポーツマス条約締結。五日、条約反対運動が日比谷公園から燃え上がる。十月十五日、全権小村寿太郎帰国。十

月十六日、同条約批准。十月二十三日、百六十五隻の観艦式。三十九年四月三十日、陸軍大観兵式。

いよいよ我が国は以後、世界の一等国となる。英、ロ、独、仏、墺、伊と米の仲間入りすることとなった。

日本海海戦の山

明治の名著「此一戦」の主部をそのまま一部挙げてみる。

【露国艦隊先ず発砲す】『先程より「スウォーロフ」の艦上に立って、我が艦隊の行動を注視せし、ロ提督は、我が回転運動を見るや、破顔一笑、機逸すべからずと為し、将に三笠の回頭を終わりて、新進路に就かんとする時、全艦隊に向かって戦闘開始を令すると同時に、「スウォーロフ」の前部十二吋《インチ》砲は、三笠に向かって第一弾を送った。時に午後二時八分にして、両軍旗艦の距離まさに七千米突《メートル》である。

逸りに逸りたる敵軍は、戦闘開始の令に接するや、恰も積水を一時に決するが如き勢いをもって、一斉に我が三笠に向かって弾丸を雨注した。砲声は殷々として百雷の一時に轟くが如く、大小の弾丸は三笠の周囲に集落して、海水奔騰、爆煙渦巻き、我が後続諸艦より之を望めば、水中沸々三笠の艦影を掩い、人をして座に手に汗を握らしめた。

抑も敵前における回転運動は、海戦術の原理において最も危険にして、最も忌むべきものと認められて居る。之回転中は、自艦の照準不正確となるに反し、敵の照準をして容易ならしめ、殊にこの時における我が艦隊の如く、単純陣の逐次運動をする場合には、回天軸に在る軍艦は、敵の全砲火を受けて、一艦一艦撃滅せらるゝ恐れがあるからである。東郷大将の取りたる運動は、啻《ただ》に大胆のみならず、寧ろ冒険といふべきである。

【東郷大将は落第かも知れぬ】もし之を兵棋演習の試験とすれば、東郷大将は或は落第かもしれぬ。しかしながら兵は、活術にして死学にあらず、虎穴に入らずんば虎児を得ずで、この冒険あってこそ、始めて日本海海戦の全勝が得られたのである。東郷大将にして徒に座上戦術の空理に拘泥し、危険を恐れて、敵と反抗せんか、爾後における戦機の発展は、頗る困難であったであろう。それ兵に常勢無く、水に常景無し、能く敵に依って変化して価値を取るもの、之を神と云ふと。東郷大将の取りたる策は、是れ即ち敵に因って変化したるものにして、婆爾的艦隊に対する我が連合艦隊の場合のみ、場合に於いてのみ始めて其の成功を見たのである。故に後世或るは徒に是を倣《なら》ふものあらば、必ずや美人の顰《ひそみ》に倣ふ醜婦の嘲を胎《のこ》すであろう。

【三笠の危機】驟雨か急霰か、敵弾益降りしきり、近きは艦側数米突に落下し、水煙艦を掩うて三笠の危機刻々に逼《さしせま》らんとする。東郷大将は、寸鉄防御なき艦橋上に立って、飛瀑の如き潮水に浴しつゝ、尚ほ満を持して発砲の令を下さない。軍紀森厳なる我が将卒は、煮え返る将卒は、煮え返る血を抑えつゝ、雨より繁き被弾の下に、粛然として戦闘開始の命を待って居る。

【我が艦隊の戦闘開始】既にして午後二時二十分、距離は近づいて、約六千米突となるや、東郷長官は手頃は宜しと初めて発砲を令し、三笠まず「スウォーロフ」に対して徐《おもむろ》に砲撃を開始した。二番艦朝日以下逐次是に準《なろ》うて砲火を開き、二時十五分には第一戦隊殿艦の日新以下も逐次之れに準うて砲火を開き、亦既に回頭を終って戦線に入り、専《もっぱ》ら敵の旗艦「スウォーロフ」及び「オスラービア」の両艦に向かって、全戦線の放火を集中し、戦闘漸く激烈となった。敵は我が集中砲火に圧せられ、進路を右折して北東に変針し、第二第三戦艦隊は、第一戦艦隊の後尾に入り、蜒々として不規則なる単縦陣を形成し、我と並航の進路を取るに至った。

ついで同二十五分頃には、我が第二戦隊も亦戦線に加わって第一線に加わって第一戦隊に続行し、「スウォーロフ」「オスラビヤ」並びに其の他の敵艦に向かって猛烈なる砲火を注ぎたるが為め、敵は之に耐えずして更に右折し、漸次東方に転針した。

是に於いて我が艦隊は優速を利用して、益敵《ママ》の先頭を圧迫し、同三十分頃には距離は減じて五千米突内外となり、各艦急射撃に移った。

【獅虎相搏つ】砲声轟轟、硝煙漠漠、波は逆巻いて日色暗く、彼我各々十二隻の主戦艦隊国運を賭して相戦ふ、獅虎《しこ》相搏《あいう》ち、鯨鯢《げいげい》相争ふの状、天柱砕けて地維《ちい》折るゝかと疑はれ、偉絶、筆もって記すべからず、言以て語ることが出来ない。

【敵漸く苦戦に陥る】我が弾丸は頻りに敵艦に命中し、或るは舷側を貫き、或るは、甲板を砕き、紅焔逆発《こうえんぎゃくはつ》、爆煙海を蔽ひ、敵は漸く苦戦の状を顕した。

就中其の両旗艦は屢《しばしば》大火災を起し、猛煙全艦を包んで艦影さえも定かならず、唯見る、団々たる黒褐の濃煙強風に煽られて、焔火其の間に閃き、檣頭の戦闘旗僅に其の艦位を示すのみである。しかも敵は名に負ふ「スラブ」の強族、惨憺たる苦戦にも屈せず、奮戦力闘最も力《つと》め、其の射撃の如きも、未だ容易に侮り難きものがある。

【我が艦隊の損害】東郷大将の旗艦三笠は、此時既に巨弾十余を受けて、死傷続出し、中にも其の六吋砲郭《かく》に命中したる十二吋砲弾の如きは、該砲員全部を殺傷し、補缺員亦ついで全滅せられ、肉塊四散して、碧血《へきけつ》甲板を染むるの惨状を呈し、第一戦隊の殿艦日進亦数弾を被りて、参謀松井海軍中佐之に斃《たお》れ、第二戦隊の浅間は、艦尾水線部に十二吋の巨弾二個を受けて海水艦内に奔入し、応急修理の為め遂に列外に脱し、其の他の諸艦多少の損害を被らざるはない。唯幸いなるは、何れも艦の要部を避けたるが為め、各艦未だ戦闘力を減殺するに至らず、一弾を被る毎に士気益加わり、一兵の倒るゝ毎に敵愾の気愈《いよいよ》昂《あ》がった。

【戦闘愈酣なり】既にして二時三十分頃より同四十分頃に至りては、戦闘最も酣《たけなわ》にして、彼我の砲火は正に熾烈の頂点に達し、千弩《せんど》万ほう並び発して、飛び交ふ弾丸は秋郊の蝗螟《いなご》よりも尚繁く、空《くう》を切る弾声は枯林を亘る疾風よりも尚凄まじく、将士共に寸時も其の配置を離るるの暇さえない。

【甲板放尿勝手次第】或副長の如きは、兵士より尿意促進堪え難しとの訴へに接するや、甲板放尿勝手次第との珍号令を発するに至った。この時に当り、我が射撃は愈冴えて巨弾の敵艦に命中炸裂するもの益多く、砲煙煤煙空に漲りて、全く敵の艦列を蔽ひ、我が諸艦はやむを得ず一時射撃を中止するに至った。斯くてわが艦隊は煙の絶え間を度《はか》り、好敵を選んで虚弾なく（略）』（水野広徳「此一戦」より）

以上が「此一戦」中の水野の日本海海戦の描写の一部分である。まだこの続きを読みたいところである。文簡潔にして要を得、感重くして理を失わず、癖なくして整流の如しである。この戦いの全体については、日時を追って要約前述した。

日ロ戦争と下瀬火薬

日ロ戦争で世界最強の陸軍を持つロシアに勝った原因に、下瀬博士の発明した火薬がある。これまでの火薬は、世界中みな同じようなもので、火薬によって大砲・小銃の威力が異なるということはなく、威力の差はその他の性能によるものであった。下瀬の新しく発明した火薬は、爆発力強く、取り扱いも安全で永久貯蔵にも耐えるものであり、世界では類のないものであった。ことに爆発力にいたっては、大砲から打ち出される時の力が優れているだけでなく、到達した大砲の炸裂の力が強く、しかもこれまでにない光を出した。

日清戦争の時はまだこの力の確認がなされておらず、大量生産も出来なかったが、日ロ戦争では初めから盛んに使われた。これに対してロシア側は、非常な驚きと恐怖とをもって戦いに望んだ。軍艦に当たると、しばらくは異様な光を発し、ものすごい高熱となり殺傷力、破壊力を発揮した。

この火薬は、明治二十一年、海軍技官であった下瀬雅充が発明した。下瀬は、安政六年、広島藩に生まれ、工部大学（後の工科大学・現東大工学部）に学ぶ。卒業後、印刷局に就職、間もなく洗っても落ちない黒インクを発明した。やがて海軍の技手に転任、火薬の研究に入る。明治三十一年、独、英、米に出張視察する。帰国後、工学博士となる。この頃はまだこの火薬は、実用化されていなかったが、東京滝野川に火薬製造所ができ、下瀬は所長となる。間もなくこの火薬の大量製造が可能になり、日ロ戦争に間にあった。

大砲のみならず、水雷にも使われた。水雷では、破壊力以外に水と反応して光を出すことによって、水雷の航跡が見えることにより、発射の正確さが一段と上がった。まだ、海上の救難のための浮標にも利用できた。敵は水と反応する時のポッーポッーと発する光に驚き、心理的にも大きな恐怖を与えた。

ロシアの砲弾は、軍艦の鉄鋼版を打ち抜くだけであったが、日本の砲弾はその上に破壊力が断然大きく、黄海海戦でも日本海海戦でも敵の司令長官を倒したのは、この火薬の力によるものである。

日本海海戦の二日目の五月二十八日午前五時二十分、前夜、敵艦掃討の駆逐艦水雷艇隊の夜襲も終わり、欝陵島に集結していたが、はるか東方に数条の黒煙を認め、残敵であることが分かった。東郷と上村はそれぞれの艦隊を従え、十時十五分、包囲した。ネボガトフの乗艦するニコライ一世、アニヨール、巡洋艦イズムールド、海防艦アプラクシン、セニヤーウィンであった。この五隻のはるか前方にも一隻の影を認めたが、まもなく見失った。わが艦隊は、この五隻に対して直ちに砲火を浴びせたが、ややあって、ニコライ一世から、

「投降す。降伏を乞う」の万国信号と日本国旗を掲げた。

ただ一隻、イズムールドは高速を利用して逃げ去った。他の艦も、ニコライ一世に続いて日の丸の旗を揚げた。わが方もこれによって砲撃を中止し、敵の降服を認めた。

秋山参謀は、山本信次郎大尉を従え水雷艇に乗り、ニコライ一世に行き、ネボガトフ少将、参謀、艦長をつれて帰艦した。東郷大将は、懇《ねんご》ろに長官室に迎え、降服手続きをする。続いてネボガトフは、いくつかの質問をした。そのうちの一つに、

「貴艦隊発射の砲弾の爆発力強大なるに驚きたり」

これに対し東郷の答えはただ、

「ああそうか」の一語であった。

これはわが海軍の下瀬火薬に対する称賛である。

水雷艇「隼」艇長と暴風雨

日本海海戦は一応終結したとはいえ、未だ講和条約は締結されていないし、ウラジオ艦隊は生きている。これらウラジオ艦隊の跳梁は、これまでにも朝鮮海峡を中心として、また太

平洋岸にまで足を伸ばし、わが商船を攻撃し、国民を恐怖の底に置いていた。

これら沿岸の警備は、水雷艇の任務であった。水野は第四十一水雷艇長から、第十四水雷艇隊長に転じ、「隼」の艇長となった。

朝鮮海峡に出没するかもしれぬ、ウラジオ艦隊を警備するため、明治三十八年八月十四日、舞鶴港から、僚艦の「千鳥」と共に朝鮮海峡津島の竹敷港に向かって、回航していた。出雲の境港を出て大山を左後ろに、山陰の沖を西へ航海していた。前方の警戒はあるものの、旅順港閉塞、日本海海戦を経ての水野の航海は、滑らかな順調な航海であった。

出港して間もなく、西方に黒き雲が夕闇を早くした。やがて風が出て来た。その風はいつもの風と違い、少し生温い風である。やがてうねりの海となった。水雷艇にとっては、大波である。同時に激しい風波、緊張を余儀なくされた。小艦の「隼」は、僚艦と共に浜田港に避難した。

さすが港である。緊急避難は出来た。静かな港内に投錨した。平常通り、ぐっすり眠りについた。夜半二時、突然起こされた。これゃ大変、寝巻きに合羽を引っ掛け、外に出てみる。湾内も大波、錨も切れんばかりである。すぐ前には、「千鳥」がくっつくようにいる。後ろはすぐ海岸の岩山。このままでは二隻とも大破する。エンジンをかけては見たものの、前進後退いずれも叶わず。止めたりかけたり、操舵室は緊張が続いた。

何とか岩場を避け、鎖を切って砂浜の方へ、また、外洋の方へと迷ったが、どちらも危険を感じた。

十五名の者は、半舷上陸をしている。運命を天に任せるより、方法はなくなった。間もなく艦の後半は砂浜に音もなく、不気味に潜ったような感じがした。これは―と感じた。スクリュウが止まった。シャフトが曲がったようだとはすぐ分かった。

船尾から浸水が始まった。一波ごとにドスンドスンと、波が容赦なく入ってくる。「隼」は百五十二トン、速力は二十九ノット、一等水雷艇である。大元帥陛下の艦を傷つけたことは、水野にとっては、詫びようのない不忠となった。

このことにより、水野はのち謹慎十日間の処分を受ける。でも一人の兵の損傷もなかったことは幸いであった。この時の浜田付近の気象状況は、気圧七百二十五ミリバール、風速四十メートルであった。この時の台風によって日本海方面の船舶は、数十隻が沈没したことが後で分かった。

水野は艇長であった。

第四部　戦争と平和

軍令部勤務

海軍軍令部勤務

日ロ戦争で大活躍した水野は、初期の戦い旅順港攻撃、港口閉塞作戦で大活躍をした。この活躍の模様を大本営の要請とはいえ、しぶしぶ書き、軍令部に送ったことから、水野の文才が軍令部の目に止まり、戦後明治三十九年三月八日から、軍令部第四班戦史編纂部というかめしいところに勤務することとなった。

海軍兵学校出身とはいえ、軍令部に勤務とは、青年将校の憧れの的である。当時軍令部の建物が煉瓦造りであったため、軍令部のことを〝赤煉瓦〟とも呼んだ。ここでは戦時各部門から集められた、生の資料を整理し、後世に残す戦争記録を作る重要な仕事であった。同じ資料でも扱い方によっては、単なる読物に終わったり、取捨選択の仕方によっては、伝えられるものに偏見が入ったり、大変な仕事である。資料は、ここ以上に集まるところはない。水野はここの編集者として、確とした信念を持って当たった。

外から見たここでの四年半の勤務は、平々凡々の日々に見えたが、戦史の編纂は、言うに及ばず水野は、人間としての幅を大きく広げることとなった。この間に見えてくるもの、聞こえてくるもの、軍部とは関係のない自然、社会を学ぶことが出来た。また、彼は進んで学ぼうとした。そして娑婆の何たるかを知った。

この間に少佐に進級し、結婚(明治四十二年三月)もし、子供(明治四十三年三月二十一日)ももうけた。そして暇さえあれば読書をした。この読書が水野のこれからの人間性に、大いに役立ち、人生を大きく変えることとなる。

「此一戦」を書く

すでに述べた名著「此一戦」もこの時期の副産物である。昼間は、日本海海戦編纂に没頭し、家に帰ってからは、私的な「此一戦」の原稿を書いた。前述の如くこの公私の区別は、厳重に守った。夕食を済ませると、書斎に飛び込むようにして書いた。

途中で何度か力足らずを自覚し、投げ出そうと決心したこともあった。「此一戦」を書いていたときが、彼の生涯でもっとも緊張充実していた時であったと書き残している。

明治四十三年九月、軍令部から、舞鶴の第二十水雷艇隊の司令として赴任することとなる。

転任の内示があって、出発までに、何とかして出版社を決めておかなければならない。いくつかの出版社に当たった末、やっと当時としては、もっとも名門の博文館に決まり、原稿を届けてから舞鶴に立つことが出来た。

「此一戦」ベストセラーとなる

「此一戦」によって、水野は一躍、決定的な文豪となった。当時松山出身の桜井忠温の「肉弾」と共に明治のベストセラーとなった。「此一戦」は、たちまち百数十版を重ねた。

水野が、どのような観点で、何を書こうとしたかについて、若干の筆者の私見を述べておこう。

それは、まず、「此一戦」の序文にある。

『——然るに皇国の興廃を一戦に記したる日本海海戦に至りては、世上ただ其の大勝あるを知って未だ其の真相を知る人少なし。思うに之海戦の状況は、海軍部外者の窺知《きち》し難きところなると共に、海軍部内者にては、公務多端にして文筆の閑技に携わるの暇無きに因るものあらん。しかりと言えども此の大海戦の真相、時と共に湮滅《いんめつ》に帰するは、終生の恨事なり。幸いに己親しく海戦に望み、又乏しきを、三十七、八年海戦史の編纂に受け、やや日本海海戦に関して知れるところあり。』（水野広徳「此一戦」より）

まずこの自信が著作の発端となった。これまでの戦記物は、事実の記録に乏しいというのである。事実を記録しながら、国民に小説らしく面白く読ませ、真実を世界に紹介しようとしたのである。

水野が「此一戦」を初めとしてその後多くの著書、論文、評論を残し、彼の人生を変えたのには、そもそもの始まりがあった。日ロ戦争中、水野は一水雷艇長として、旅順港閉塞援助、旅順港近海並びに朝鮮沿岸の警備にあたっていた。

旅順港閉塞戦に参加活躍した直後、どう言うわけか水野に、連合艦隊司令部から、閉塞隊の記録を編纂するから、その材料となるものを書いて出せといわれた。お決まりの戦闘報告はすでに出しているし、面倒だと水野はすぐには書かなかった。二度三度の催促のあと、ようやく見たまま感じたままを書いて送った。

この時の原稿は、締め切りをかなり過ぎていた。受け取った司令部は、捨てるわけにもいかず、どこかの新聞社に送ったらしい。

当時、陸軍は従軍記者がいてかなりの専門家が参加し、情報が国内に送られていたが、海軍にはその制度はなかった。このような理由で水野の原稿は、新聞社には貴重なニュースであった。さっそく全国の新聞に掲載された。

「砲煙漠漠砲声轟轟」という題名であった。

これが転載されるや、水野の原稿は、どこからともなく天下の名文などと言われだした。水野は一躍、自分でも驚く海軍部内の文章家となった。

これが縁で、水野は日ロ戦後、海軍軍令部へ勤務することとなった。このような環境の下で「此一戦」はできあがったのである。日露海戦史の編集が軍令部での仕事であるから、資料はもっとも正確なものが、身の回りに山積している。しかし、「此一戦」を職場に持ち込むわけにはいかない。勤務を終え、家に帰ってからの仕事である。この点に水野は特に気を配った。三軒茶屋の自宅から軍令部までの通勤の途次、構想を練った。当時電灯はなく、扇風機もなかった。夫人は石油ランプの下、団扇で後ろから風を送り、助けた。

発刊後は百数十版も売れた、売れた以上に評判が良かった。評判もさることながら、意外な収入にもなった。人々はこの印税について色々と勘ぐった。

水野は言う。「此一戦」で自分の生涯は大きく変わったと。そして後に「人間の運命は運だと悟った」。以後、よくこの言葉を使っている。

「此一戦」の内容

筆者の手元にあるものは、大正元年十二月二十五日・九十一版である。博文館発行、定価一円である。この版も明治四十四年三月十八日発行の初版本とまったく同じものと思われる。

表紙を開けば水野自身の〝此一戦〟の自筆、次は、東郷平八郎、片岡甚七郎、上村彦之丞の書、海軍中将加藤友三郎、伊地知彦次郎、海軍大佐小笠原長生の序文、続いて当時の海軍の歴々の写真が七ページ、十七名の写真が載せられている。

そこで始めて自序となる。

自序

明治四十二年十二月十日東郷海軍大将、軍令部長の職より軍事参議官に栄転せられ別宴を東京水交社に催さる。余滴、職を軍令部に奉じ招かれて席末に倍するの栄を得たり。宴終わって後、余興として薩摩琵琶の弾奏を聞く。曲中陸軍一等卒杉山忠吉なる者の忠烈を詠えるものあり弾者は是れ三五の一少女、弦に歯切れの妙薄く、語に抑揚の調乏しと雖《いえど》も、忠吉の忠勇、句々聴者の肺腑を剔《えぐ》る。殊に其の奉天野戦病院に於いて、消えゆく息の絶え絶えに君が代の国家を唱ふる條に至りては、満座襟を正さざるものなし。余謂へらく、一卒の行動も尚ほ是れを文に詠み、琵琶に弾じてその忠烈を千歳に伝ふ。然るに皇国の興廃を一戦に記したる日本海海戦に至りては、世上唯その大勝あるを知って、未だ其の真相を知るの人尠《すくな》し。想ふに是れ海戦の状況は、海軍部外者の窺知し難き所なると共に、海軍部内者に於いては、公務多端にして文筆の閑技にたづさわるの暇なきに因るものあらん。

明治四十四年二月一日

著者　水野広徳　識

以下目次のみ記し、本文については、以後、引用の形によってそのつど記す。

目次　一　万里の遠征其の一、二　万人の遠征其の二、三　万人の遠征其の三、四　待つ有るを恃め、五　龍爪虎牙、六　戦雲愈急、七　龍虎相対す、八　龍争虎闘、九　勝敗既に決す、十　スラブ魂、十一　日本魂其の一、十二　日本魂其の二、十三　風浪の敵、十四　快隼疲鷲を衝く、十五　軍さ話し、十六　死栄生辱、十七　韓盧蹇兎を搏つ、十八　戦果戦

績、十九　捷因如何、二十　戦後の覚悟
付録　日本海海戦日本公報、日本海海戦露国公報、露国提督の電送文、日本海海戦感状、日本海海戦死傷者人名表
付図　婆爾的艦隊東航航跡図一、婆爾的艦隊東航航跡図二、彼我艦隊勢力比較図、戦闘開始前における三笠艦橋、彼我艦隊酣戦時の光景、オスラービア苦戦の光景、二十七日戦闘航跡図、敵艦破損の惨状、ロジェストウェンスキー海軍中将及び其の旗艦「クニヤージ、スウォーロフ」、連合艦隊三笠及び同艦長伊地知海軍大佐、我が駆逐艦水雷艇夜襲の光景、沈没水雷艇第三十四号、第三十五号、第六十八号、ネボガトフ海軍少将及び其の旗艦イムペラートル、ニコライ一世降伏敵艦アリヨール、ゲネラル、アドミラル、アプラクシン、アドミラル、セニヤーウィン、彼我艦艇沈没位置図

この後本文に入るが、第一頁の書き出しの部分を数行挙げてみる。有名な文章である。
『兵は凶器なり、天道之を悪むも、已むをえずして之を用ふるは、是れ天道なりと、明治二十七年二月、我が帝国は、東洋永遠の平和を維持……』（水野広徳「此一戦」より）
さらに完結文にはこうある。
『国大と雖《いえど》も、戦いを好むときは必ず亡び、天下安しと雖も、戦いを忘るゝ時は必ず危し。――』（水野広徳「此一戦」より）
まことに名文である。なお続いて、
『「此一戦」が初めて世に出た頃には、桜井忠温君の「肉弾」が熱狂的に歓迎されて、読書

界を風靡している時であった。桜井君と僕とは、共に伊予松山の生まれで、同じ中学校の出身である。(もっとも僕の方が数年の長ではあるが)、それに東郷大将の幕僚として、海軍作戦の実際の案画者であり、簡潔流麗なる名文、戦法の作者として有名であった故秋山真之氏も又同郷の先輩であった。その他郷里よりは、俳句界においては、故正岡子規を御大として、河東碧悟桐、高浜虚子、故内藤鳴雪などの大家排出し、現文相勝田主計なども、綿入りか人絹かは知らぬが斯く数えると松山の人間といえば、猫も杓子も文章を作り、俳句を捻る如く、考えるのも無理は無い。されば幾回と無く松山と文学との関係について、質問を受けた。しかし僕の知れる範囲においては、唯偶然の現象であって、何ら歴史的因由の存するわけでもあるまいと信ずる。その証拠には、現在松山人にして、著名なる純文学者や流行の作家などは一人として見当らない。』(水野広徳「此一戦」出版共同社・昭和三三年発行、後書きより)

舞鶴水雷艇隊第二十艇隊司令へ

明治四十三年九月、舞鶴水雷団に属する第二十艇隊司令となった。陸上勤務も五年近く、海軍を忘れかけていた水野は、この転勤こそ晴天の霹靂《へきれき》であった。心から喜んだ。まさに籠から放たれた鳥のようだと思った。舞鶴の最高司令ではないが、一戦団の司令である。団長は少将であった。温厚で几帳面、尊敬できる上官であった。この期間約一か月、温厚な団長であっても、仕事の上では、自分の意志を曲げることの出来ないことが起こった。

団長との食い違いとは、部下艇長の処罰問題であった。水野は部下の情状酌量を譲らず、団長は憤然として、すぐに小蒸気船で鎮守府へ相談に出かけた。

舞鶴は水雷の訓練には最高の地形であり、軍港の町も静かで軍人様々、受け入れ態勢も十分であった。上陸して遊ぶ場所としても不足はなかった。ちょうどその頃、「此一戦」の印税が入りだした。水野の振る舞いも派手であったに違いない。若い士官の財布はいつも空っぽであった。部下の特務中尉の犯則事件に関し、水雷団長と衝突した。

水雷団長木村浩吉少将と衝突したことから転任となったのである。団長は、軍規にこだわった。それが正しいのかも知れぬと水野は思ったが、折れなかった。団長との言葉の遣《や》り取りの一部を挙げてみる。

「君は涙を揮《ふる》って馬謖《ばしよく》を切った孔明の古事を知っていますか」

「承知しております。だが、一人を罰して千人を威むという罰則主義は、現代の人心を率いる途ではありません。人を殺しても情状によってはその罪を許すというのが、現代刑法の傾向と聞いております」

「わたしは法律のことは知りません。しかし、軍隊と一般社会とは違います。信賞必罰でなければ軍紀の厳粛は保てません」

「軍隊と一般社会とは生活の様式は違っても、人間としての心理や感情には何の相違もありません。厳罰によって、自棄せしむるよりも、寛容によって、自制せしむる方が効果が多いと思います」

「軍隊の生命は、服従にあります。部下をして上官の命令に服従せしむるには威厳ということが必要です。上官の威厳は、賞罰を明らかにすることによってのみ行なわれるのであります」

「威厳はもちろん必要でありますが、……恩威並び行なうとか言って、部下に対する思いやり、すなわち愛というものが一層必要であると思います。上官が威厳ばかりを考えて愛を欠くが故に、帰営時刻に五分遅れたと言って鉄道自殺などの悲惨事が生ずるのです」

「それでこそ、厳正なる軍紀が保てるのであります」

「形式的の軍紀は保てるでしょうが、精神的の軍紀はいかがでしょう。要するに、恩と威との程度の問題であると思います。私はX艇長に対して情状を酌量し、謹慎処分をもって適当と認めます」

「わたしは団長として、X艇長は懲罰に付すべきもので情状酌量の余地を認めません」

「では、懲罰に付せというご命令ですか」

「団長は、この問題に関して司令に命令する権限をもちません」

「それでは私は、艇隊司令に与えられたる部下に対する懲罰権により、X艇長を譴責《けんせき》に処することに決定しました。もし、司令のこの処分を不当と思われるならば、いかなる処分も厭《いと》いません」と水野司令は言い切った。

謹直にして小心な団長は、顔色を変え、言葉を急《せ》きながら、

「よろしい、わたしはこの問題を上司に申告します。わたしは長い海軍生活中、あなたのよ

うな剛情不遜な人は、前にC・Kという中尉のほかに見たことがありません」

「ご意思に背《そむ》くことはまことに心苦しいですが、私も軍人である以上、たとえ免職になっても、自分の信ずる主張を曲げることは出来ません」

かくて交渉は遂に決裂した。水野は悲壮の決心をもって、昂然として団長室を出た。団長は、憤然として小蒸気の用意を命じ、すぐ鎮守府へと出かけて行った。数日後、転勤辞令が出た。

舞鶴を離れるのは、自分の不徳の致すところであることを自認し、団長に対し、何ら恨むことはなかった。

団長からも出発の日の朝、餞別《せんべつ》を届けてくれた。

舞鶴の御山の大将から、上官の腰巾着として佐世保海軍工廠の副官となった。

佐世保海軍工廠副官

横須賀・呉・佐世保には、それぞれ大きな海軍工廠があった。そこでは軍艦、兵器を造っていた。民間の工場ではなく、海軍の工場である。民間から見れば、当時としては輝かしい職場であり、採用は難関であった。大きな工場で、どれくらいの規模であったかは秘密であり、外部の者には分からなかった。筆者の二人の兄は、呉の海軍工廠から海軍に志願し、軍人となった。三男の筆者も、続いて昭和の初め、呉海軍工廠を受験したことがあった。

舞鶴からこの佐世保海軍工廠の副長ということが、民間の人から見れば厳《いか》めしいポストであったが、水野本人は栄転とは思わなかったらしい。水野の若き猛虎の時代、ここの副という職場は、軍人として本流の道とは受け取らなかった。それもよく分かる。

工廠長は、海軍少将、海軍部内きっての精力家・努力家・やかまし家、そして敏腕家であった。何を書いても、実行しても、まったく及ぶところではなかった。喧《やかま》しい親父のところにお預けという毎日であった。

日々憂鬱である。上の人が勉強し過ぎると、下の者はたまったものではない。自ずと水野は超自然主義をとりだした。親父の小言は、聞き流し、機械の如くその日の仕事を繰り返すだけで、前向きの日はなかった。いやあった。こんな有様が続いて、工廠長の方が愛想を尽かしてか、ここでも八か月の勤務で、また転勤となった。

海軍省文庫主管と開眼

文書主管というのは、海軍の図書館長である。いいところと思えるが、軍人にとってはそうではない。これまでは、病人で健常者でない者のポストであった。『僕の代になって、使い道のない男の捨て場』と言っていた。

しかし水野には、以前の軍令部での長い経験があった。病人の退避所であっても、ここでの勤務を無駄にしなかった。手当たり次第に本を読み捲《まく》った。海軍の図書館と言っても、年間予算が一千円であったから大変貧弱なものであり、古文書のようなものしかなかった。時間はいっぱいある。少ないとはいえ、自分の海軍内で得た知識からすれば、図書館は図書館である。本を読むことによって、人生というものが分かり出した。自分の目の前がだんだん開けてくるような気がし出した。次第に階級、官位、爵位等がばかばかしくもなってきた。人間の栄達は、人物の高下ではなく、境遇だと思うようになった。爵位などは、努力のたまものでなく、幸運なる機会の拾い物である。いかに有能な人も機会や境遇に乗じない者は、成功者となりえない。

我々の目の前にいる人物も、下から慕われるような人が早く首になったり、憎まれるような人が出世したりすることは、いっぱいある。

水野は、文庫の図書を片っ端から読んだ。見識はますます拡がり、冴えていく。

「次の一戦」を出版

軍令部勤務中に読書や娑婆において、軍人には出来ない知見を広めることが出来た。年はまさに四十歳。人生のもっとも充実期である。そしてまた、文庫に来て、本を読み、水野はますます視野の広さを増してきた。これまで長い間、規則と上下階級による、軌条を走っていた自分をも、振り返るようになって来るのに、気が付き出した。

強者と弱者の関係も考え直すようになってきた。ロシアに大勝した我が国と、これまでのアメリカ一辺倒の関係にも強く関心を持つようになりだした。

次は、アメリカとの関係が、ギクシャクし出すのではないか。上下関係ではなく対等であるべきではないか。友達関係も近所隣の関係も国と国との関係も、同じではないかと考えるようになった。

日本の大海軍あることを信じ、軍事だけではなく各方面からの考察をし、日米戦争を仮想して「次の一戦」を書いた。

折から、日本人移民の、アメリカでの教育問題、移民問題、海軍問題等のため、我が国民の対米感情は大変昂《たか》ぶっていた。

「次の一戦」は、早くに脱稿していたが、軍部内での出版手続きや世間での「此一戦」に対する陰口などもあって、出来上がった原稿はしばらく温めていた。しかし、友人の窮状を救わなければならない。印税の収入によって救うことができる。このことを解決するため、著者名に自分の名前を出さず、一海軍中佐の匿名で出版した。

粗筋を書いてみよう。

まず陸軍はフィリピン、グアムを占領する。海軍は「ド級」(ドレッドノート。一九〇六年、イギリスで建造された画期的戦艦の名。日本ではこれを普通名詞のように使っている)の戦艦で砲撃戦をする。しかし、日米の軍備格差は大きい。やがて敗戦へとつながっていく。緒戦においてフィリピンを占領するが、十万の上陸軍の補給援軍の配慮に欠けていた。

海軍は、常備米海軍アメリカ第一艦隊を港内より追い出す作戦をとる。この作戦にも半数を越える我が方の消耗があった。これにはどうにか成功するが、追い出した艦隊を追跡中、ハワイ港を出たアメリカ第二艦隊に遭遇、わが残存艦隊は台湾沖で全滅という筋書きである。

次の文章は「次の一戦」の数行である。
「わが残存艦隊の運命は如何？　その後三日を経て大破せる我が一駆逐艦の琉球に漂着したる外、曾て威風堂々、佐世保を出発したるわが連合艦隊の諸艦は、遂に一隻の帰り来たるものはなかった。日本海に滅びたるバルチック艦隊の最後よりも、イギリス海峡に敗れたる『アーマダ艦隊』の最後よりも、なお一層壮烈である。海軍力が全滅したる後における、わが十万のフィリッピン軍の末路は如何？　降伏か？　餓死か？」

この一文をもってしても、三十年後の第二次世界大戦を見事に予見している。また、この戦いで緒戦に勝ち、数年後の大敗という形態を予告している。なお「此の一戦」では飛行船、飛行機、潜水艦の威力と充実を、艦隊を後にしてでも充実することを強調している。当時のわが空軍は、先進国の飛行機を輸入して展覧会に展示する程度であった。

「次の一戦」を発行すると、「此一戦」の影響もあって、発行と同時に爆発的に売れた。水野がまだ軍国主義者であった時代の、日本海軍充実を水野なりに精力的に書いたものである。

出版した大正三年は、日ロ戦争時代と国内情勢はかなり変わっていた。

「次の一戦」と「謹慎五日」

事の起こりは、外務省から出た。内容について、アメリカを刺激するというのである。

海軍省へ警告的照会が入った。海軍省はさっそく、正式調査に入った。調査といっても、このような本を書くのは、水野だけしかいない。誰でもすぐに見当は付く。水野は官房へ呼

び出された。先任副官から、

「この節、新聞に広告が出ている〝次の一戦〟という書物の一海軍中佐という著者は、君ではないかね」

「僕です」

「では、君はあの書物を出版するのに許可を得ているかね」

「得ておりません」

「現役の海軍軍人が書物を出版するときには、所属長官の允許《いんきょ》を要するということを、君も前に書物を出したことがあるから知ってるだろう」

「そんな規則は知りません。前の書物を出版するときにも調べたのですが、そういう規定はないけれども、慣例だから願書を出せということで、許可を願い出たのです。今度は匿名《とくめい》だから差し支えないと思います」

「では、ここにこういう規則がある。それに匿名であろうが、君が現役軍人である以上、この規則に従わねばならない」

突き付けられた海軍諸令則を見ると、最近そういう規則が新設されている。法律家でない水野は、そんなことを知ろうはずがなかった。これには水野も一言の抗弁の余地もない。

「そういう規則が新たにできていることを少しも知りませんでした。適当のご処分を願います」

「後で何分の沙汰をするが、それまでは、書物の増版を中止してもらいたい」

その後どういう相談があったものか知らぬが、その日の午後に、官房勤務の友達が部屋に来て、

「貴様のことで大臣が非常に立腹して、そんな不埒な奴は海軍から追い出してしまえなどと言っているそうだがね。しかし、言うことが猫の目のように変わるのだから、あまり心配するには及ぶまいが、なにしろ権兵衛（山本権兵衛）さんさえ予備に追い込んだ躍気者だから、そのつもりでね」

と好意的な注意があった。

そのころの水野は、すでに海軍に執着の心を少しずつ失いつつあった。水野はこの友達の忠言に、あまり動揺を示していない。

それから三日後、官房に呼ばれ、副官から、

「まことにお気の毒だが規則だから」と一通の書き付けを渡された。「無断で図書出版の廉《かど》により、謹慎五日に処す」との懲罰の言い渡し書であった。

水野は予備役編入を覚悟していた。

『予備役編入を覚悟していたのが謹慎たった五日で済んだ。之が水野の奉職履歴の第二の赤字である。』（「反骨の軍人・水野広徳」より）

また、後に友達から聞いたのであるが、大臣は、初めは海軍や政府の悪口を書いた本かと思って、大変に腹を立てていたが、読んでみると、大いに海軍の必要性を書いてあるではないか。大臣はかえって喜んだ。そこで原案十日を半分にしたという。直ちに再版は許され、

売れに売れたらしいが、再版後二か月で絶版となった。この絶版の理由は分からないままである。

水野は、現役中もこうしていろいろ問題を起こしている。そのつど忠告をしてくれる友達がいて孤独にもならずにすんでいる。これこそ海兵出身者の見えざる得である。一人で悩まず、いつも慰め役の友がいた。

ふたたびの軍令部を断わる

海軍の文庫番となってすでに二年半、歴史はすでに大きく動いていた。欧州大戦は勃発し、我が国も、ドイツと宣戦布告をしていた。山東半島の一角や南洋諸島を占領したりしていた。このようなとき、海軍は日独戦争の戦史をふたたび水野に書かせようとしたのである。戦史編纂《へんさん》員を命ぜられた。ふたたびこの仕事についてはみたものの、海軍当局の戦史編纂に対する認識に対して、もともと水野は大いなる不満を持っていた。

『僕は言う。

抑も戦史なるものは、後進兵家の戦術戦略を始め、作戦用兵の研究資料として編集すべきで、徒に文章の流麗、字句の多彩を尚ぶ軍談本を作る為ではない。然るに我が海軍当局の戦史を見ると動《やや》もすれば、前者を軽視して後者を重視し、文筆によって戦史を書かしめんとする傾向がある。苟《いやしく》も後世有用の戦史を作らんとせば、実際作戦に関与したる者並びに従事したる者に依って書かれなければならぬ。文庫の番人として作戦のサの字も知らぬ

僕の如きが編纂の任に当たるは、戦史に対する冒瀆である。』(「反骨の軍人・水野広徳」より)

以上のような理由で、海軍引退まで決断し、戦史編纂委員の解任を申し出た。世人は水野のこの決断を何と見る。自身でも我《わ》が儘《まま》と言えば我が儘かも知れぬが……と思ったが、信念を曲げることはできない、極めて融通のきかない性分であったと、書き残している。

たまたま上官の少将は、この我が儘を聞き入れて、軍艦「出雲」の副長に転じた。

この頃の水野は、人生は運だと言ったり、与えられた職場だ！　とも時々言っている。果たしてこのたびの転任は、いかに受け止め、考え、判断したのであろうか。

軍艦「出雲」の副長

中佐にまでなっている。年齢も四十歳を越えている。水野という人間は、人一倍自己が確立されている。自分に納得できないことはどこまでも主張する。それがまかり通るのが海軍と陸軍の違うところかとも思われる。ふたたびの軍令部から先輩の少将（馬場恒吾？）に世話になって、「出雲」の甲板に足を踏み入れた水野は、足の震えるのを覚えた。魚が水を得た感触であるはずなのに。

この瞬間！　水野の頭に電光の如くジーンと来るものがあった。さすがの水野もその晩は、眠れなかった。

これは勝手が違う、こんなことはなかった、これは何だ。

聞くわけにもいかず、そのうえ艦内の規則例規に至るまで変わっている。一日一日、言葉を交わすことも少なくなってきた。変に喋《しゃべ》ってとんでもないことを言うと、副長としての権威に拘《かかわ》る。

今日まではどうにか過ぎた。明日は、どうかと思う日が続いた。自分の悶々の姿が人目にも分かるような日々であった。しかし、何とか日々を消化していた。

日ロ戦争後、戦争の経験や技術の進歩によって、この十年の間に大進歩をしていることに気付いた。

分捕り戦艦「肥前」の副長

これまでの水野の生活の中では見られなかった姿が艦内で続くうち、誰が気付いて配慮してくれたか、また転属となった。

十年前、日本海で勇ましく捕獲した、ロシア艦隊の戦艦「肥前」の副長に移ることになった。こうも立て続けに転任とは何事だ、人は自分をよく知っているとも思った。

「肥前」は、ロシア艦隊の「レトウイザン」という艦船であったし、いっそう複雑で、ますます自分の手には負えない。

「もはや自分は、海上の人たらず」と決心をした。これから自分の赴《おもむ》くところはもう海軍にはない。

「此一戦」の印税も、今ならある。

「あれを全部使ってヨーロッパを見て来よう」
第一次世界大戦のど真ん中であった。

欧州大戦を見て来よう

欧州大戦は、すでに三年目に入っていた。戦線はまさに膠着《こうちやく》状態で、戦火は酣《たけなわ》であった。それをこの目で見、手に触れて来ようと、決心した。松山の成金の友人にも相談をした。自分の貯金通帳には、「此一戦」の印税が三千円残っている。印税はどうせ予期せぬ金ではないか。松山の友も協力してくれるという。

一方、この時点で水野は、これからの自分の海軍生活をどのように見、どう受け止めていたか。自伝「反骨の軍人・水野広徳」に、次の文章で残している。

『「肥前」は常備艦隊に属して居たので艦務も一層多端であった。（略）僕は、海上の人として立つことのもはや不可能なるを自覚し、方向転換を決意した。（略）どうせ予期せぬ収入じゃ、奇麗さっぱり使ってしまえ。万一途中でドイツ潜水艦にでもやられたら、後に残る母子二人は、扶助料でどうにか生きて行けるであろうと、女房君の臍繰りまでも掻き集め（略）』

欧米各国へ二か年の私費留学を願い出た。留学願いは案外、容易に許可された。

私費とはいえ、正式に留学の許可が下りた以上は、一日も早く出発したかった。旅券、外国領事の裏書き、荷物の準備、外国への土産、送別会、挨拶回り等々、忙しい毎日となった。

水野の迷いと模索

海軍兵学校出身の水野の海軍歴二十年、軍人としてもっとも充実した、しかも一日たりとも手を抜くことが、あってはならぬ時代である。この時期に、艦上生活の資格なしと自ら判断し、自費留学に即座に切り替えた水野の人生への取り組みは、一体なんであろう。

この時期の海外駐在武官の発令であっても、名誉の反面、留守中に自分の名前は消えてしまうのではないか。人事の配置転換の中から取り残されてしまうのではないか。また、家族のことも本人が考えるごとく、子供のことも考えると、そう簡単に決心することは出来ないはずである。

それには、自分自身、数年間いつも自分の将来について考え続けていたと想像される。日ロ戦争の感謝状はもらった。しかし、その戦争の末期に、出雲の浜田港で、水雷艇「隼」の船体を暴風雨とは言え傷をつけ、謹慎十日の処分を受けている。また「次の一戦」の出版手続きのことで五日間の謹慎にもなっている。謹慎といっても処罰は処罰であって、一線に並んでいる海兵の同期生の中でのトップ戦列からは脱落している。

今後、勤務にいかに精励しても、新鋭戦艦の艦長にはなれないと思い込んでいた。これは現代の官庁でも株式会社でも同じことである。では、自分がこれから海軍内でどのように生きていくか。

他方では、「此一戦」によって、海軍始まって以来の、大文章家となっている。今また「次の一戦」で世を賑わせている自信があった。いつ退官しても、という大きな希望もあったに違いない。

しかし、それらをいろいろと、比重を考えながら、夫人とも相談を繰り返したと思われる。決断とは言いながら迷いに迷ったあげくだった。その結論への過程においては、世人よりも、冷静に判断し、自分の責任を強く出し、決心したと思われる。

もう一つの面では、水野の日ロ戦争後の転任転勤について見なければならない。軍令部→舞鶴水雷艇隊司令→佐世保海軍工廠副長→海軍省文書主管→軍令部日独戦史編纂委員→巡洋艦出雲副長→戦艦肥前副長と、彼の適正と経歴とで理解できる部分もあるが、ギラギラ光る栄光の径《みち》ではなかった。しかもその職場の期間については、あまりにも短く、一年以内のときが数回もある。それには、はっきりとした原因があり、彼の人柄をも表わしていると思われる。

水野の海軍生活二十年間は、海兵出身としては本流ではなかった。

欧州への旅立ち

ワイシャツ一ダース、靴下五ダース、褌用晒《さらし》木綿十反――これらをトランク一鞄に詰めた。

大正五年（一九一六）七月出発。船は諏訪丸一万一千トン、日本一の豪華船。南回りで、コロンボ、インド洋、ケープタウン、テームズ川、ロンドンと走り、九月末に着いた。約二か月間の航海であった。

その間の記録も実に細かく記録に残しているが、出発の時から一般の旅行者とは、異なる視点で旅行を捕えている。このコースは、地中海を避けたものである。それは、当時の欧州大戦からして、ドイツの潜水艦をもっとも警戒したからである。

インド洋にさしかかるまで、上海、香港、サイゴン、セイロンなどには数日間の停泊をしながらの旅であった。船内では二、三日もすれば、日本人同士ならばみんな親友になる。港々では外出も許される。男なら夜の遊びも出来る。それら港には、どこの港もすべてに、日本人の娘がいる。

どこの港にも日本の娘

真っ白い厚化粧をして客引をしている。どうしてここまで来てと問いたかったが、はじめから問う勇気はなかった。彼女たちは、堂々と現地の女になりきっている。

「朝に呉客を送って夕べに越郎を迎う」の生活。

「まさに笑いをもって迎え、世辞をもって送る」とはこのことである。

町という町、皆日本人娘あり、その数、万、千。赤い着物に腐肉を包んで、黄白黒褐、種を選ばず迎え、そのもてあそぶに体を委す。一夜の情を数片の銀貨に代えんとす。

日本恋しからずやと問えば、若きは「恋し！」と答う。

老いたるは、「恋しとて、どの面下げて帰れましょう」「どうせインドの土ですバイ」

日本娘の在《あ》る所無縁の墓幾基。墓標徒《いたずら》に風雨に朽ちて香華弔《とむら》う人もなし。知らず、なに人の子ぞ。

「此の娘たち、一つは親のため、国のため、年々内地への送金。此の金は、やがて軍艦・大砲、大将の俸給にもなる。内地貴婦人と優劣何れぞや」

ロンドン

ロンドンはまず公園の町と思った。ケンシントンガーデンは上野公園の四倍の広さ、ハイドパークもある。どうも我々は、上野、浅草、帝劇と比較する。続いて市場、百貨店、博物館、美術館、寺院、学校を見た。

英国の見聞

水野は四十歳代の後半に三度もロンドンでクリスマスを過ごしている。連続してではないので、なかなか英国の風習には馴染《なじ》めない。在英中の生活すべてが驚きであった。まず困ったことは、現在でもそうであるが、貨幣であった。

英国の貨幣は、水野に言わすれば「英国式混み入り」と言っている。世界中にこれほど煩雑なる貨幣を見たことがない。

「英国貨幣の最高単位をポンドと称する」ほぼ日本の十円に当たる。

「ポンドの下にシリングあり」

「二十シリングをもって一ポンドとなす」故に、「一シリングは我が四十八銭なり」「一シリングは十二ペンス」すなわち一ペンスは我が四銭なり、また一ペンスを一ペニーとも言う。二ペンス以上は二ペンス・三ペンス呼ぶ。
ペニーの半分を、ハーフペニーと言い、そのまた半分をファーシングという。わが国の一銭である。ペンス以下いずれも銅貨を用いる。
二シリングをフローリンと称し、二シリング半をハーフクラウン、五シリングをクラウンという。ここまででも、分からなくなる。
シリング以上は、いずれも銀貨である。別に六ペンス、三ペンスの小銀貨がある。フローリン（二シリング）とハーフクラウン（二シリング半）とは、その大きさと形は相等しく。

この煩雑さは、損をしたり、店の人に叱られたりする。しばしば釣銭をごまかされたりしたこともあった。

紙幣をたまに使うと、手先の器用な日本人は、これくらいの紙幣の贋造は、朝飯前だと言って、五ポンド以上の紙幣には、表に往々、署名を要求された。

これだけではない。ポンドをスターリング、ソベレーンと呼ぶとか、一ポンドに一シリングを加えて、一ギニーと呼ぶなど延々と記録し、英国の貨幣はばかばかしい、辛抱なり難し、とか水野は大いに疑問を投げかけている。

尺度のインチ、フィート（十二インチ）、ヤード（三フィート）、重量のオンズ、ポンド（十六オンス）、ストーン（十四ポンド）、トン（十六ストーン）。容量のギル、パイトン（四ギル）、ガロン（八パイント）……等々水野は、なかなか理解できず、ある時、英国人に向かい、

「此の非文明さと、繁忙は今の世に適さないではないかと詰った」

英国人は、「わが英国人は、幼きよりこの複雑なる制度によって、数理思想を修練すればこそ、機械的知識と発明とに長ぜる所以《ゆえん》なり」と憤慨して答えた。

なおその男は、反論して
「日本においては、如何なる式を取るか」

「里程のほかはすべて十進法だ」と答えると、

「すこぶる英国に似ている」という。なお続けて、

「日本においては、兵器、機械、その他種々の工業製品はすべて日本尺度を使うか、わが国においては、唯一の英国式あるのみ、貴国の如く自国式、英国式、並びにメートル式の三様を用いるのは稀なり。爾何《なんじ》をもってか英国式の複雑を笑う」

と、大笑いをした。

水野はここに至って、ギャフンとなり、一言もなし。

振り返り見れは、わが国には、陸海軍には、それぞれの尺度あり、鉄道院、造船会社にも異なる尺度がある。わが国の尺度には英国以上の複雑さがあることに気づいた。

これいったん有事の時には、動きが取れなくなるではないか。尺度の統一と画一とは国防、工業政策の最重要課題と悟った。

以上のほか、英国では、大臣の呼称も省によりて呼び方が違うし、陸海軍の階級の呼び方も違う。日本のように少・中・大ではない。陸軍と海軍で、同じ呼び方でも階級が違う。

これらの混み入り方と、入り混じり方とは、英国の歴史に起因することをやがて知った。イングランドからはじまり、ウェールズ、スコットランドの併合の長い歴史によるものであることを知った。その後も、さらにアイルランドが併合された。なお続いて豪州、カナダ、ニュージランド、ニューファンドランド、南ア連邦の植民地を加えて、ブリティッシュ・エンパイヤーが形成された。その混み入りと、継ぎ足しとが、世界の海洋を我が物顔に、靡かせているイギリスの国旗だと、水野は学んだ。

同じようなことが、ロンドンの町についても言える。東京の当時の十五区とは、まったく異なる都市制度であった。当初は、面積一方マイルにも満たず、人口も二万人を越えなかった。それが当初のロンドンであった。これに周囲の二十八の都市を加えてロンドン郡を構成したのである。各都市には、市長はいたが、独立の自治権を有し、総括の首長はいなかったし、郡の評議会で共通の道路建設などを協議したのみであった。

軍人として水野が欧州戦直後、わずか一年弱の滞在で、ここまで将来の日本を対象に、英国を観察していることは、やはり常人ではない。

ロンドンでドイツ軍の空襲にあう

英国人は、自由を愛し、統一的ではない。組織的でもなく、改革を嫌い、規則漬けを厭《いと》う。

慣例を守る人々の集団だと理解した水野は、このように要約している。本人は、イギリスを駈け足で回ったと言っているが、よくもこれだけのことをと思われるほど、ロンドンの内容を観光とは違った目で見ている。そしてよく記録をしている。政治・経済・軍事・教育まで驚くほどよく見ている。

三度目のクリスマスを迎えた。水野の下宿は人のいい老夫婦、二人の娘がいた。クリスマスイブだというのに、サンタクロースも来ないし、七面鳥の丸蒸し以外は何もない。灯火管制で町も暗い。

老夫婦は、「早く戦争が止まなきゃ、物価が騰貴してやりきれない」

姉は、「戦争がすむと男が戦地から帰ってきて、自分たちの仕事が奪われる」

次女は、「でも、戦争でイギリスボーイが死んでしまったら、結婚の相手がいなくなる」と言った。ロンドンの物価は高くなり、日本と同じくらいになっていた。

灯火管制は、自主的にやっているが、極めて厳重である。ドイツの飛行船は爆弾を載せて、この霧深き闇夜のロンドンに、テームズ川の光を頼りにやって来る。テームズ川が道標になっている。自動車も立ち往生をしている。

英国に対するドイツの空襲は、飛行船五十回、飛行機二十五回あったという。このとき政府は、積極的防御策として、要所々々に探照灯を備え、空中射撃砲を配し、繫留気球を飛揚し、遊撃のため飛行機を用意す。暗空を貫く数条の激しい光は、ロンドンにおける偉観ともなる。

英国の防御が固くなるに従い、飛行船は飛行機に変わった。飛行船は、大きくて多くの爆弾を運ぶが、事故防御がまったく出来ず、運搬格納に多大の面積を必要とするからである。飛行機に代わっても、被害はあまり多くならなかった。それは、英国の建物によると思われた。

飛行機は軽便でどこにでも運搬ができ、将来は、船の上からでも飛ばすことができるであろう。

時代は進歩せり、戦法は変化している。陸軍を相模湾に九十九里浜に揚げなくも、艦隊を東京湾に進めなくとも、飛行機によれば東京攻撃はわけなし、簡単だ。

東京にはテームズ川と同じく隅田の流れがある。わが国に老五十機の飛行機あり、直ちに参考にすべきを学んだ。飛行船から飛行機へを水野は自ら体験した。これだけでも水野のヨーロッパ行きは、大きな大きな収穫を得た。誰でもが同じ体験で同じ感動を示すであろうか。巨艦巨砲主義の続く日本海軍を強く考えさせられた。これからは空軍だ！

パリへ

大正六年（一九一二）二月、戦争四年目のパリへ、北フランスでは、敵味方七百万の大軍が対峙している修羅《しゅら》の巷を見た。

国を挙げて戦った四年目のドイツは、もう後が続かない状態であった。破れかぶれの決戦を挑んだ。特に海軍は最後の切り札として、潜水艦の無差別攻撃がはじまった。さすがの大英帝国も、船を攻撃されると、食料の輸入もままならず、国民も戦意を失い、もっとも恐れている事態となって来た。東方のロシア軍は崩壊している。アメリカの参戦は、いまだ威力を発揮するまでにはなっていない。ドイツは立ち直るかもしれない。水野はドイツに対し、恐怖感さえ起こって来た。

このような情勢の中、陸軍はパリの北方数十キロのところで、大激戦が行なわれている。しかし、パリの町は、それほど打ち拉《ひし》がれているとは思われない穏やかさを保っている。ロンドンよりは明るい。

パリの町で男を見ることは少ない。女は、同情を引くために、黒い喪服を着て未亡人らしくしている者が多い。男の関心を誘うために、着なくともいい女まで客引のため喪服を着けている。

パリの町は美しい。しかしロンドンの町ほどの重厚さはない。パリの女は、化粧をしていて美しい。ロンドンの婦人は、素顔でも貴婦人の感あり。

パリ滞在は一か月、有名と思われるところはほとんど見た。パリの外観は分かったような気がした。おいしい酒、美しい女、面白い夜は十分に堪能した。このときの日本人の男性は、どこの国の男よりも、もっとも歓迎された。後にも先にもこんなことはないであろう。フランス女性にもてた戦中の良き一時であった。

イタリアへ

ローマ行きの列車は、灯火管制のため室内は暗く、向かいの客の顔も分からない。隣の席の婦人は、大きなお尻をしきりに寄せつけてくる。そのため水野は、列車の中にいる間、座席が暖かかったと書いてある。

国境でイタリアの列車に乗り換え、冬のアルプスの山々を眺めながらゼノアに着いた。ゼノアは、ベネチアと共に地中海の大国際港で歴史的にも古く、城壁に囲まれた落ち着いた町である。

ゼノアの見所は、広大な墓地であった。美しいというだけでは表わされない、善美、華麗、というか、大美術館である。

ローマは歴史の古都である。遺跡の都市である。また、キリスト教揺籃《ようらん》の地である。したがって、寺のまちでもある。日本のさすり仏のようなキッスの像がある。

ベスビアスの火山を後に、ソレント半島に抱かれるナポリの町へ。二千年の古き遺跡も見た。マカロニを食べ、大理石に囲まれ、贋金《にせがね》に苦労しながら、乞食と見られた旅であった。

ロンドンへ戻る

アメリカが戦線に加わり、戦争の規模はますます大きくなった。一度の攻撃に三十万、四十万人の損害が生じ、使う弾丸は、一日で日ロ戦争全体の使用量だということを聞いた。これほどの戦争をしながらハイドパークのベンチ芝生では、男女の抱擁と、キスでうずまっている。

麺類《めんるい》の色はだんだん黒くなり、コーヒーの砂糖は、二つが一つになった。

水野の横浜正金銀行のトラベラーチェックの残高は、急に心細くなって来た。旅行の目的はドイツの見学であったが、いつ止むとも知れない戦争は、果てしなく続きそうだ、足元の明るい間に帰ろうと、急に里心に悩まされ出した。

大西洋、地中海、英仏海峡いずれも毎日数隻の船が、撃沈されているというニュースが目に着く。このままいれば、それこそロンドンの乞食になるか、船に乗れば危険一杯。

アメリカへ

水野はいよいよ運を天に任せ、アメリカへ死の覚悟で渡ることにした。不安であったが、船中の食事は良くなり、大飯食いの水野には満足であった。いざという時の準備はして、六月末の出発にした。船内では、ドイツ潜水艦攻撃の危険のため、同乗のO氏と交互に眠ることにした。

無事、ニューヨークに着く。ニューヨークはロンドン、パリを見たこの目にも驚く繁栄の姿が目に入った。大アメリカ、大ニュヨークだ。そして頭の中で小日本、小横浜、小神戸とつぶやいた。

アメリカでは女性尊重、女は男の君主だとも思った。マンハッタンは一条通りから二百条通りまである。シカゴ、アリゾナ、カリフォルニアのロスアンゼルス、サンフランシスコと回った。

サンフランシスコの「いやだ屋」

この時代には、日本の女性と米人の写真見合い結婚がはやっていた。日本の女性はアメリカに住むことに憧れていた。日本の国内情勢と、アメリカのそれとは天と地ほどの差があった。ましてアメリカ人との結婚などというと、多くの女性が飛びついた。

神戸や横浜で結婚相手の写真を見て、船に乗せられた。希望に胸を踊らせながら、長い船旅の末、サンフランシスコに着く。まず案内されるのが、この「いやだ屋」という旅館だった。ここで初めての見合いである。

ところが、神戸で見た写真の相手と違う、黒人であったなどのトラブルが多かった。その場で泣いてももう遅い。「いやだ」といって反抗しても、仲介人に宥《なだ》められる。そこには専門の宥め役の男もいる。一足先に来て結婚している先輩もいる。

仲介人は、一晩男と寝てスタンプを押せば、けじめが着き、納得するものだということも良く知っている。

「いやだ、いやだ」という女を宥めるために使った旅館であったことから、「いやだ屋」という名前であることを知った。

なお水野は、こうして無理矢理結婚し、生まれた子供たちは、三代目には祖国の精神を失い、五代目では肉体をも失うということを聞いた。

大正六年八月、ハワイ経由で無事、横浜に帰着した。

軍事調査会

帰国後の職場は、軍事調査会という呑気なところに席を置く。他方、いろいろなところから原稿の依頼があり、大いに書き捲《まく》った。

哲学の権威A博士に突っ掛かる論文も書いた。水野は、この時はまだ軍国主義の先端を走っていた。

この時代のわが国の言論界は、ごく決められた僅かの者の市場で、極めて少数の者のみであった。その原因は、文の内容よりも、文章そのものが一般人のものではなかったためである。誰でも文章を書き、発表するようになったのは、大正の中期になってからのことであった。

大正七年十一月(一九一八)、ドイツは遂に刀折れ矢尽きて、連合国に下った。開戦後四年四か月、三十の国を相手に戦った。この間に人を殺すこと一千二百万人、使った経費四千億円、まさに世界大戦の名の如くであった。

またも水野は、友人K氏の援助により、戦後のドイツを見に行きたくなった。先年の私費留学は、半年早く帰って来ているではないか。色々の理屈を付け、ふたたび申請し、ようやく認められた。

ふたたび私費留学・ヨーロッパ

大正八年二月（一九一九）、日本郵船に申し込み、七月まで先約で一杯というところを三月出発の幸運に恵まれた。大戦の後にて客は多かった。上海、香港、台湾海峡、ベンガル湾、インド洋、アラビア海、スエズ運河、ポートサイド、ジブラルタル海峡、大西洋、ロンドンのコースであった。

途中、スエズ運河を通過した。スエズ運河はフランスの技師レセップス（一八〇五〜一八九四）が二億五千万円の金をつぎ込んで開設したものである。長さ八十五マイル、最大五ノットで走れる。アフリカを回ると三千マイル長くなる。ジブラルタル海峡は、水路八海里、大西洋に出ると、右側にポルトガルが見えた。

下関を出てから四十九日経っている。

フランスの激戦の跡

ロンドンに着いてから、直ぐ北フランスに渡った。そこには戦争が終わり、帰国準備のアメリカ兵がいた。

欧州戦争は大正三年（一九一四）八月、ドイツ軍が、中立国ベルギーに進入したことに始まる。

リエージ、ナミュールの堅塁を陥れた。パリへ三十キロのところまで攻め、パリの町に衝撃を与えた。日本で言えば、横浜まで敵が攻めこんだのと同じである。フランス政府は、政府をボルドーに移すことを考えていた。しかし、マルヌの地点でフランス軍は持ち応えた。もし、ドイツ軍が後一押しという場面が展開されていれば、あの大戦はどうなっていたかを考えてみた。

マルヌ川に沿って東に進めば、戦争の爪痕が現われ、無惨な風景が続いた。これよりさらに北東に進むと、ランスの激戦地に入る。ここは、元々ドイツのブドー酒の産地で大教会もあり、フランスの一中心地であった。長い激戦の続いたベルダンの後衛の地でもあった。

一九一八年夏のドイツ軍最後の攻撃で、他は落ちてもランスのみが残り、最後の砦《とりで》となった。この町は、十日間にわたって乱闘が繰り広げられた。フランス軍は良く耐え、遂にドイツ軍は総退却をした地である。一万の人口だったこの町は、屋根なく、壁砕け、基礎ばかり残っている。瓦礫道《がれきみち》を閉ざし、半焼けの梁《はり》は斜めに倒れ、焼け木は瓦礫より突き出て、往年の華麗いずこぞの姿である。

ワイン工場の跡は、俘虜《ふりょ》らしいドイツ兵が囚人の如く、跡片付けをしている。大酒庫を占領したドイツ軍は、思いもよらぬ芳潤な薫りに近づき、見渡す限りのワインを御馳走になった。これまで飲んだことのない高級ワインを戴いたドイツ軍人は、酔い潰《つぶ》れ、戦闘力を低下させ、退却のときも、命令が届かず置き去りにされた者が捕虜になったという。

満四年間、フランス第一のワイン産地ランス付近は、激戦の中心部となっていた。田園は荒廃。村落は壊滅、住民は離散、飛行機は真っ逆さまに突っ立っている。戦車は赤錆びて横倒しになったまま。掘り返された塹壕《ざんごう》の中は、武装したまま白骨化したドイツ兵が折り重なっている。

荒れ果てたる平原には、数条の鉄条網が錆びたまま走っていて、蛇のようにくねっている。北は北海の海岸より、南はスイスの国境まで、丘を超え、谷を渡って続いている。戦場のここかしこには、戦死者の墓標が、林のごとく連なっている。

ドイツ軍は、ここを一挙に占領せんと、強襲に継ぐ強襲を重ねたが、フランス軍に掃射され、ドイツ軍は塹壕に倒れた。その数五十万も誇大ではないという。全山屍《しかばね》で覆われるまで肉弾攻撃を続けたドイツ軍、雨のように降り注ぐ敵弾により、生き埋めにされたフランス軍！

何がこの惨状をかくあらしめたのか……

彼らは、決して死にたくて死んだのではない。

ただ「国家のため」という一念だけのために子を捨て、妻に別れ、親を捨て、己の命まで捨てたのである。

ドイツ人の空腹

五十年後の第二次世界大戦の時も、欧州大戦（第一次世界大戦）の時と同じことを繰り返しているが、ドイツの食料不足は、いっそう厳しかった。ドイツでは、この戦争期間に、国内で餓死者百万人が出たという。栄養不足のため、生まれくる赤子は、骨格が未熟で頭の固まっていない子が多かった。もちろん主要食料品は、切符制の配給制度であった。一週間分の配給は次の通りであった。

	パン	肉	ジャガイモ	脂肪
配給量	一七〇〇g	二五〇g	三一五〇g	一二〇g
価格	一・四マルク	二・五マルク	〇・一五マルク	三・五マルク

いかに論理的、正確なドイツ人でも、これだけの食事で生きて行けるわけはない。空腹になると、人間は体力を消耗したくなくなる。自動的・反射的に頭と身体が供応してエネルギーを消耗せずに、仕事をする方法を考え出す。あるところまではこれで仕事も出来るのだが、ある点を越えると、仕事どころではなく、ましてや戦争なんて出来るものではない。元々自給率の低いドイツの食糧事情は、どの国よりも悪かった。

いずこも金次第

どこの国でも同じことであるが、配給制度は戦時中の厳しい法律のもとでも、世の中は金次第である。ベルリンの銀座通りルイプチーゲル通りには、何でもお金を出せばある。大ベルリンの名残りを留めている。

棚には、ハム、ソーセージやベーコンなどが積み重ねられ、政府の管理以外の物は何でも金次第である。この風景にも、水野は強く感じるところがあった。友人の大学教授に聞くと、鶏卵一個二マルク、日本円の一円では、とても卵は食べられないと言っていた。

また、ホテルで金を出せばどんな食事でも出来る。周りの状況がどうであろうと、戦前の状態で生活が続けられている。大衆は配給のパン代もない貧しい者もいる。彼らは配給のパンを買って、そのままホテルへ持って行って買い取ってもらう。それを金持ちが食べて腹一パイにしている。

庶民の食事をしてみる

水野は、どうしても庶民の家庭での食事を体験して見たかった。下宿の祖母さんに頼んで、ある家を紹介してもらった。御馳走は絶対しないとの条件を付けた。

食器は立派であった。煎餅ほどの黒パン二切れ、菜っ葉汁に米粒が二〜三十個浮かんでいる。味はほとんど付いていないスープ。このスープを二杯も三杯も御代わりをする。これに指先ほどの肉が二つ転がっているシチュウのようなものが鍋のまま出た。スープを三杯もいただいたので、腹の中がチャプチャプし出した。四十くらいのオールドミスと六十あまりの母親の二人住まいの家だった。

二人は言う。これでも良くなった方で、戦争中は、馬の飼料であった野草ばかりの食事で、精も根も尽きてしまい、戦争なんかどうでもいい、一日も早く平和になって人間らしい生活をしたいと思った。あれ以上の辛抱は、どこの国の人も出来ないと思います、と言った。

水野の変心

水野はランス、ベルダンの戦跡を見て、これまで少しずつ心のどこかで、迷いつつ考えてきた一つの途が見えてきた。

『国家の為とは、国民の為以外の何物でもない。現代の政治意識に依れば、国家は多数国民の幸福の為には、少数国民の利益を犠牲とするの権力を持って居る。彼等が死の戦場に駆り出されたのも、多数国民の幸福を擁護せんが為であった。彼等は国家の要求によって否応無しに命を取り上げられたのである。然るにこれ等の国家は多数国民の貧困を救う為に、少数国民の富を犠牲に供する事を敢えてなさない。これは国家として、正しい行為であろうか。

此の極めて簡単な、明白な、また極めて平凡な問題が、恰も天の啓示でもあるが如く、電光のように僕の脳内に閃いた。僕は鉄槌をもって頭を打ち砕かれ、利刀をもって胸を突き刺されたような、鋭く激しい衝動を感じた。国家は至善至美至真の最高の道徳なりというドイツ哲学を無条件に、無疑念に信じた僕の国家感には、一抹の疑雲がたなびいた。

弱い国民からは其のかけ替えのなき生命をさえ奪いながら、強い国民からは其のあり余る富すらも奪い得ぬ国家、それが最高の道徳と言い得るであろうか。

僕の心膜に理想せられた、荘厳にして神聖なる「国家」ドイツのフィルムは、忽然として暗霧の掩うところとなった。』（「反骨の軍人・水野広徳」より）

戦勝国民も敗戦国民も

ベルダン丘を下りて、でこぼこ道を走りながら、なお水野は考えた。

『此の戦争は誰が、何の為に起こしたのであろうか。ある人は、イギリス、ドイツの兵器製造業者たるアームストロングとクルップの馴れ合いだと言い、或る人は、カイザー（ドイツ皇帝）とツァー（ロシア皇帝）との将棋の遊技だという。連合軍側も正当防衛と叫び、同盟側も正当防衛と唱え、それぞれの国民はそれぞれの政府の言う所を信じて居る。様々の疑問が次から次へと、新しき景色と共に展開して来る。』

ベルサイユ条約は条約ではなく、命令である。勝者が敗者を勝手に料理しただけのものである。ドイツの条約承認の通知がパリに正式に届いたのが一九一九年六月二十三日午後四時であった。

パリの町は、ふたたびサイレンの響きと共に歓喜に湧いた。

戦死者一千二百万。負傷者五千万と言えば、その二割は手足を失っているはずだ。これだけの人間がこの大戦中、国家の命令で死傷した。敗戦国ドイツ、オーストリア、戦勝国イギリス、フランス、そして革命の国ロシアの国民のうち、戦前よりも幸福となった国はどこであろうか。

饑餓の苦しみと、寡婦・孤児・老人の嘆き、失業者の増大、職業の争奪戦等々が残っているだけだ。イタリアにおいてすら食料難、生活難、労働不況に陥っている。戦場で倒れた若者の血は、何のため流されたのであろうか。

スイス・ドイツ

スイスはアルプスを初めとして、ベルン、ジュネーブ、ルチェルン、チューリッヒと回った。首都ベルンの万国郵便の記念碑を見た。その記念碑に日本女性の姿がある。その日本女性の姿たるや、まさに吉原あたりの婆の姿であり、目はつり上がっている。チューリッヒの天井画の日本娘の絵も花魁《おいらん》の姿である。この女の目も吊り上がっていた。こんなに日本人の目は吊り上がって見えるのか。

ドイツに入国するために、二か月を手続きのためスイスで待たされた。ドイツは、食料難のため、観光での入国は歓迎されなかった。入ってしまえば、歓迎である。

ドイツ国内の列車に乗った。プラットホームには、敗戦兵士の歓迎額が懸かっている。変な感じがした。日没になった。列車は燃料節約のため、電灯はなかなかつかない。腹が減ってくる。食堂はあると言うが、荷物は離さないようにという。列車内は、泥棒の巣とも言う。前に座っている男女は、他の乗客のこともお構いなく、抱き合ってキスをチュウチュウやり出した。これでは、夜になると何をやり出すか分からない。女はパンを出してジャムを付け、男に差し出した。横目で見ると、パンの色は黒く見えた。

夜八時に電灯がついた。やがてフランクフルトに着く。乗客の交代は僅かにあったが、相変わらず満員である。

ある駅で、イガ栗男が乗り込んで来た。さっそくに英語で話しかけて来た。日本人か?自分は船乗りだが、船はフランス、イギリスに取られ、乗る船がなくなり、失業中だ。一体、君はドイツへ何しに来たのだ。

僕は商売の視察だ。……

駄目駄目、ドイツは何も売る物はない。今のドイツに有り余っているのは、若い後家さんと、廃兵ばかりじゃ。日本は戦争で金儲《もう》けをしたというが、俺を雇ってくれるところはないか。

ドイツはたくさん人が死んだのだから、仕事は有り余っているだろう。

あの通り、どの煙突だって、煙の出ているのはないだろう。

君は今度の戦争、どう思う。

ハハハハ、外国人は皆、尋ねることだ。戦争という奴はあまり面白いもんじゃない。つらくて苦しくて、さあ三年目からは、政府の宣伝に乗せられ……。

ドイツの軍隊は、なかなか勇敢だったじゃないか。

軍隊は、勇敢でも、国民は腹が減って。

戦闘には勝ったが、戦争には負けたというのか。

アメリカさえ向こうへ加勢しなけりゃ、負けはしなかったのだ。（略）

ベルリン
ベルリン着後、一番に気付いたことは、道路の不潔と、乱雑さであった。駅前の広場は、馬糞の山、乾燥して黄塵に舞い上がっている。ロンドンではもう見えなくなっている幌馬車が、赤錆びて肋骨を出し、やせ衰えている馬に引かせて走っている。剥《は》がれているアスファルトの道を泡をふきながら、馬は頑張っている。まことに哀れを感じた。

ベルリンに今住んでいる日本人は、十五～六名で、外交官としては、二～三名という。ホテルで荷物を解いて、まず現地の事情を日本の海軍主計総監に聞くことができた。

「ドイツの現状は、今日やや小康を保てるが如きも、反動派の如きも未だまったく撲滅したるにあらず、左右両派は、共に現政府に対して不満を抱き、好機あらば直《た》ちに起たんとするの形勢あり。社会問題として、もっとも憂慮すべきは、まさに来たらんとする冬季における石炭の欠乏なり。戦後におけるドイツの教育は頗《すこぶ》る盛んにして、大学の如きは学生の数年前の三倍に達するという」

日本人の新聞記者は言う。

「ドイツ国民の生活状態は、ホテルの食堂を通じて見たる如き安易なる者にあらず。パンに飢えたる貧民は全国に満ち、原料欠乏のため、産業は振るわず、失業者は溢れ、街路などのことを考える段階ではないという」

外務事務官は言う。

「講和条約中、他の条項は我慢できても、経済上の問題は、実行の確信なしと」

これら各氏の話を総合すると、国は敗れ、民は飢え、国威失墜、これまで得々として人を凌《しの》ぎたるドイツ人はいずこかということになった。

敗戦国の女性

ベルリンの女性を狙うのは、もっぱら外国人である。黒いパンと菜っぱ汁で生きている、貧乏ドイツ人は、女を買う金などあるはずがない。ドイツの国民が不倶戴天《ふぐたいてん》の仇《かたき》と怨むフランス人に対してさえ彼女たちは、僅かのマルクでわが体を提供する。ここでは、日本人は一目瞭然、もっとも歓迎される、なにが幸せになるか不思議なものだ。ドイツに来る汽車の中で、ドイツ人が話した通りだ。若い娘と後家さんばかりだと言ったのは本当だった。

思想の転換

ベルダン、ランスをつぶさに見た水野は、リンデンの木陰に立って瞑想をしている。北フランスを見たことによって頭の中が混乱し、まだ整理がつかなかった。水野は戦争の恐ろしさを知った。フランス人は、戦争が終わったばかりだのに、すでにドイツの復讐を恐れている。

水野は軍備は国家発展の手段だと考えていたが、「軍備による軍国主義」は、根本から覆《くつがえ》った。人類と戦争、国家と戦争、個人と戦争等々、深刻に考えてみた。

公園のすぐ側には、ヒンデンブルグ元帥の鉄の像が、人夫によって取り壊されている。若者は寄り添い合って、楽しんでいる。あちらには栄養失調らしい子供をつれた夫婦が来ている。黒パンの薄く切ったのを一枚与えると、うまそうに子供は食べている。父親はやせ細って、襟のカラーは、だぶだぶの洋服を着ている。

一方では、今回の戦争によって、富豪になった者もいる。また、第二のカイザーをめざして、つぎの戦争の準備をしている者もいるという。ベルサイユ条約は、国際連盟を一つ箱に入れた虚像であると見えてきた。軍縮を謳《うた》っているが、強国のためのトラストであると非難する声もあった。

各国は、皆、自国の安全を守るために最小限の軍備だと思っているはずだ。これを縮小せよといっても、難しい話だ。軍艦の数を減らしたり、大砲の大きさを小さくしたりしても、軍備の存する限り、戦争はなくならない。

昔、イギリスを襲ったスペインの無敵艦隊は、木造船の海戦であった。日清戦争のときの我が軍の艦船は、最大で七千トン、日露戦争では一万五千トンとなり、どのような軍備でも戦争は起こる。徳川時代に三百年の平和が保たれたのは、各藩に軍備があったものの幕府が各藩を完全に抑えていたからである。

完全に防止するなら、もう一つの分野がある。その一つは、超科学兵器を開発することである。これを使用すれば、人類そのものが存在しなくなる。もう一つは現代戦争のすべてを、各国民に知らせることである。しかし、戦争の内容をすべての国民に知らせることも難しいかもしれない。

こうなると、戦争防止は、軍備の撤廃以外にはない。これもまた至難の事である。軍人は、武の信者であるから、これまで戦争を起こしてきたのだ。銃を持っているから、撃ってみたくなる。標的よりもやがては命を撃ってみたくなる。刀を持っていることが武士の社会では、どれほど多くの事故を起こしたか、武家社会で実験されている。

武装平和も、今次大戦で実験済みではないか。

平和であることを望むならば、平和の存立を脅《おびや》かす一切のものに反対する勇気を持たなければならない。これを主張する勇気さえ持たなくば、表に平和を唱えても、偽善者である。こんなことを、次々と一人で考えていった。

ベルリンでの講演

かくして水野は、軍備第一の軍国主義の殻を脱ぎ捨て、翻然、軍備撤退主義者となった。八月三十一日は、大正天皇の天長節であった。ちょうどベルリンに居合わせた水野は、日本人の祝賀会に招かれ、挨拶をすることとなった。参会者は二十五名。実業者、政治家、銀行員、官吏、軍人等であった。

『今夕この席に列席せらる諸君にして、恐らく北仏の戦跡を視察されない方は、いないのであろうと思う。あの惨憺たる破壊の址、あの凄涼たる荒廃の状を眺めて、何人か現代戦争の惨禍の大なるに、心を暗くせぬものがあるであろうか。さらにまた、現在ドイツに来て目のあたりこの陰惨なる国民生活の実情を見て、誰か敗戦の悲哀に慄然たらぬものがあるであろうか。しかも殺戮と浪費の限りを恣《ほしいまま》にした振古未曾有の大戦の残すところは果たして何であろう！

ただ累々として地を覆う千万の墓標と、悲々として涙に浸る数百万の寡婦孤児とにあらざれば、新たに国際国間に植え付けられた相互の怨恨のみである。敗者の苦労は素より論なく、勝ちたる連合国又失うところ徒《いたずら》に多くして、殆ど得るところはない。苟《いやし》も人間の良心と理性とを有するものにして、この残虐にしてしかも無意義なる戦争を呪い、悪まぬ者はあるまい。如何にしてこの呪うべく憎むべき戦争を避くべきかは、この苦い体験を嘗めたる現代人に科せられた、大いなる責務であると共に名誉の使命であると信ずる。

凡そ戦争を防ぎ、戦争を避くるの道は、一にして足らぬであろうとは言え、即時実行を挙げるの法は、各国民の良知勇断による軍備の撤廃あるのみである。国際連盟の唱える軍備縮小の五十歩百歩の論にして、戦争の発生を幾分緩和するの効はあらんも、断じて戦争を絶滅するの道ではないと確信する。人類は今において平和に目覚めなければ、さらに恐るべき戦禍に苦しまなければならぬであろう。殊にベルサイユ条約調印の肉、未だ乾かずして早くも第二のドイツとして、世界猜忌のなかに立てる日本としては、極力戦争を避けるの道を考えねばならぬと信ずる。之が為にわが国は、列国に率先して、軍備の撤退を世界に向かって、提唱すべきである。之が日本の生きる最も安全の策であると信ずる。』

（「反骨の軍人・水野広徳」より）

この意見に対して参会者の、大多数の共鳴と賛意を得た。

水野の帰国

水野は、古びた軍国主義を、大西洋に投げ棄て、新しい軍備撤廃論を着て、大正九年五月、帰国した。帰国の挨拶に、海軍大臣加藤友三郎大将を訪ねた。

「何か得ることがあったか」

「大いにありました。欧州戦争の大規模と、敗戦ドイツの大惨状とに照らして、今後の戦争について考えると、日本の如き貧乏国にして、しかも孤立国はいかにして戦争に勝つべきかということよりも、いかにして戦争を避くべきかを考えることが、より多く緊要であることを痛切に感じました。」

「フーン……そうか……」それだけであった。

冷笑のフーンか。同感のフーンか、水野には分からなかった。遂に生涯わからなかった。

（「反骨の軍人・水野広徳」より）

思想の転換はどこから

野に下った水野は、日本国のみならず世界人類の平和を求めて広く大きな道を歩み始めた。そのために海軍大佐という、幼少の時代からの念願であった夢のような職業も捨てた。その基底には何があり、何がそこまで走らせたかについて見てみよう。

彼のこれまで歩んだ道の中に、公正、冷静、部下思い、義侠心、庶民の幸福などの価値観がしばしば強く表われている。これはどこから生まれているのかを考えるとき、やはり水野の生い立ちに戻ってくる。

前述の如く、一歳で母は亡くなり、物心ついたときの母は、実は姉であった。父と姉との下で暮らしていたのもつかの間、父も亡くなり、六歳の水野は他の四人の子供ともども、分散、親戚の家に預けられた。

笹井家で、その後の十年間の生活が始まったが、笹井家にも大勢の子供がいたし、人間形成期間の水野は、ここで基礎が出来上がった。いわゆる青年前期の水野の性格は、笹井家で完成している。伯父、伯母、従兄弟の中での十年間は、不遇ではなかったが、実父母、兄弟との中での生活とは違っていた。叱られた時も褒《ほ》められた時も水野は、相手の顔色からすべてを先取りするような、用心深さと先を読み取る人間関係とを身につけていった。

従兄弟五人の中での生活は、今の時代では、考えられない不自由と遠慮が強いられた。個室などあるわけがなく、何人かが一つランプの下で勉強もする。机とて一つずつあるわけではない。一枚の畳でも自分の占有する境界が不明確で、よく喧嘩にもなった。争いになるまで、お互い今切り出すか、もう少し我慢するかと、考えたあげくの争いであるから、勉強よりも畳の境界のことの方が頭には大きくあった。

水野さえいなければ、こんな争いは起こらない。水野であるから喧嘩になった。勉強の時のちょっとしたことでも、これだけの葛藤が起こるのであるから、一日の生活時間の中では水野と笹井の兄弟の間には、言うことが絶えなかったし、いつも水野が悪者にされた。笹井の兄弟の間にはすぐ忘れて残らないことでも、水野にはすべて残ったまま成長した。こんな生活が十年間も続くと、水野の性格は造られたのでなく、自分なりに作り、勝ち取ったことになる。形成されたのではなく、獲得していったのである。大人になってからの「我」もこのときに出来たものである。それがやがては強さにもなった。食事、後片付け、掃除、お使い。あらゆる場面で、水野がいるために問題が起こる。水野は、このようにして普通の子供とは違った自己を確立していった。

次に反骨の根源となったものに、生まれつきの性格である。世間では、あの子の笑い方は、生まれつきだと簡単に言うが、これは生まれつきのように見えてもそうではない。持って生まれた遺伝的なものは、感情が激しいとか、緩やかだとか、積極的・消極的、控え目など、もっと基礎的なものである。

水野の強い反骨精神は、後天的なものが多いと思われるが、その基に遺伝的なものとして、パッと飛びつかないが、強さ、継続性などは多分に天性かと思われる。

水野が海兵に入り、海軍士官としてエリートのコースを歩みはじめた頃は、平和論などはまったく考えたことなどはなかった。他の友人と同じく、短剣を吊り、カッコいい海軍士官で満足していたに違いない。

海軍生活の中で目に写るもの聞こえて来るものは、皆同じである。しかしこの頃すでに、わずかに人と違った小さなことが、心にピンピンと響いていたようである。

例えば規律について時々、物を言っている。ハンモックで休んでいる時、オナラをよくする水野は、「オナラをしてはいけない」と規律にはは書いていないと言ってみたり、海兵の教育を「同じ鋳型《いがた》に鋳込《いこ》まれる人形のようだ」という感想を述べたりしている。また、旅順攻撃の最中、休憩の時に、仲間将校と勲章の制度について語り合い、不合理な点を指摘したりした。彼の彼らしいところが見え始めている。

また、水野の感性の育つ時代の環境は孤独であった。この孤独の中で「自我」が芽生え、育っていった。その自我は強さを持っていた。これが後に人々が言う水野の反骨である。海軍現役時代、退官後の評論家時代を通じて彼の人間性は、この自主独立、反骨がどの場面にも流れている。

少年時代の水野の遊びにも悪戯《いたずら》があった。これは明らかに孤独からの脱出であった。しかもその悪戯は、どの場面にも憎めない痛快さがある。悪いことには違いないが、今の我々が読んで見ても面白く、痛快で吹き出しそうになり、一人で笑いこける物語となっている。彼の悪戯には暗いいじめや、ずるい内容がない。これらの悪戯には、どこの場面もみんな、水野が大将になっているのも見落とせないことの一つであろう。

弱き者の味方

どんな場面でも、弱き者の味方になっている。弱い方の代表になっている。そして喧嘩の全貌を捉えている。だから勝っていたともいえる。事を起こしては、後始末も自分で買って出ている。小学校の時、学校の帰り道、仲間の一人をいじめたと言って、お巡りさんに呼び止められ、みんな一目散に逃げた。自分だけは、止まって自ら捕われ、連行された。その後、ひどくとっちめられ、新聞沙汰になった。あの事件などは、まったく彼の少年時代を表わす出来事の圧巻である。

自分がやったのではなかった。だから交番の中で、外から大勢の群衆、しかも近所の人もいるところで、大きな革靴で、蹴飛ばされても、ひっぱたかれても、お巡りさんの暴力に耐え、黙秘し続けた。群衆の中には、「ありゃあ死んだんじゃないか」と言う声が出るほどであった。

強情だといえばその通りだが、この強い性格を、笹井家の生活から彼は獲得していたのである。

兵学校でも、その後の海軍生活でも、このような水野の目から見れば、気付くこと言いたいことは一杯あった。

謹慎処分三度

水野はまた、海軍生活中に、三度も謹慎処分を受けている。この処分は、自分の破廉恥な行為によるものではなかった。でも、一度だって同期の者には懲戒処分なんてない。一度でもあれば、生涯のハンデになることは歴然としている。自分のミスや不正行為ではないと言いながら、当人には、忘れることの出来ない過去であった。初めは浜田港で隼に傷をつけたことにより十日間、二つ目は「次の一戦」の出版が無許可だと言って五日間、最後が「軍人心理」の投書内容により三十日間、この三十日間が水野を決定づけた。

次に、水野が大艦、戦艦の乗組員になったのは、初めて少尉に任官した時の初瀬一万五千トンだけであった。後は百トンから五～六百トンの小艦だけである。海軍軍人としては、得意のポストではない。本人は、まったく不服などとは思っていないが、戦艦の艦長でも転々としていれば、ひょっとすると、考え方も違ったかもしれぬ。

本人は、これらを不服とはしないまでも、気にはしていたし、自覚していた記録は処々に見受けられる。

自分の海軍生活二十五年間を振り返った彼は、満足はしていないが、まあまあと自己評価し、結論は海軍に対し、「感謝する」とまで言っている。

このような迷いのなか、海軍の組織や制度の気に入らない部分がよく見えだした頃、東京日日新聞に五回にわたり書いた「軍人心理」の内容が問題化し、これを切っ掛けとして自ら退官した。

平和主義への直接の動機は、二度のヨーロッパ留学である。第一次世界大戦中と戦後、水野は、軍人として、専門家として、戦争の爪痕を見た。もう一つ、「市民の目」「国民の目」で細かく、あるいは、大きく見て回った。このこともすでに書いた。

この留学で学んだことの一つは、今日の戦争は、日ロ戦争とはまったく違う大きく新しいものであった。飛行機であること。戦車・潜水艦であることと知った。また、歩兵の突撃戦ではなく、機関銃・大砲の物量戦であり、後方の補給物量戦であることを学んだ。

一方、国民は、勝った方も負けた方も、想像以上の人的犠牲により、戦いから目を逸《そ》らせ、生きる目標を失い、道徳はなくなり、男はいなく、父を失い、ただ茫然としていることであった。水野は決めた。これではいけない。これからの平和は、戦いではない、軍備ではないと腹に決めた。

第五部　反骨の生涯

海軍を去る

『僕は海軍軍人として決して得意の地位には居なかったが、又甚だしく失意の境遇にもなかった。何年かの進級の際には、抜擢もされぬ代わりに残されもせず、極めて順調にトコロテン式に押し上げられて、僕の腕の金筋は平凡に増していった。僕の経歴より言えば、むしろ順当過ぎる境遇であった。だから僕は、自分自身としては海軍に対して、之という不満もなければ不平も持たなかった。ただ僕には一種の「我」があった。』

『「自分は海軍の飯を食って居るのではなく、国家の飯を食って居るのである。」というのが僕の信念であった。したがって国家の利益に反すると信じたる場合には、僕は平気で海軍の悪口などを言っていた。之が為、ややもすれば、海軍を本意とする多くの士官とはそりの合わぬ事もあった。

僕は日露戦争後、多年東京に在勤したるが為、多少読書の機会を得た。僕は分からぬながらに人生というものを考えた。朧げながらも自己なるものを意識した。これらの結果として僕は官等とか勲位とかいう形式的な肩書に対する興味と欲望とを失った。僕の考察と経験とに従えば、多くの場合において人間の栄達なるものは、人物の高下にあらずして境遇の適否である。勲章なるものは尊き努力の賜にあらずして好運なる機会の産物である。畢竟人生なるものは、各人の持って生まれた運命である。如何に有能達識の士と言えども、機会を捉え、境遇を導く事の下手なものは、世俗の成功者とは成り得ない事を知った。秀吉やナポレオンの如き利己的英雄は、僕の頭から煙の如く消え去った。

僕は幼少より不遇に育った為か、弱者に対する同情心は割合に深かったと共に、強者に対する反抗心も亦かなりに強かった。従って上官の受けは、決して良い方ではなかった。僕は不当に自分の前に立つ者に対しては之を排除するに可成の勇気を持っていたが、正当に自分の前に在る者を押しのけて迄も自己を進める事をなし得なかった。』

『第二次外遊から帰朝後数か月間も自分は無任所大佐でブラブラしていた。海軍でも恐らく僕の使い所に困ったのであろう。自分自身も亦戦争賛美者、戦争謳歌者、戦争技術者、さては又戦争製造者と合致せぬことも能く知って居た。軍隊はもはや自分の安住の地でないことは余りにもはっきりと判って居た。悶々のうちに大正十年の正月を霞ヶ関の赤煉瓦に迎えることとなった。』(「反骨の軍人・水野広徳」より)

「軍人心理」の投稿

大正十年の正月には、水野は三つの新聞社から原稿を頼まれていた。そのうちの一つは、東京日日新聞のために、「軍人心理」という原稿を書いた。一月八日から十五日の間に五回にわたって、東京日日新聞に連載された。

「軍人心理」の内容に、軍人は社会人に比べると、待遇や基本的人権において欠けたるところがある、これらを改革しなければ……などの意見が書いてあった。これが軍の批判だと言って問題になった。内部では、賛成反対・歓迎者もいたが、軍部としては禁止されている政治への関与ということで糾弾されることとなった。水野にとって見れば、何と言うことではない、思想的なものは何もないと思っていたが、これまた謹慎処分となった。

これについて賛成反対の論議が起こり、このことで謹慎処分三十日というもっとも重い処罰となった。外国新聞は内容よりも、書いたことについての処分の面を取り上げた。水野の一番苦しかったことは、反対意見に対する反論が出来ないことであった。

「軍人心理」には、次のようなことを書いていた。日ごろ若い将校たちが愚痴をこぼしていることを書いたのだ。

一、欧州大戦による物価高で、軍人の給料では生活難である。戦いのあった欧州よりも、日本の物価が高くなっているのはどういうことか。政治は何をしているのか。特に下士官の家族は一番生活に追われている。もっとも酷《ひど》いのが、戦没者の遺族である。

徴兵検査で合格しても、中には「籤逃れ《くじ》」と言って猶予の制度があった。徴兵検査に合格した者の中から抽選の結果、免除される制度である。なぜ、このような制度があったか知る人はないが、その年の全国の合格者と定員との関係であったのかとも推測される。なにせ軍事秘密で、当時はまったく分からなかった。これは不公平ではないか。「籤逃れ」の者には免役税をかけよとも言った。

二、軍人は、国家の必要上、偏《かたよ》った教育を受けている。一般社会では通用しない。したがって除隊後は何の役にも立たない。「兵隊上がり」は、何の役にも立たないなどの定説さえあった。また、軍人の年限は短い。再就職したくも職がない。進級も遅い。兄が中佐で弟が勅任官という例はいっぱいある。

三、わが国にもデモクラシーが芽生えている。軍人も国民の権利としては、一般社会人と同じであるはずだ。『隊にあっても良民郷《や》にあっても良兵であれ』

四、陸軍大学出身者の「天保銭」を辞めよ。また、参謀徽章《きしょう》は何のためにあるのか。世間の人目をさらうためか。隊内もデモクラ化せよ。国家も社会も、軍人にデモクラ的待遇を与えよ。

五、参政権を与えよ。軍人は人間としての資格つまり、参政投票権が与えられていないではないか。加州の排日問題も、日本人がアメリカの参政権が与えられていれば、これほどまでの問題にはならなかったはずだ。

というような内容であった。日ごろ士官たちが、お互いによく話していることばかりであったので、水野には、軍規に触れる意識はまったくなかった。

でも当時の時代は、そんな生易しい考えは、職業軍人には通用せず、なおかつ軍機に触れるとして最高の処罰を受けた。「軍人心理」の中でも、軍人の参政権の問題がもっとも法に触れるということであった。

デモクラシーの時代となっている今日、国民がこれでいいと言うならば、それでもよいが、というような内容であった。

もう一度出る気はないか

謹慎のあける前日、同期の野村吉三郎が水野の自宅へ来て、加藤友三郎海軍大臣の内意を伝えた。

「もう一度出るつもりか、出ないつもりか。もし出る気があるなら、そのように取り計らうが」と伝えた。

水野は大臣の内意を聞いて、むしろ意外だったと同時に深く感謝した。もう一度、短剣生活に戻って少々恩給が増しても、自分自身に不忠実であることのほうが苦しい。

「このまま引退したい」と返事した。

水野の引退は、自分自身の希望によるもので、かえって自分の我が儘を許してくれた上司に対して深く感謝した。

明治二十九年、希望に燃え兵学校に入ると共に剣を吊り、大正十年八月、剣を解くまで二十五年六か月であった。時に水野広徳四十七歳。

人生の再出発

人間水野は、強い人物のように思われていることが多いが、仮に強気人間であっても、軽はずみの衝動的な退職ではなかったはずである。頑健でない夫人、高校三年生の息子を抱え、生活のことも当然、考えたであろう。

半年後には軍縮による退職勧告により、今日のように退職金は割増があることは分かっていた。友人の中には、忠告をしてくれる者もいた。これによって、当時の金で一万円の違いがあったという。この金は言い替えれば、国に寄付したようなものであった。

水野のこれからの生活の保障は、僅かの年金以外何もない。次の職場は考えなかったし、自分としても人一倍、文筆家として収入のほか、種々模索したことであろう。幸いに「此一戦」出版以来、出版界では、有名人となっていた。しかし、これもいつまで続くものか分からない。

こんな中で新しい旅立ち、船出をした。年齢は四十八歳。人間としては分別盛りである。さっそくに正月、「波のうねり」を金尾文淵堂より出版する。この年は、このほか毎月一つ二つの論文、評論を読売新聞、少年倶楽部、中央公論、東京朝日等に書いている。原稿だけでも多忙な日々であったと思われる。

この年は、二月にはワシントン条約の締結があり、春、生涯の親友となった松下芳男と出会っている。松下芳男は、大正二年に陸軍士官学校を卒業し、弘前歩第五十二連隊に、陸軍中尉として勤務していたが、大正九年七月末、陸軍を追われ、上京したばかりであった。陸軍を追われたのは、松下の反軍国主義、平和主義、社会主義的思想が理由であった。

この出会い以来、水野の亡くなるまで兄弟のごとくお互い尊敬し、信じあった二人となった。この時以降の水野についてのことは、この松下氏がもっとも深い理解者であり、文通も多かった。昭和二十年九月二十七日付けの水野より松下当てに書いた手紙は、水野の心境を表わす最後の手紙となり、「海軍大佐の反戦・水野広徳」に残されている。

水野は大正十二年も原稿に追われていた。中央公論を中心に、毎月論評を発表している。

関東大震災と夫人の病気

大正十一年より夫人は健康を損《そこ》なわれ、その夏には親子三人で房総に避暑をされ、療養に努めたが、かえって病気は進行し、帰京してよりは病床の生活となった。

大正十二年に入るや、一進一退の日々が続いていたが、折からの関東大震災にあい、夫人の精神的打撃は大きく、病状は急に進み、大正十三年六月二十九日に永眠された。水野はこの間、細やかな看護を夫人に捧げたが、ついに先立たれた。

以後は武蔵高等学校の中等科三年の光徳君との生活となる。水野の家は、青山南町六―一一六にあったが、震災による被害は少なく、家の裏の石垣が崩れた程度であった。

夫人に先立たれた親子は、手伝いの老婦人によって生活だけは維持することが出来た。不自由な中でも、原稿の依頼は多く、この年も月二〜三の論文を発表している。出版社は、改造と中央公論がほとんどであった。この後も著作活動は絶えることなく、昭和七年頃までは続いていたが、このころより水野の著書、論文は、官憲の目の光るところとなっていった。

新国防方針に対して

大正の終わり頃からの日本は、軍部とそれに刺激を受ける国民とによる軍備拡張の世論と、列強国間の軍備縮小会議とに揺らぎながら、愛国の名の下に、結果は軍備拡張へと進んだ。ワシントン条約の米英との差にも不満を持つことなり、これがますます国民に国防意識の高揚となっていった。

このような社会情勢の中でも、水野は自分の信ずる国家・国防について、冷静に意見を発表し続けた。

大正十五年の「新国防方針の解剖」は、特に世間の関心を買い、当時の軍部および政府に大きな影響を与えた。

この年の早春、加藤首相、上原参謀総長、山下海軍軍令部長が三人そろい、沼津のご用邸に摂政の宮「昭和天皇」を訪ね、新国防方針なるものを奏上した。

ワシントン条約により、陸軍は平時兵力二十一個師団、兵力二十三万。海軍においては、主力艦船アメリカと十対六の割合が決められており、わが方は補助艦に力を入れる結果となり、これからの我が国の国防方針を策定した。これを沼津のご用邸におられる昭和天皇（当時摂政の宮）に奏上したのである。

仮想敵国は英米であるが、英国は欧州大戦の傷深く、また東洋・豪州に大きな弱点を持った地域がある。されば米国である。これが当時の仮想敵国であった。

水野は、中央公論四月号に自ら進んで「新国防方針の解剖」と題する論文を発表した。次に要約してみる。
一、将来の仮想敵国は米国だ。
二、日本に同盟する国は一国もない。
三、短期戦には終わらない。持久戦となる。
四、わが国が封鎖された場合どうなるのか。隣国が助けてくれる等はあり得ない。日支親善は日本の軍備による押し付けだ。偽善だ。四面楚歌だと思うべし。
さらに抜刀隊より、機関銃だ、工業力だ。これからは航空戦だ。大陸での小競《こぜ》り合いは危険だ。軍人は政治家から作り与えられた国防方針に従えばよい。軍人は戦争だけの技師だ。

以上が趣旨の要約であるが、続いて、

「戦争とは大和魂ではない、国力の戦いである。工業力、経済力である」

という立場から、わが国の生産力を徹底的に調べ、細かく分析し、新国防方針に反論した。

軍人のみにて決定された国防方針には、国民はついていけない。信頼することは出来ないと述べた。

この論文はわが国では、一国民のある一つの論文として見捨てられたが、諸外国では、この論文に注目した。以上が「新国防方針の解剖」である。

さらに解剖の「国防の大危険」の一節に、航空機について具体的に次のように説明している。

アメリカ、百台の飛行機を海上より飛ばす

『各種兵機中欧米諸国に比して、その進歩の最も遅れたるは航空機であろう。大正十二年の今日における日本の航空界は、大正二年欧州大戦前における欧米の航空界と大差はないと思われる。もとよりわが国においても、欧米の新式航空機は購入、或いは模倣によりて、博覧会的に雛型のみは一通りそろえるが如きも、唯彼の糟糠を嘗め、残肴をしゃぶるに汲々として、なんら日本独自の想像を有しない。聞くところによれば戦時は消耗品に近き飛行機発動機すらも、尚且つ完全なる物は製作し得ないという状態である。斯くして尚ほ戦争を説き、国防を語る軍事当局者の大胆と鉄面とに寧《むし》ろ呆れざるを得ない。斯くの如き航空界の不振渋滞は、一は人的素質と工業力低さとよるならんも、一は又海軍当局者が適当の施設と補導とを怠りたるの罪に期すべきである。現代戦争において航空機が至大の勢力を有する事は、もはや改めて述べるまでもない。

日本の如く家屋建築の脆弱、四時風力の強烈四面環海峡等、敵の空中攻撃に対して幾多の弱点を有せる国にあっては、空中防御の充実は海軍よりも、陸軍よりも一層喫緊の急務である。

軍艦の建造を延期してなりと、既設師団減少してなりと、先ず空中軍の充実を図るべきであった。航空母艦、航空機、投下爆弾の進歩したる今日、海上より百台の飛行機を東京の空に飛ばす事は、左ほどの難事ではない。強力なる一発の爆弾は、東洋一と称する丸の内ビルディングすらも粉砕する事が出来るであろう。

百台の飛行機は、一夜にして東京全市を灰燼に帰せしめることも出来るであろう。しかるに敵の空中攻撃に対しては、我も又航空機をもって是れを迎ふるの外、今日尚ほ未だ適良なる方法が見出されない。』(「新国防方針の解剖」より)

水野の所属団体

二火会

大正十三年(一九二四)には、関東大震災後、労働運動指導者たちが、亀戸署で軍隊によって斬首されたり、憲兵隊が虎ノ門で社会主義者の大杉栄を殺害するなどの事件が起こり、社会不安を齎《もた》らした。他方では、ようやくわが国に芽生えたデモクラシーの影響もあり、庶民の間には、自警団を作って自らを防御したり、社会や国家の将来を考える会が次々と誕生した。大正十三年には、男子のみであるが普通選挙法が成立し、治安維持法が施工されたりした。

水野たちもこのような時代を背景に、十三年九月一日に二火会を発足させている。中央法律新法社の仲間たちが中心となり、当初は懇親会の色彩が強かったが、とにかく会を作り、水野もこれに初めから関わっていた。

毎月第二火曜日に集まることにして二火会と名付けた。メンバーは、水野広徳、河野恒吉、猪股勲、平野英一郎、片山哲、尾佐竹猛、飯塚友一郎、松下芳男の八名で発足した。水野は、この会での時局、政談のことを書き残している。

この八名の中に、昭和二十一年、片山哲が総理大臣となっている。後に松下芳男は、この会について、半ば意外に半ば誇りに述懐している。

二火会と前後して、社会主義、無産階級というか、やや左傾した団体が相前後して誕生した。

一つは日本フェビアン協会。早稲田大学教授阿部磯雄を中心とする会で、松下芳男、山崎今朝弥、新居格、片山哲とが中心となっている。社会主義の研究と宣伝、大衆への思想啓蒙を目的としていた。雑誌「社会主義研究」を発行。水野は強く勧誘されたが、社会主義思想の目的には賛同しなかった。

この他にも、「政治研究会」が十三年六月に発足している。この会にも大山郁夫、賀川豊彦、高橋亀吉、嶋中雄作、鈴木茂三郎、平野力三、北沢新次郎、市川房江らの人物、後に安倍能成、三木清、石橋湛山、臘山政道、伊藤成徳らも会員になっている。初めころの事務局は、雑誌「政治研究」の発行も含め、嶋中雄作が担当している。

このような団体の乱立は、社会思想の動揺期を現わし、また、無産階級の台頭と一致している。

水野はこれらの団体には、声援は送っているものの参加はしていない。軍を離れて社会に出て間もない頃の一時であった。

しかし国民新聞には、──「此一戦」の水野大佐、左傾団に近く加盟──の見出しで大正十三年十月二十二日に大きく出た。(「海軍大佐の反戦・水野広徳」)

水野は、これについて後に反論をしている。

二十七日会

昭和四年八月二十七日発足。中央公論の執筆者が毎月二十七日に集まって懇談をする会であった。名称は、たまたま二十七名であったため、二十七日会となっただけである。時には、一泊の旅行もした。

この会の一人であった馬場恒吾は、水野について「忘れられぬ友達」に次のように書いている。

「中央公論社の嶋中雄作氏が中心になって毎月一度集まり、時には一泊旅行をする二十七会というのがある。そこで顔を合わせる人はいずれも心のおけない友人である。(略)同じ仲間に水野広徳がいる。元は海軍大佐で鳴らしたものだが今は史伝と評論に流麗な筆をとっている。この人も心の底から透明な人である。親切にして一片の私心がない。国事を憂うる事は軍人であった頃そのままの情熱を持っている。彼が人に接する態度には少しも自己という考えが挟まれていない。私が交遊に恵まれているというのは此の点である。（略）水野は酒豪である。二、三年前に伊豆の修善寺から沼津辺に一緒に旅行した時、彼は飲み過ぎて、汽車の中で飲めない近松秋江や清沢洌を捕まえて、無理に飲めと言った事がある。然るにしおらしいのは、彼非常に恐縮してそれからの旅行にはあまり酒を飲まなくなったことである。豪放快活な海軍大佐が、処女のごとく優しい心を持っているかと思うと私は親愛と、尊敬の情を新たにせざるを得なかった。彼は、書を達者に書く。旅行先の宿屋で色紙、短冊などに書くのを見ると、驚嘆せざるを得ないほどうまい。」

極東平和の友の会

昭和八年八月二十五日、創立総会があった。場所は日比谷公会堂の東洋軒食堂であった。発起人の一人であった水野は、出席したところ、この会の発起人は、左傾分子というので、右翼の暴れ込みがあった。そのとき水野は、所信演説の最中であった。会は警察官の命令でその瞬間に中止、解散となった。

この頃は、水野の思想は左翼であると、強くその筋には誤解されていた。時あたかも、国際連盟脱退の年であった。

昭和八年といえば、すでにこのように思想の取り締まりが厳しく、何でもかんでも左、左翼、赤と疑われる時代となっていた。

水野と官憲の目

平成の社会では考えられないことであるが、当時は水野が軍人心理を書いたために、海軍刑法に違反ということで軍を離れることとなった。このことがすでに当時の憲兵や警察のリストに挙がっていた。

軍人心理は、前にも述べたように、「現役軍人に選挙権を与えよ」の一点が法に触れるということであった。水野はその後も軍や政治に反抗的態度をとっていたが、時代はすでに発表する機会はなかった。しかし、直接に新聞や雑紙に書かなくとも、自分の出した手紙などが相手の検挙などから出てきて、自分にも被害が及ぶこととなった。

水野「社会的に抹殺される」の記事

水野の愛弟子である松下芳男が、昭和十二年九月一日、大正初めの陸軍の様子を友人に知らせたことが発覚し、憲兵隊に拘留された。松下の家宅捜索をしたら、大切な手紙で保存しておいた水野の手紙が、全部出てきた。

その手紙はまさに軍や政府への、怒りと罵倒の内容そのものであった。それを見た憲兵は、大物だと判断し、水野を逮捕した。そして彼の思想はかなり突っ込んで聞かれた。それ以上は聞く方に理解できなかったかもしれない。拘留こそは免《まぬが》れたが、その数時間は、犯人扱いであろう。

このあたりの出来事に水野が関係しているということで、新聞社もやや緊張したのであった。

「水野社会的に抹殺される」の見出し記事となったのである。

当の水野はこの記事を知らなかったが、松下が知らせると、それについてさっそくにこの件についての返事が二度にわたって返っている。その内容は、立腹と達観、そして諦《あきら》めとが書いてあった。この年に水野は、次のような短歌を諧謔的《かいぎやくてき》にうたっている。

鹿を追うて迷い入りたる山の奥腹は減るやら日は暮れるやら
痩せ馬に重荷をつけて坂登る馬子はド鳴れど馬はヨロヨロ
前線の兵はサイダーで口すすぐ銃後の民は米も喰らえず
騒がしや国民精神総動員敗れ太鼓に民は踊らず
米たらず炭またたらず餓えこごゆこれをしもまた新秩序という

出版物の禁止

水野から文筆を取ってしまえば、何のために生きているかがわからなくなってきた。時代は容赦なく庶民の発表・表現の自由までも監視統制を始めた。前述の如く、すでに明治四十五年出版の「次の一戦」は出版後、対米関係に良くないということで、発行禁止となり、書店から消えていった。昭和七年の「興亡の此の一戦」は、発行禁止となり、店頭には並ばなかった。司法省には思想検事が誕生した。

昭和十二年の「戦争の知識」（共著、静書房）も発売禁止。十四年、戦争文学全集第九巻「水野広徳傑作集」発売禁止。十五年六月、雑誌「海運」の「戦争と政治」の論文が発売禁止。

昭和十六年二月、情報局は「中央公論編集部」に執筆者禁止リストを示す。その中には、清沢洌、馬場恒吾、横田喜三郎、水野広徳の名があった。

こうなってくると、新聞社も出版社も遠ざかっていく。昭和十二年の「日本名将論」を中央公論社より出版したのを最後に、原稿の注文も来なくなってくる。出版以外の自分にも、何やら監視の空気が感じられるようになってきた。これまで十五年間、文筆活動で過ごしてきた者にとっては、これほど重い罰はなかった。六十歳を越えたばかりであった。

身辺の監視

明治の末に出版した「次の一戦」が知らぬ間に店頭から消えていったことのある水野の名は、当局に残っていた。その後も第二次世界大戦の始まる前まで何回となく、出版禁止となっていて、憲兵や特高警察の、上層部のリストにはメモされていたと思われる。

昭和十五、六年頃は、もっとも官憲の取り締まりが厳しかった。

この頃、夫人の妹の子、重松富来夫は、東京の大学に学んでいた。愛媛の大島から上京している。水野の家に住んではいなかったが、土曜日が来ると、富来夫は伯父伯母の家を訪ねた。伯母はもちろん、水野も我が子のように喜んだ。富来夫は四国に帰ったような気持ちになっていた。御馳走を食べ、レコードやラジオを聞き、のんびりと過ごし泊まる。翌日もぶらぶらして、早めの夕食をいただいて帰って行く。こんなことを繰り返しているある日曜日、水野は、朝の散歩と言って、富来夫を多摩川に連れ出した。

水野には、心の内に私服の警察官がついていることを感じていた。知らぬ顔をして、わざと曲がらなくてもいい道を曲がりながら進んだ。富来夫は何でこんなに曲がるのかと、不信に思い振り向くと、伯父に注意された。

「振り向かないで」「振り向いてはいけない」

と、小さな声で言われた。

富来夫には何のことか分からなかった。

間もなく多摩川のほとりに出た。ベンチに腰を下ろし、一息いれたとき、水野は事の説明を簡単にした。それ以上はその場では言わなかった。

二人は次の場所へ移った。富来夫には分からなかったが、水野には、警察官の位置が分かっている。こんなことは、水野は慣れていて、それほどの緊張もしていなかったが、富来夫には一日中、こればかりが頭にあった。

昭和二十年、終戦の年の四月初め、四国の今治沖大島へ水野夫妻は疎開した。ここでも、五つの村ごとにたった一人、二人の駐在署があったが、水野の疎開は知らされていた。

水野自身も警察はもちろん、右翼の団体にも大変気を遣《つか》い、日常生活にも注意を払った。

水野の疎開を気遣って、あちこちから差し入れがあった。これらの贈り物も、飛びつきたいほどの食べ物が多かったが、万一を考え、中身を見ただけで捨てた物がほとんどであったという。毒物の混入を恐れたからであった。

水野広徳の家庭生活

水野は日ロ戦争後、海軍軍令部で戦史編纂《へんさん》の仕事を精力的にした。四年半の長きにわたり、編纂の仕事をする傍《かたわ》ら、家に在りては、「此一戦」の原稿を書いた。その間にモリエ夫人と結婚し、長男光徳をもうけたことはすでにのべた。

この十五年間は、広徳にとってもモリエ夫人にとってもまた長男にとっても、何不自由ない日々であった。広徳は自分の生い立ち、笹井家での十年間が口には出さずとも、脳裏にいつも写っていたであろう。自分の心の中では、「これだ！　これでいいのだ！　これを夢見ていたのだ！」と、夫人にも言わず、一人満足していた毎日であっただろうと思われる。

当時、東京に帝国大学の予備門を標榜《ひょうぼう》する旧制の高等学校が、国立一校、府立一校、私立が武蔵・成蹊・成城・学習院と在った。この頃は、中学五年、高校三年の八年を終えて大学受験をする制度であったが、これらの学校は、七年間で八年間の授業をする学校であった。今で言う一貫教育である。

長男の光徳は、このうちの武蔵中学高校に見事入学をしていた。光徳の母モリエ夫人が亡くなったことも述べた。

広徳は、松山の後輩に当たる画家八木熊次郎氏の紹介で、四年後に愛媛菊間町の寺尾栄次郎の長女艶と結婚した。昭和三年十一月五日であった。広徳五十四歳・艶四十二歳。

三軒茶屋に新居

水野が初めて所帯を持ったのは青山南町であった。ここで「此一戦」を書き、光徳の幼児期を育て、震災にあいながら病を得てモリエ夫人は先立たれた。その後は、広徳父子はしばし笹塚に住んでいたが、艶夫人との結婚を機会に三軒茶屋に新居を構えた。ここを永久の住家と考えたのであろう。

艶夫人は容姿端麗、美貌にして軍人水野の妻としてふさわしく、水野も久方振りの暖かい所帯に喜んだ。

当時の家庭をもっともよく訪ね出入りをした松下芳男は、次のように書き残している。

「ここに新夫人を迎えて、先生に春が再び巡り来たような観が在った。殊に新夫人は善良にして典雅、美しく優しい心の持ち主であって、夫に仕えては良夫人であり、子の光徳君に対しては実母に劣らない慈母であった。先生はこの新夫人をこよなく愛され、温かき家庭は此処によみがえったのであった。」

艶夫人と光徳

温かい、言うことのない水野家にも問題は在った。水野は表面には出さないが、内面では再婚後、自分では処理できないことが起こっていた。はじめは気がつかなかった。光徳にとって見れば、掃除やご飯は満点の新しい母であっても、自分の母ではない。光徳はこのとき十八歳、すでに成人である。理屈は良く分かっていても、「お母さん！」の一言が出ない。言おうとしても出ない。いい母であるが、実母モリエ母さんと違う。したがって「お母さん」という言葉が新しい母には出ない。

こんな日が続いていると、ますます言葉が出なくなる。言葉を交わさなければ、親密さは湧いてこない。いつが来ても他人のようだ。広徳は気にし出した。

言い聞かせる年でもないし、言い聞かせて分かり、出来ることでもない。

そのうちに日は過ぎ、黙っているのが普通になってくる。

義理の親子というのは、これが普通かも知れないが、怒鳴り合ったりするのよりはましだ……我が家が異常であるとも思いたくない。

やがて光徳は、東京帝国大学経済学部に合格し、形ばかりのお祝いや入学準備も終えた。両親は、自分のことのように喜び走り回って家事をした。

光徳も、内心は胸に詰まるほど嬉しいのだろうが……広徳にとって艦の指揮よりも原稿書きよりも、我が家の母子二人の指揮の方がはるかに難しい。

東京帝国大学の経済学部を出れば、今も昔も変わらず就職は万全であった。日本鉱業に入社し、佐賀事業所に勤務した。佐賀関に勤務した関係から、九州の財閥の娘と結婚することとなった。

この縁談に水野は途中から疑問を持ち、ずいぶん親としても悩んだり心配したりした。親同士の手紙のやり取りでは、ますます疑問は深まった。これでは破談にしようかとさえ考えた。財閥と、広徳の育ち、その後の軍人生活との思想は、正反対だったかもしれない。これではと思い、仲人抜きで一度面談をし、食事を共にして、初めて水野は納得し決めたという経過があった。

一たん決めると、水野夫婦は、渋谷の東横、銀座の高島屋、三越と新所帯の調度品を整えるため、毎日のように足を運んだ。また余り遠くないところに新居を探し、手頃な借家を探して歩いた。

結婚式には、乳母が就《つ》いてきたという話が残っている。

式後、新居に移ってからも、艶夫人はあれこれと用をつくり、たびたび訪ね、面倒を見ていた。

心配していたことが当たったのか、二人の結婚生活は、初めての新所帯の躓《つまず》きから回復することなく、自然消滅のように解消された。

光徳は、この結婚解消から逃げるようにして、日本鉱業マニラ支店長として赴任した。その頃はすでに米軍の反攻は激しく、光徳は赴任後まもなく、陸軍に現地召集された。父広徳は事前に、この召集を予知していたであろうことは間違いない。時はそのような思考を表面には出させなかった。

光徳は終戦の三日前の八月十二日、戦病死する。年は三十五歳。父・水野広徳は、この事実を知らないまま十月十八日、今治の病院で亡くなる。

大島への疎開

昭和十四年、「戦争文学全集」第九巻「水野広徳傑作集」が発売禁止、十五年には雑誌「海運」に寄稿の「政治と戦争」が発売禁止となり、水野にはいよいよ生きる途が狭《せば》まってきた。

十六年二月二十六日、情報局二課と中央公論社編集部との懇親会の席上、情報局は、中央公論に対して、清沢洌、馬場恒吾、横田喜三郎、矢内原忠雄、田中耕太郎、水野広徳らの自由主義者の執筆禁止者リストが内示された。それでも水野は屈することなく、小さな出版物や手紙に心情を書き続けた。

太平洋戦争勃発後の水野は、いっそう悶々の日が続いた。働くところを持たない戦中の老人は、防空演習と配給物資の分配や世話ぐらいしか仕事はない。

昭和十八年になると、ガダルカナルは撤退、山本連合艦隊司令長官は戦死という悲惨な幕開けとなった。水野もこの頃しばしば体調を崩し、胃痙攣を繰り返していたが、盲腸炎と診断され、世田谷区下北沢の鵜沢外科で手術を受けた。手術後なお異常が続き、検査の結果、膵臓の病気と分かり、築地の聖路加病院に入院した。ここでは診断療養に止まり退院した。

この後、艶夫人の妹の嫁《とつ》いでいる愛媛今治沖の大島に静養に行くこととなる。

この静養先は、水野にとっては艶夫人の妹の家に当たる。津倉村本庄の重松家といって、地元では名家であった。十八年の十一月は戦争も惨憺たる時期で、当家の富来夫は出征中で留守であった。岐阜から嫁に来たばかりの富来夫の新婦と、姑に当たる艶夫人の妹政野の二人で、家を守っていたところへ行ったのである。

瀬戸内海の島、農村とはいえ、富来夫の父は医者であったがすでに亡く、もっとも大切な食料については、地主であっても恵まれてはいなかった。ただ身の安全については、これ以上の地はない。凶悪事件があっても、直ちに港を封鎖すれば、犯人は逃げることは出来ない島である。

でも、食料については配給制度で東京と変わりなく、ただ闇取引は隣がみんな農家であり、金さえ出せば買うことは出来た。魚類は、漁業者も多く、遠くまで買い出しに行かなくても、少し割高ではあったが毎朝手に入る。

水野夫妻は、中庭に建てられてあった隠居部屋に住むこととなり、十八年の暮れ、十九年の正月をゆっくりこの島で過ごして、二月初めに帰京した。帰京しても、これまた身の置き所にも迷うような生活であった。

十九年という年は、大本営は勝った勝ったと発表しながらも、その実は、徹底的な負け戦の連続の年であった。水野はその事実が専門家であるゆえ、人一倍よく分かっていた。でも書くわけにはいかず、講演することも出来ない。これは大変なことになる、日本民族は滅びる、とまで思い詰める生活が続いた。

この辺りの事情は親友、松下芳男との往復書簡によって細かく書き残されている。終わり頃には、水野も慨嘆から諦め、そして投げやりになっている。その辺りの心境は、自作の短歌や狂歌に書き残している。

二十年になると、三月の大空襲が東京に致命的な打撃を与えた。自ら予言した通りの空襲であり、被害であった。これによって水野は、いよいよ瀬戸内海の島に疎開することを決心したと思われる。食料難より命を考えた。

島での畑仕事

重松家は元々、隣村の大山村「泊」地区の出身で、富来夫の父も叔父も医者を開業するために島の中心、津倉村本庄に移って来た。大山村には農地を持っていたが、自分たちでは耕《たがや》しておらず、みんな他人が作っていた。でも水野が野菜を作るくらいの畑は、空いていた。ここを耕し、種を蒔《ま》き、苗を植えることから始めた。

近所の人は、ある日突然、見慣れない人が、変な手付きで鍬《くわ》を振るい出し驚いた。

「あれは誰だ、どこの者だ」

「重松の土地じゃ、東京からでも疎開で戻ったもんじゃろ」

「でも遠い所から、来るもんじゃのう」

「どうせ長続きせんじゃろ」

「種蒔くだけで、出来るとおもとるんじゃ」

「あんなに几帳面に溝を切らなくてもいいのにのう」

「むだな力を入れるもんじゃ」

「そのうち分かって来るよ、ほっとけ」

村の人たちは、見知らぬ人がなんのあいさつもなく毎朝来るので、二〜三日のうちに噂は村中に広がった。

畑の近所の人は、なかなか挨拶が出来ない。村の人からは先にはしない。それよりも毎朝規則正しく通う途中の福田地区の人たちと、道端で挨拶を交わすようになった。

「挨拶したら、返事をしてくれたぞ」

「言葉が通じたか」

「話しだしたら、なかなか偉い人みたいだぞ」

「そうか、ほなら今度会ったらわしも挨拶してみる」

こんな調子で、一人二人と言葉を交わす者が出た。毎朝会うのがお互い楽しい人も出来た。水野には畑の近くの人も、あの人はどこの家の人かも分かって来た。水野は毎朝早く、朝食前に出かける習慣であった。そのため途中で便所に行きたくなり、ほとんどあいている村の避病舎を使っていた。ここなら誰も怪しまなかった。

水野たちが住んでいる本庄の重松家の周辺の人とは、あまり付き合いはなかったようだ。あまり家の外に出ないし、若い男はここの村も例外なく、戦場に出ていたので話し相手もいない。広徳は、子供の頃から大飯食いであったと記録に残っている。笹井でも一番大食家であったし、海軍兵学校でも腹一杯食べられなかったことを嘆き、日曜の外出は腹膨《ふく》らませるのが、何よりであったと書き残している。

毎朝二キロあまりを歩いて畑に行き、仕事を終えて戻って来ると、腹は減っているし、さぞ沢山食べたかっただろうと思われる。一日二合弱の配給では一食で食べてしまう。芋や野菜を沢山入れて、腹をごまかしていたと思われる。近所の人の話では、洋服の生地と米とを物々交換して貰《もら》ったことがあったという話を聞いた。

艶夫人の妹・政野の長男・富来夫が家長であった。富来夫は岐阜から新婦を迎えたばかり、大島の隣の伯方島に塩田を持っていて、本庄から通って経営をしていた。このような家は、農村においては、村中でも一段と格式の高い家であって、農家との隣近所の付き合いでも、昔からの夕食のおかず一皿を交換するようなことはなかった。この頃は都会でも今と違って医者の家と言えば、近所でも限られた人しか出入りしていなかったことは筆者らもよく経験している。

島での水野の心

静かにして山紫水明の、来島海峡の対岸にある大島。水野はこの自然に目をくれたか、あるいは敗戦只中《ただなか》ではいかに水野でも、この自然を観賞するまでの余裕はなかったのか、手紙にも書かれず、記録にもない。ただ、魚のことはたびたび書いている。

津倉村幸と言えば港は遠浅で、四月五月は、潮干狩りで有名、大潮の時は島中の人が潮の引くのを海岸で待っている。僅かの入場料を出してアサリやハマグリを掻く。近所の人は入場料を出さなくても、堂々と入って取ることも出来た。

五月になれば、大山や八幡山に登れば、ワラビも山菜もとれたはずだ。海に囲まれた島の人たちは、山にはあまり入らなかった。海の物が豊富であったからであろう。

六月になれば、戦時中で釣道具には不自由であったかもしれないが、農家の者でも、伝馬《でんま》船《せん》で釣に出かけることは簡単に出来た。年のせいか、そこまでは村の人々とのかかわりが持てなかったのかと思うと少々残念な気もする。

こんな生活の中で、半年間の水野の悶々の心の内を知るには、松下芳男宛ての手紙を待つしかない。手紙によって日記の如くによく分かる。

昭和二十年五月八日　松下芳男宛ての手紙

『拝啓　春まさにたけなわにして太平の世なれば、目に青葉やまほととぎす初鰹、とでもいうべき時なれど、戦時の今日この頃では、目に飛行機耳に爆弾、腹ペコペコ、とでも言わねばならぬ情けなき時也。幸いにご健勝なりや。うけたまわれば過般の空襲にては御隣家まで延焼なりし由なるも、類焼を免れたるは、まったく平常の善徳の報いと、心より慶祝いたします。その後東京もしばしばの敵襲に被害ますます加わるの由、今では断然疎開したる事を幸福に感じております。しかし人生はすべて盾の両面で、利あれば一害ありで、疎開の不便と苦痛とも、しみじみ体験いたしております。差引き勘定すれば、疎開せずにすめばこれに勝る幸福はあらずと思います。疎開者心理とも言うべき一種のひがみ根性は決して疎開者のみの罪ではありません。当地は内海の孤島にもかかわらず、警戒警報は連日聞かぬ日とてはなく、対岸今治は度々敵襲を受けております。本日の如きも猛烈なる攻撃を受け、振動は島のガラスも破れんばかりでありました。土佐に於ける敵の上陸に備うるため、種々の噂を耳にいたします。まんざら荒唐無稽の寝言とも思われません。天下の形勢日にますます急迫を告ぐるの模様あり、孤島の流人真相を知らざるも、そぞろに愛訴の感が致されます。ドイツの屈服は、わが国にとりては正に頭上の火とも言うべく、誠に憂慮に耐えざるものがあります。鈴木内閣こそ自由日本の最後の政府にあらずやの思いがあります。』

鈴木貫太郎大将は、水野は現役時代より尊敬し、この人ならと常に思っていた先輩であった。

続いて松下芳男宛て六月十五日付けはがき

『六日付けおはがき拝見、上落合の貴宅消失の由驚き入りました。拙宅の消失と同日の空襲によるものと思われます。東京よりの諸情報を総合するに、同夜の被害は甚大なるもののごとく、小生の友人知人中にも、相当多数の被害者があります。渋谷の野村吉公（野村吉三郎）の邸も焼けました。世田谷新桜町の小林躋造氏の邸は、一軒おいて隣にて消し止めたる由。明治神宮参道付近の惨状は、最も甚だしく死屍山積みの報もあり、東京の大部分は消失したるものの如く思われます。手をこまねいて帝都の灰燼を眺めておらねばならぬとは、なんと情けない悲惨事ではありませんか。戦争責任者は国民の首に縄を付けて、壇ノ浦まで道連れにせねば止めますまい。

沖縄絶望、戦局重大何とも為すべきもありません。ただ無意識にその日その日を過ごしております。恐らく最早ご再会の機もありますまい。切にご自愛自重を祈ります。』

よくもはがき一枚にこれまでの内容を書き、しかも郵便の検閲を潜り抜け、到着したものだと思う。

七月九日付け重ねて松下氏への手紙

『承ればご家族は、いよいよ新潟県十日町へご疎開になり、貴兄のみ単身にて東京に頑張られる由、ご不自由の生活深くご同情申し上げます。しかし小生の体験によれば、東京との交渉折衝を保つためには、やはり東京に居住することが、最も便利かつ必要であります。目下通信極めて不確実のため、東京との郵便交渉は誠に不安定かつ緩慢で、官庁銀行会社などとの交渉は、簡単な問題でも二か月、三か月を要します。その間に相手が焼けてしまったりして、面倒至極であります。ことに書留が信頼できず、「配達証明」は、一か月以上を要します。例えば小生の年金支給地変更の如きも、請求以来すでに三か月以上を経過するも未だ埒《らち》があきません。

それにつきまして誠にご迷惑千万と恐縮しながら、折り入ってのお願いが一つあるのであります。（それは火災保険等のため戦災証明書入手のことなので〔略〕）

疎開当時は心も落ち着かず、かつ両足を棺桶に突き込みながら、他人の家の居候生活が誠に生き甲斐のないような気持ちで、不愉快でたまりませんでしたが、この節は神経がマヒしたものか、農村生活に慣れたためか、いとも呑気に芋増産に勤しんでおりますから、他事ながら御休心くださいませ。ただ主食たる米麦の減量には全くやり切れません。いかに老人とは言え一日二合九勺の米四分麦六分飯では、骨が外れてしまいます。人間として未来に希望のない苦痛ぐらい、辛いことはあるまいと思います。

高田義一郎兄の遠戚誠に痛悼に耐えませんが、素直に言えば羨ましい至りであります。秋山弥助翁の吉祥寺へはがきを出したが、まだ消息に接しません。三淵忠彦の邸火災に遭いはせざりしやと憂慮しております。その他二火会員消息不明であります。

時局の将来は、ほぼ決定的であると思います。長生き主義でご自愛を祈ります。』

この便りのあと、原子爆弾投下の大被害、そしてポツダム宣言受諾、八月十五日となり、三年八か月の戦いは終わった。

八月十六日付け松下宛ての手紙

終戦の翌日である。人々は手紙どころではなかった。どこへ書く、だれに書く。……皆ぼんやりとしている。

水野は筆をとった。島うちの中には、いかに心打ち明けて話す人がいなかったかが分かるような気がする。松下が頭に浮かんだ。

『予て期したるところとは言え、日本民族百年の奴隷を思えば、感慨無量、悲痛の極みであります。今軍部の暴慢を責めたところで致し方もありませんが、日本今日の悲運は、軍部をして驕らしめたる者の罪であります。五一五事件、二二六事件、浜口（首相）暗殺事件など、源は遠きにあります。軍部遂に国を誤る。

〝国守る務め忘れて軍人が政治を弄して国遂に破る〟感があります。ポツダムにおける三国協定、何れも癪に障る条項のみの中に（略）戦争責任者の厳罰……のみは我が意を得たる思いが致します。敗軍の卒兵を語らずもはや何をか言わんやです。ただ戦争は秋までには終わるとの予言の的中に、いささか誇りを感じます。ことにそれがソ連の干渉と、新兵器（原子爆弾）とによれる事は、ますますもって面白いと思います。戦争も兎に角済んだとすれば、もはや疎開の必要もなく、いつまでも親戚の居候生活もできず、と言って帰るべき家もなく、悴もかりに生きておるとしても、何時帰るとも分からず七十の老骨このところすこぶる進退に悩んで居ります。

〝美なるかな海の景　惨たるかな敗戦の民〟

〝有史三千年国破れて山河を如何せん〟

の歌が添えてあった。

大正のはじめから、次の戦争はすべきでない、日本とアメリカが戦えば、長期戦となり、日本はとても工業力においてアメリカの敵ではない。百台の飛行機で東京は簡単に燃え尽きてしまうと、言い続けて来た水野の胸中は如何であったか。

瀬戸内海の大島に一人いて、誰と感慨を交わすことが出来たであろうか。静かに短歌などに精神生活を託していた。

水野広徳の最後の手紙

水野が八月十五日の終戦の詔勅はどこで聞き、どのように反応したかは、定かではない。普通の人のただ感動ということではない受け止め方であったと推測される。以後の一日一日はただ虚脱状態ではなかったであろう。思い残すところなく、書きなぐったのではないか。書いても書いても、それは日の目を見なかったかもしれない。

九月に入り、二十七日付け長文の手紙を松下に出している。抜粋してみる。

『三回も連続してお手紙をいただきながら、当方よりはまだ何のご返事も出さず、誠に恐縮慙愧のいたりであります。何分この節は対岸今治市が空襲のため全焼致し、罹災者が多数来島し、食糧問題に異変を生じたるため、せめて野菜なりと自給する必要上毎朝一里の道を往復して、藷増産に一汗かき、夜は蚊の猛攻と日中の疲労とのため、筆取るにものうく、済まぬ済まぬと思いながら、ついついご疎遠に相過ぎました。平にご海容の程お願い致します。

さて戦局も案外あっさりと結末を告げ、爆弾正中だけは免れたものの無条件降伏とはいささか和平の薬が効き過ぎた感があります。ポツダム宣言は日本国民としては随分情けない条件であるけれども、陸海軍の軍備撤廃と、戦争責任者の処罰のみは、すこぶるわが意を得たるものとして大いに愉快と存じます。横暴傲慢天下を我がもの顔に振る舞いたる軍部の姿を見なくなるだけでも、連合国の圧迫と屈辱とを償うてなおあまりがある思いが致します。これにつきても解隊軍人の余剰官物に対する略奪的分捕りは誠に苦々しき至りで、一般国民より殆ど強奪的に徴用したる物資をば、行き掛け駄賃として勝手放題に持ち帰るのを見ては、誠に痛憤に耐えぬものがあります。連隊長輩のごときにいたりては、引っ越し荷物ほどの沢山の分捕り品を持ち帰るということであります。軍機の紊乱というか、敗戦は当然とさえ思われます。解体兵士が背負い切れぬほどの大きな荷物を抱えて汽車の座席を占領しておるのを見ると、誠に情けない感じがいたされます。なぜこれ等の品物を、着替えの一枚も持たずに焼け出された戦災者に分与しないのであろうかと思うと、むしろ腹立たしくなります。

日本も軍部の野心の御蔭で、エチオピアなみの四等国に陥落し、先勝国たる中国とさえ、対等の交際も交渉も出来ぬとは、誠にもって誠に有難く光栄のいたりで、子々孫々迄も戦争責任者とその子孫とに対して、感謝の念を忘れてはならぬと思います。しかるに無知無自覚なる日本の大衆階級は、戦争責任者を怨み憎む代わりに、先勝国たる米英を憎み恨んでいます。日本国民が好戦性と軍国主義思想から脱却することは、恐らく三代を要すると思われます。実に日本国民の軍国思想は、病膏肓に入っております。

戦争直接の責任者たる東条英機の自殺やりそこないこそは、恥の上塗りで誠に（略）降伏以来、にわかに科学知識の向上が強調せられると同時に、その反面において国体護持の

声が（略）

次に旅行が便利になったら、この孤島をお見舞くださるとのこと、ぜひともお越のほどをお待ち申し上げます。物質的の歓迎は時節柄到底出来かねますが、魚と野菜とだけは、東京よりは幾らか豊かであります。ことに季節（秋から冬にかけて）によっては、天下一品のフグ料理もご賞味を願いたいと思います。小生等も来島以来魚だけには少しも不自由を感じません。ことに瀬戸内海の魚の味は、東京あたりの半腐りの魚とは比較にはなりません。（略）

とにかく万障お繰り合わせのうえ、ぜひともあまり寒くならないうちに、ご来遊の程をお待ち申し上げます。その後における東京の模様など（略）大分時勢遅れの田舎者となりました。お目にかかってご教示を受けたいこと、申し上げたいことなどまったく山積しております。島には話し相手になるような人物はほとんどおりません。地方人（ことに農村人）の時局に対する観察や判断などを知るには誠に良い機会でありました。元来この戦争たるや、日本においては、大和魂にうぬぼれて、己を知らず、物力を侮って敵を知らず、孫子のいわゆる百戦百敗するもので、敗戦は最初から分かっていたのであります。

本日到着の三淵忠彦先生（戦後の最高裁長官）からの手紙の一節に「先日三男東京より参りての話に、停戦前米国の飛行機より散布したる伝単に〝水野広徳氏曰く〟として貴殿の往年の中央公論にご掲載文章中よりの抜粋掲げありたる由、三男もどこかで一見したる」いかなる文章なるか、もしお心当たりがあれば、ご教示の程をお願いいたします。三淵氏も小田原に疎開して、至極健康の由であります。』

太平洋戦争の末期は、日本の空は無防備に近かった。それは飛行機もなく、パイロットも熟練の者はいなかったからである。米軍機は、悠々と昼間街の上空を飛び、機関銃掃射をしたり、降伏勧告のビラが撒《ま》かれた。その中の一枚に水野の大正時代の中央公論の論文が載っていた。それは昭和二十年五月中旬に大量に撒かれた。

水野の論文が米軍機より撒かれる

アメリカという国は、日本国内ではあまり知られていなかった水野の著書や論文が十分に研究されていて、このような姿で日本の空から撒かれた。これによっても両国の国力の違いが良く分かる。その内容は次のものであった。中央公論大正十四年四月号の一部分である。

『我等は米国人の米国魂を買い被ることは愚かなると共に之を侮ることは大なる誤りである。米国の兵力を考究するに当たり、その人的要素は彼我同等のものとして考慮するにあらざれば、英国人に対したるドイツ人の誤算を繰り返すであろうことを恐れる。

軍部指導者は水野氏の注意された間違いを繰り返したのである。彼らは今では誤算を自覚して居る。此の強欲非道的軍部指導者を打倒するには米国が日本本土を衝かなければならないであろうか。祖国を救え……』

水野は三淵忠彦先生の手紙によって、始めてこのことを知った。

多年の平和論の始まりが見えてきたことに、水野はどん底の日本にあって、脱軍備、そして平和の曙光《しょこう》を強く感じ取っている。それほど平和を望み、平和論を掲げた水野の生涯であったのである。

水野逝く

八月十五日の終戦の詔勅を国民は、床の間で、地面に伏して、あるいは山中で、聞いた。そして大声を出して涙した。数日間はただ呆然としていた。何も言葉は出ない。父も母も日ごろの威厳はなかった。何もかも仕事は放ったらかしである。村の人たちは、田んぼの草取りも仕掛けたままだった。

やがて、わずかの勤め人が出勤することに気付いた。学校にも行かなければならない。でも、どこも本調子に動かない。学校はあるのかないのかも分からない。人が行き出したから行ってみようか。

街は家なく食べる物もない群衆であふれている。夏だから何とかなっている。疎開者は我が家に帰りたくも、焼けてしまっているらしい。仕事をするにも会社はつぶれている。都会に帰ると、食料はもっと苦しい。餓死者も出ているという噂が聞こえてくる。我が家に帰ってみたくても、交通機関は麻痺している。

一方、政府は、総司令部からの命令が次々と出される。何もかも民主化政策である。これまでになかったことを始めるので戸惑うことが多い。通訳を介して勉強することから始めなければならない。

直ちに思想言論の自由の徹底、婦人開放、労働組合の結成、自由主義教育、圧政的制度の撤廃と経済の民主化等を要求して来た。これを受け政府は、婦人参政権を盛った選挙法の改正、労働組合法、第一次農地改革法を制定改正した。総司令部は、農地改革法は甘すぎると、第二次改革を指令した。その間二十一年一月一日、天皇自ら人間宣言を行なった。

水野はここまではいなかったが、政治に関心のある彼はそれらの占領政策は、大部分承知していたと思われる。松下からは、立候補の準備の連絡を受けていたし、水野を知る面々は、あちこちで勝手に彼を候補に推薦するような情勢があった。

水野自身も立候補の意志はなかったが、何かもう一働きはと考えていた。

腸閉塞

昭和二十年十月十三日は、津倉村本庄地区の秋祭りであった。大島には、その頃は五か村あって、どの村にも神社はかならずあった。それぞれの神社は祭の日が違っていて、峠を越えて隣村に嫁入りしている娘たちも、この日はみんな戻って来て、お宮出しから宮入までの賑やかな二、三日を過ごす慣《なら》わしがある。

親戚でなくても、誰でも来た人には御馳走を振る舞う。二十年の敗戦の年でもお祭りの時だけは盛大に行なった。

水野も重松家とともに、御馳走を造り、神を祀《まつ》り御神輿《おみこし》の来るのを待っていた。近所親戚の者が、そろって待っていた。水野は、酒は剛の者で海軍でも人一倍付き合っていた。久し振りの近所、親戚、村の人たちとの交流でもあった。賑やかにうまい酒を遠慮なく飲んだ。

酒はうまいし、久し振りの御馳走を腹一杯におさめ、賑やかな一時であった。水野は急に腹痛を訴え出した。しばらく横になっていればと、みんな思っていたが、なかなか落ち着かない。祭の最中でも放っては置けないらしい。重松家の次男で叔父に当たる重松恵佑医師に見てもらった。島一番の軍医上がりの名医で通っている。診《み》てもらうと、消化剤と痛み止めをくれた。

その日はそれでどうにか休めたが、どうも単なる腹痛ではない。本人にも判《わか》る。先生も首をかしげた。腸閉塞かもしれないとは、早くから頭に描いていた。腸閉塞の前兆だとも思い、その手当てをしていたが、これはこんなところで愚図愚図していてはと、先生は、今治へ電話をした。吉野病院の宇野鬼一郎先生である。

宇野先生は、一刻も早く連れて来なさい……と、十月十六日の午後であった。

終戦の年の十月と言えば、食料も不十分だが、医薬品も枯渇《こかつ》していた。しかも腹を切る大手術。重松医師も外科の名医であったので、環境さえ整っていれば自分でも出来たが、大事を取った。

津倉村幸港には、エンジンのついた船で遊んでいる船がいた。船に今治まで行く燃料を入れているかどうかが気になった。燃料といっても、本物の石油ではない。松の根から取って精製した松根油である。十六日昼過ぎ、これなら引き潮でも十分明るいうちに病人を運んで戻って来ることが出来る。

病人広徳、艶夫人、重松医師、富来夫、それに船頭の五人が乗り込んだ。薄い蒲団と毛布一枚で、痛がる広徳を擦《さす》りさすりさすり、家の裏の港から乗り込んだ。あと一時間もすれば病院に着き、楽になれるとみんな楽観して出港した。遠浅の幸港には深く掘って船の通る水路があり、その深みを巧みに舵を取りながら港の外に出た。ここからは津島方向に向かい、扇浜の沖を通り、椋名を左に見ながら進めば、今治は見えてくる。あと二十分もすれば今治だ。

しかし、ここからは、名にしおう来島海峡である。時速十ノットの流れだ。海というより川だ。小さな船だと流されて渡りきれない。潮の流れの緩やかな大島の海岸近くを、出来るだけ長く進み、そこから全速で進んでも四国・本土の波止浜の沖の方まで流される。それが通常のコースだ。そこからは出来るだけ今治海岸に近いところを走り、今治港に着く。

ところが、悶《もだ》える病人を乗せた船は、椋名の沖でエンストをした。誰もそんなことは考えもしなかった。船長は舵を離し、エンジン室に飛び込んだ。燃料はある。フライホールに手を掛けて勢いよく回してみた。反応がない。二回、三回と回せど、爆発の手掛かりはない。他の者もじっと見ている。

どうだ！　掛かりそうか！　船頭からも反応がない。頼むぞ、なんとかがんばってくれ！

周りの者も手に汗しながら見守ったが、エンジンは掛からない、富来夫はあきらめ、今治から帰る船を見つけては手を振った。みんなも手を振った。その間に川の如く流れる急流に船は容赦なく流され、今治からは遠ざかるだけだ。大声で〝頼む〟〝頼む〟と怒鳴った。一艘《いっそう》の船がこちらを向いて近付いてくれた。

一本の竿を差し出してくれた。

この竿を捕まえ、お互いに引き寄せると、船はピタリと寄り添った。

訳を話して富来夫は、相手の船に跳《と》び乗った。相手の船は全速で幸港に走る。

幸港に着くや富来夫は、次の代船を探しに走った。心当たりはあった。

〝頼む〟の一声で、相手はすぐに港へ走った。「重松さんの言うことなら」

富来夫は家に一言話してまた港へ。代船は都合よく見つかった。津島の見える扇浜までは真っすぐに走った。それからは病人を乗せた船はどこにいるか、どこまで流されているか。かれこれ一時間は経っている。

富来夫には判らないが、話をすると代船の船頭は、

「もう潮の流れも和《やわ》らぐ、引き返す頃だから、そんなに遠くまで流されてはいない。今日は旧暦の何日だから」

そうは言いながらも海は広い。だんだん秋の日は西に傾きはじめた。船頭は、

「いくら流されていても、今何時だから、もうそろそろ潮は返してくる時間だ」

と悠々としている。

富来夫の方が慌《あわ》てている。

先方の船もこちら以上に、目を見開いて三人でこちらを探しているはずだ。でも向こうは

潮任せで、自分では動けないのだ。ことに七転八倒の病人を乗せている。

秋の日は沈みかけた。

あッ、馬島の影に一艘の小船が漂っている。流れに島があるとその反対側に、流れの止まっているところがどこにでもあるものだ。そこにうまく流れこんでいたらしい。どうもあれらしい。船頭は、「あそこの船ならあれだろう」と言って、その方向に走った。だんだん富来夫も、そうだと思い始めた。

流れの止まっている〝わい潮〟(地方の方言)というところだから、静かで船も動かず、病人も移乗させることが出来た。しかし、日はとっぷり暮れ、辺りは真っ暗であった。

一言お礼を言って、もとの船とは別れ、全速で今治へ、波止浜添いに東へ、浅川の前を通って桟橋へ着けた。

病人はますます唸《うな》っている。担架の手配をしてもらう。桟橋料を出さなければならないのだが、そんなものは後だ。

病院に着いた時は、すでに明け方になっていた。病院の方は、「昨夜は十時過ぎまで準備したまま待っていたが、なんの連絡もないので、看護婦もみんな帰した」という。

それからふたたび招集をかけ、準備を始め、手術に掛かったのは午前十時となった。執刀は今治きっての名医宇野鬼一郎博士、重松医師の立ち会いのもと、見事に二時間の手術は成功した。

ここで、病人は意識はないままだが、先生方、看護婦さん、付き添いの人たちも、二十時間余の緊張と疲労に耐えられずやっと一息。後はただ麻酔が切れ、意識の回復を待つばかり。目は開き、周りの者のだれかは判るようになった。十七日は緊張の状態に続き、みんなで見守ったが、十八日になって朝急に容態が悪くなり、遂に午前九時、帰らぬ人となった。

重松医師が見立て、初期の手当てに悔いはなかったはずだが、何様いざという時、島を離れてから今治の病院まで十九時間余、運が悪かった。これでは手遅れになる。急を要する病気に、一昼夜近く船の中で苦しめた不運は、やはり島という地理的条件のいたずらであった。水野が口癖のように言った「運」であったのか、それにしても悔やまれてならない。

享年七十一。遺体は、すぐ島に移し、簡単な通夜をした。十九日、葬儀をし、その後で村の火葬場へ。燃料もなく、重松家より薪を運び茶毘《だび》に付した。一晩じゅう身内の者がついていた。

納骨は、後日、松山の水野家の菩提寺蓮福寺で行なった。納骨の会葬者は、島からの人とほか数名の松山の人でとり行なわれた。仕出し屋も料理店もない、すべて島の重松家で用意された。

戒名　覚照院釈広観徳居士。墓地は松山市柳井町蓮福寺内。

葬儀はまことに質素であったが、何様、終戦の年の十月である。まだ松山市内は、空襲の焼け跡の臭いすら残っているときであり、家のないところに復員者や疎開者が戻りつつある時で、現在の頭ではとうてい考えられない場面である。島から今治に渡り、葬儀一切の準備をし、両手に下げて満員の汽車に乗って行った。行っても落ち着くところもないまま、腰を下ろすところもない葬儀を行なった場面は、如何ばかりであったかと、推察することも困難である。

一本のウィスキー

広徳の葬儀も終わり、四十九日の法要を行なった。その晩、艶夫人は、どこからともなく一本のウィスキーを出してきた。この時代に大島ではウィスキーなんて知っている者は少なかった。みんな注目した。これは一人息子の戦死を知らないで先に逝った広徳が、「光徳が復員してきたら、二人で呑むのだ」と、大切にとっておいた一本である。

酒好きの広徳が、友達より送られていた一本のウィスキーがこれである。

艶夫人はこのウィスキーのいわれを紹介し、一人一人に注《つ》いで回った。物のないこの時四十九日の法要の席で、このウィスキーを注いで回った、艶夫人の心境はいかばかりであっただろうか。四十九日ではなく、光徳の葬儀と自分の心には言い聞かせながらではなかったか。

後年、水野広徳の石碑が建つ

孤独の水野が、晩年無二の親友となった松下芳男は、水野の死後も生前の人格に魅《ひ》かれ、思慕のおもいは続いていた。

昭和三十二年、松下芳男によって碑が建てられた。碑文には水野の生前の和歌が刻まれている。字は安倍能成の筆による。

「世にこびず人におもねらずわれは我が正しと思ふ道を進まん」

碑の建立に当たっては、野村吉三郎、安倍能成、小林躋造、二荒芳徳、片山哲、高橋龍太郎が協賛をしている。序幕式には、野村吉三郎が見えた。

水野の著書・論文・評論

明治三十七年の第三回旅順港閉塞戦の戦況報告を始めとして、昭和十九年朝日新聞の「一億一心・鉄の結束」まで、水野は実に多くのものを書いた。大正十年の海軍退官後は、文筆を職業としたのであるから、当然といえば当然であるが、彼の書いたものには、出版禁止あり、販売中止、店頭没収等にも遭《あ》い、現存していないものも多い。幸い現存しているものが著書二十八点、論文評論二百二十余点に及んでいる。

内容的に大部分は、国防・軍備に関するものであるが、これから派生して、人間、人生論に至るまで多岐にわたっている。なお、水野の十五年間住んだ三軒茶屋の自宅の留守中における空襲による消失は惜しまれてならない。

以下は、水野の人間性を表わすのに代表的と思われるものを、原文のまま挙げて見ることとする。

対死管見（中央公論大正十二年十一月号）

『一、人生の意義

霊魂果たして不滅なるや否やは、哲学上並びに宗教上に於ける難究難解の問題にして、常識に生くる凡俗の僕らには判らない。ここに死と称するは、専《もっぱ》ら肉体的生理的の意味であって、神霊的哲理的の意義ではない。霊魂の不滅がもし明確に実証せらるるならば、死に対する人間の道徳は、著しく進歩するであろうと思われる。しかし遺憾ながら今の人間の頭はそこまで進歩していない。

凡そ死なるものを思想的に知るには、先ず生なるものの意義を了解する事が必要である、と思う。死が恐るべきものであるか、悲しむべきものであるか、将又《はたまた》祝すべきものであるか、歓ぶべきものであるかは、「人生の意義」を如何に解釈するかに従って決する問題である。一部芸術家の言う如く人生をもって歓楽と見れば、死は恐るべく悲しむべきものである。之に反し一部宗教家の説く如く人生を苦悩と見れば、死は寧ろ祝すべく喜ぶべきものである。然るに人生の意義なるものは、古来幾多の賢哲によって研究せられたるも、今もって明確なる解釈を発見しない。（略）

然しながら吾人の短き体験と、平凡なる実感とに照らせば、人生はたとい歓楽にあらずとするも、吾人は少なくも歓楽を求めんと努めつつある。

亦縦令《たとい》苦悩にありとするも、吾人は少なくも歓楽を求めつつある。故に若し死によって生より以上に歓楽を求め得るならば、死は寧ろ望むべきである。心中の如きが即ちそれである。

熱愛の頂点に達したる時、多くの人は、生きて愛の断絶を悲しまんよりも死して愛の継続を選ぶであろう。亦、生によって苦悩を免れ得ざる時、死によって解脱を求むるであろう。

（略）

これら非常特別の場合を除き、人生の常態としては生を愛し死を悪むが人間の普遍性である。

自由意識を有する禽獣虫魚が生を愛し死を恐るゝは素より、無心の草木までが肥地に向かって根を伸ばし日光に向かって枝を張るのも、悉《ことごと》く之生に対する愛着と死に対する反抗とである。さればすべての生物は必ず死の運命を有せると同時に死を悪み恐るゝの天性を備えて居る。

二、文明と死

生物に死の運命あればこそ生に愛着する。更に生物に死の運命あればこそ死を恐れる。死を恐るればこそ、死に抵抗する為強者たらんと力める。生物が優者たらんとし強者たらんと努力するが為にこそ、生物の進歩があり、発達がある。而して生物のこの努力は、其の生存意識（欲）の大小に従って強弱の差がある。

即ち生存意識の大なる動物は小なる植物よりも強く、生存意識の最も大なる人間は、生存意識の比較的小なる他の動物よりも強い。

更に同じ人間に在っても、文明人は野蛮人よりも生存意識が大である。従って文明人は生に対する愛着と死に対する反抗が野蛮人よりも強烈である。是文明人は野蛮人よりも、生を充実し生を享楽する事が大にして、生の価値を認める事が強き為であろう。之をもって一般論としては生に愛着するは文明人の特徴である。死を恐れざるは、野蛮人の証拠であると言い得る。

生に対する愛着が果たして文明人の特徴であるならば、今日文明をもって誇る欧米人までが、戦場における戦士の死を称揚賛美するは何故であろう。是今日の欧米人が、尚未だ野蛮の域を脱せざる証拠である。元来戦争なるものは、純人道上より見れば蛮的行為である。（略）一言目には、国粋の出刃が飛び出したり、民衆運動の度毎にサーベルが鞘走る如きは尚野蛮の域を脱しない。

日本の古き軍人たちは、日清、日ロ、日独と戦争を経る毎に、日本の兵隊は弱くなると、常に憤慨悲観して居る。自分の目によれば是れ日本人が弱くなったのではなく、日本の文明が進歩して、国民が道理に目覚めかけて来た為であると思ふ。（略）』

死の軍人心理

戦場における軍人が死を恐れざる心理は、前両者とはやや趣を異にして居る。「男子軍に従ふに生還を期せず」等というが、如何に国家の為とは言え、軍人とても徒に海底の藻くずとなる事を望むものではない。無名の墓標の主となる事を欲するものではない。彼らの最大の希望は、赫赫たる武勇の誉れを担って無事凱旋せん事である。此の最大の希望を達せんが為めに、弾丸雨飛の間を勇敢に突撃するのである。唯この間に於いて運の悪き者が飛弾に打たれ、怒涛に浚われ、名誉の戦死となって靖国神社に祭られ、運の好き者が名誉の凱旋者として、胸間に勲章を飾るのである。彼らは原式（原総理が日頃より死を覚悟していた）に、或は死ぬかも知れぬと覚悟はしておるが、乃木式（乃木大将は必ず死ぬと覚悟していた）に必ず死ぬとは決心していない。多くの場合に於いては寧ろ弾丸なるものは決して当たる物ではない位の楽観的考えを持って居る。

（略）然しながら軍人が戦場において死を軽んずるは、必ずしも名誉欲の為のみではない。戦酣にして両軍近く相見ゆるや、彼我の軍人は燃ゆるが如き敵愾心に鼓舞せられ、制し難き群集心理に刺激せられ、加うるに砲煙の迸り、砲声の轟き、銃剣の閃き、吶喊の叫びに、獣的争闘心はいやが上に挑発せられ、生死を念頭に置かなくなる。熱しやすき日本人の如きは演習の際に於いてさえ、往々仮設の敵兵を突き殺す事がある。

（略）戦争において軍人の死を促す他の因由は戦争の苦痛である。生米を噛り、雨水を飲み、困憊疲労の身をもって、或るは峻嶮を攀じ、或るは寒中に氷水を渡る苦痛は、意志の強からざる軍人をして生よりも寧ろ死を希はしむるに至るものである。（略）

是を要するに、戦場に於ける軍人の死は、極めて冒険性に富み好んで危地に就く少数の勇士と、遅疑逡巡して味方将校に斬り殺さるる小数の怯者とを除けば、大体において、

一、命令に要せられ、死を期せずして死する者

二、無我夢中の内に死ぬる者

三、苦痛の為に自暴自棄に死を望む者と死についても、淡々と論理的に整然と述べている。なお続いて、戦場での死というものは、毎日毎日、朝から晩まで死を考えているものではない。家族のことや愛人のことは考えるがそれも、一度砲煙を交える段階となれば、念頭を去り、任務に専念するのが普通である。もし長い戦争の間、絶えず「明日の死」を考えていたらば、皆神経衰弱になってしまうと。

文化と戦争（昭和十一年十二月一日、日本学芸新聞）

『（略）文化は物理科学と人文科学との化成物である。物理科学の発達が武器の進歩を来し、戦争をして残虐なる人間の屠場たらしめる。一面には人文科学の発達によって、残虐なる戦争を阻止せんとする平和思想が旺盛となる。あたかも空気中の酸素が人間の呼吸を助け、窒素が人間を窒息せしめると同様の内部矛盾である。（略）』

「自己の生活と国家の生存とに絶大至重の関係を有する国防の決定権をば、軍人の手により国民の手に返す」事を結論として水野は求めている。

水野の国家平和に関する論文に出てくる言葉には、次のようなものがある。平成の今日にそのまま通用する。

一、兵士の訓練は、藁《わら》一本も生産しない。

二、兵士は名誉の義務と言いながら、その実苦痛の義務として、十人中九人までが之を嫌うは事実である。

三、〝正義の戦い〟なるものは古今東西を通じて無い。

世の中の見方が常に根本を眺めている。このように断定的に表現する者も珍しい。これはやはり彼の生い立ちによるものと私は考える。

その他の水野の言葉・文章

その他水野の著書の中によく出てくる言葉がある。幾つかを挙げてみる。

『○現代戦争の勝敗を決するに二つの力がある。一つは武力。他は経済力である。

○国民は、軍人や愛国者の日米戦争説に耳を傾けてはならぬ。

○古き時代のわが国の戦争なるものは、寧ろ武術の競争だった。昔の日本国民は、戦争をすら芸術化する程の優秀性と平和性を持っていた。

○世界は白人の住む為に造られ、有色人種は白人を養う為に生まれた感と観がある。』

「此一戦」等の後世の評価

一、水野の自己評価（再版時に）

水野は明治四十四年、「此一戦」出版の後、約二十年を経て現代日本文学全集十九篇として出版した。このときの「著者の言葉」として巻末にこれまでのこの一戦の反省や読者からの反応などを自ら振り返り悩みも交えながら、次のように書いている。再版時の前書きともいうべきか。

「（略）これまでのわが国の読み物について戦記物がない。あっても文語文の戦いの描である。しかも戦いは保元物語や平治物語、源平物語、太平記等である。しかも場面は何れも一騎打ちの戦いであり、団体戦のものはない。殊に海戦となると壇ノ浦の戦い位で、全く参考にならない。先輩小笠原長生の日清戦争の黄海海戦があるけれども、これとて艦船が全く違う。現代の海戦には役に立つ表現詞がない。形容詞が無い。また、世人には海軍知識が無い。海軍の知識をそのまま使い、一々仮名を付けたり、解説を付け加えただけのものでは、教科書の如く面白くない。あれやこれやと悩み抜いたあげく、やっと筆を執った。（略）」

田山花袋

相当注意したけれども、尚ほ田山花袋から何かの雑誌で、

「著者は日本海の海戦を記実的に書こうとせずに説明して聞かせるという程度で筆を執っておる。」

との酷評を受けた。誠に当然な評であると、自分も思った。此の書を書くについて、最初僕の特に意を用いた点は、敵軍に関する記事である。一は勇敢なりし敵に対して武士の同情と敬意を表すると共に、一はかかる勇敢なる敵に勝ちたる我が軍のさらに勇敢なりしことを国民に示す為め、敵軍の勇敢をば聞いた場を見、見た聞いたまま書く事に力めた。

此の拙著に対しては新聞雑誌その他知己未知の各方面から多くの賛辞的批評を頂戴した。

（略）

大町桂月

それらの中で、僕の此の微意を汲んで呉れた者は独り雑誌「学生」において「此一戦」を読むという題のもとに「此の書を読んでまずうれしく思わるるは、啻《ただ》に委しくわが軍の偉勲を記したるのみならずして、大いに敵軍を審《つまび》らかにしたるにあり。而して寄せうべき限りの同情を寄せたるにあり。著者の態度がすでに日本武士の精神を発揮せるを見るなり。」と評した故大町桂月ばかりであったと記憶する。（略）

二、家永三郎

家永氏は責任編集「日本平和論大系二十巻」一九九三年（平成五年）、日本図書センターの第七巻において、明治以降の平和論者に海軍から水野広徳、陸軍から松下芳男、そして学者から美濃部達吉の三人をあげている。

内容　水野広徳　無産階級と国際戦　書評『米国怖るゝに足らず』

松下芳男　資本主義と戦争　無産階級と国際戦　軍政改革論

美濃部達吉　憲法撮要（抄）　第十章　軍隊　第二節　軍令権及び軍政権

陸軍省発表の国防論を読む　国家主義の思想とその限界

家永三郎　日本平和論体系　第七巻解説　反戦平和を説く海軍大佐水野広徳
陸軍の反戦軍人松下芳男　自由主義憲法学者美濃部達吉の軍国主
義批判

平和論大系を出版したのは、南海放送が刊行した「水野広徳著作集」に先立つこと二年前、今日の如く水野が世に知られる以前であった。家永氏は中学時代から水野の著作をほとんど読破し、家永なりの水野観を打ち立てていたのである。

水野広徳について、次のような点を取り上げていた。

一、「此一戦」が出た頃、海野晋吉氏は桜井忠温の「肉弾」を読んで戦争否定論者になった。

二、残念なことに今日に到るまで、水野の全集も著作集も刊行されておらず、著作目録も出てない。

三、水野の予見力のすばらしさを示すのは、夙《つと》に十五年戦争の結果をほとんどそのまま予見していた点に見られる。

四、水野は数多くの論説の公表を続けていたが、一九四一年二月、情報局は「総合雑誌編集部」との懇談会で、水野広徳、馬場恒吾、矢内原忠雄、横田喜三郎、田中耕太郎、清沢洌らの執筆を禁止した。

五、この時期に統帥権の独立を否定して、軍の独走を防止しようとした水野の論文はユニークな意義を持つ。

松下芳男
一八九二（明治二五年）～一九八三（昭和五十八年）。九十歳。陸軍士官学校を出て、歩兵中尉になっていたが、平和主義、反軍国主義、社会主義的思想の持ち主のため、陸軍を追われる。現役を去ったのは水野よりも一年早い。水野の参加していた軍備縮小同志会にはいり、陸軍少将河野恒吉を介して一九二二年、水野を訪問したことがきっかけとなり、水野の生涯の親密な友となる。一九二五年、日本大学法文学部を卒業し、軍事評論家の道を歩みながら軍政史研究の権威となった（文学博士）。工学院大学の教授となり、水野の道とは異なった道を歩んだ。

美濃部達吉
一八七三（明治六年）～一九二三（昭和二十三年）。兵庫県生まれ。憲法学者。欧州留学後、東大、東京商大、九大の教授。その間にいわゆる天皇機関説を発表し、極右主義者の圧迫を受けた話は今日も有名。

三、池田清著「海軍と日本」（中央公論）
池田清はその著「海軍と日本」において、水野の著書論文について、次のように評価している。要約してその骨子だけを取り上げてみる。

一、昭和二十年、伝単として、米軍機より水野の論文が無抵抗の日本の空からまかれた。
二、大正三年の「次の一戦」（いつのまにか店頭で湮滅）を、なんの目的で出版したかなどを的確に推理している。その仮想未来戦争が見事に当たっているのにも驚かざるを得ない。
三、昭和七年に出版した「破壊か破滅か、興亡の此の一戦」は、発売禁止となったこと。
この本を高く評価している。

当時の日本海軍は、水野海軍大佐を異端者として排斥したと表現している。海軍大学にも進まず予備役となった。桜井忠温や石丸藤太等に比べ、時流に外れていた不遇の生涯を閉じた人物と評している。水野のバランスのとれた防衛思想は、大正十二年六月の「新国防方針の解剖」と題する論文に表され、正面から批判し、物議を醸《かも》したと。
四、野村実著「日本海海戦の真実」（講談社）
日ロ海戦史は、水野広徳が軍令部に約五年間勤務していたときに公務として編集したものである。「此一戦」は、その間にプライベートの仕事として、厳密に公務と分離して書いた。公務として書いた日ロ海戦史は、部内で極秘として終戦まで取り扱われていた。ところが、それら秘密公文書は敗戦国の常として焼却されていて、正史といわれる日本海海戦史は無きものと思われていた。しかし、占領軍の捜索の手は皇居の中までは及ばなかった。占領軍の手によって、焼却されれることを免れたことを、司馬遼太郎は知ってはいただろうが、坂の上の雲の発行年月日からして野村実が学会で発表した日が後である。日ロ戦争後多くの戦記が出版されているが、正史は水野の作ったものが皇居内に一部残っていただけということになる。終戦後はこの日ロ海戦史は、昭和五十七年までは無きものとされていた。これが皇居内から発見されたのである。したがって昭和五十七年までの日本海海戦史については、水野の「此一戦」が軍令部の正史と思われていたのである。

五、司馬遼太郎著「坂の上の雲」（文春文庫　第八巻）

「坂の上の雲」の第八巻は、日ロ戦争の末期、日本海海戦について書いてある。松山市出身の秋山真之に焦点をあて、浮き彫りにしている。この「坂の上の雲」にも、水雷艇長の水野広徳が五十三ページに出て来る。

当時、水雷艇第四十一号の艇長だった水野広徳という人が筆達者で、戦後「一海軍中佐」という匿名で「船影」（大正三年・金尾文淵堂刊）という本を書き、またこれより前明治四十四年刊で、「此一戦」（博文館刊という著者名を明記した本）を書いている。

第八巻の後半に、日本海海戦の砲火が収まったころ、秋山参謀と山本信次郎大尉をロジェストウェンスキー長官のいる、戦艦ベドーウィーに遣わせたとき、長官だけを救出し、旗艦と乗組員二十名を海中に沈めた場面が次のように書かれてある。

あの戦場で、此の提督は戦闘半ばで重傷を負い、鮮明な意識の人ではなくなった。提督はすでに戦士としては一水兵よりも無用の存在になっていたが、幕僚たち二十人はこの無用の人を救うべく旗艦スワロフをすてたのである。この旗艦は二十人のほかすべてが艦と運命を共にし、海底に沈んだ。ロシア艦隊の司令部がとったこの処置について、戦後、日本海軍側は罵倒せず、いっさい論評を避けた。ただ水野広徳大佐だけがその著書においてこの経緯にふれ、司令部が兵を救わなかったことについて倫理上の攻撃を遠慮しつつも、客観的な態度で一句を挿入している。「嗚呼《ああ》兵は凶器なるかな！　を叫ばざるを得ない」という。戦争は悲惨で、これを軽々になすべきではない、という意味である。

六、平松恵喜治「松山市民の感想」（松山電波管理局長「一番暑かった日」より）

平松氏は〝此一戦〟を読んで、同窓会誌に次のような回想を寄せている。

四国松山の生んだ、反骨の軍人、また、明治の戦記文学の代表作〝此一戦〟の著者でもある水野広徳の秘められた自伝が、南海放送創立二十五周年記念事業の一つとして、先頃刊行されたのを偶々《たまたま》読む機会があった。淡々とした回顧録であるが、大いに心を魅かれる。中でも特に深い感銘を受けたのは、彼の辞世の句である。それは、

〝六十五年悲喜交交の猿芝居〟

というのである。この世の出来事は、すべて一つのドラマであって、我々は割り当てられた役を演じているに過ぎない。しかも演技の巧拙は、見る人に任せきりである。しかし自分の演技にも、自ら熱が入り、クライマックスの場合いがあるもので。その時の事はいつまでも心に残って忘れられないものだ。わたくしの場合もだ。私の場合は、昭和二十年

七月三十一日、東京発広島へ初赴任……天竜川の橋の米軍機の破壊……浜松市の空襲の破壊……浜松市の空襲による列車の停止、……岡山に着いたかと思うと、郷里に疎開していた長男の急死の知らせ……ここから広島か、郷里の長男の葬儀か、……葬儀を終えて広島にかけつければ原爆で待機そして着任……毎日の復旧……自分も放射線被害で倒れる。……自分も猿回しに操られて、踊っている一ぴきの猿に過ぎないか今も昔も変わらない。人の世の姿が、水野広徳の辞世に詠ぜられていて、ひしひしと私の心を打つのである。

(昭和五十四年十一月、平松恵喜治)

あとがき

水野広徳について、その生涯を点描することが出来た。松山に本社のある南海放送は、水野の書き残した日記（原稿）を整理して、一九七八年、経済往来社から「反骨の軍人・水野広徳」を島田謹二のまとめにより出版した。

これは、当時の松山市の地図と記録による町名・地名の検証など、松山市在住の研究者の協力を得て、貴重な大著となった。続いて一九八五年、「水野広徳著作集全八巻」を雄山閣より出版している。この二点は大変な労作で、歴史学上にも大きな貢献をしている。この二点を学べば水野広徳の全てが見えるほどに、掛け替えのない名著である。

筆者は東京での長い生活による地の利を得て、各方面の資料をあたってみたが、ほとんど著作集と重なった。しかしこれら資料の所在を現実にみて、戦災にあいながら水野の資料がこれほどまでに、それぞれの場に保存されていたことについて心強く思った。郷里の大先輩水野広徳に、より深い敬意を表わすと同時に、一般の人にも簡単に見ることのできる一冊を書いてみたくなり、勇気をふるって纏《まと》めてみた。

手がけてみると、調べれば調べるほど歴史的大人物であることに気付いた。人間として水野を各方面から追跡研究してみたくもなった。その水野の本質をとらえ、表現することの難しさにも気付いた。水野の持つ思想、哲学の深層にまでも我が努力と力が至っていない。水野が生存していれば、叱られるかもしれないとさえ思いながら書いてみた。でも何とか読みやすく、分かりやすくとだけは努力をしたつもりである。

水野は軍人であり、普通の社会人ではないため、住所は軍艦の上が長く、成人後の町や村での生活がほとんど見えてこない。

幸いに前記「反骨の軍人・水野広徳」によって、幼少時の水野は誰よりも詳細に正確に残されているので、成長の過程は十分に分かった。これは同じ松山出身の同世代の正岡子規や秋山真之兄弟などに比べると大いに違う。幼少時の水野の生い立ちに強く関心を持っている者にとっては、これ以上の記録はない。

幼少時の水野を知る者はすでにいない。成人後（生前）の知人は、重松家の美代子夫人一人となっている。吉海町を歩き、訪ねてみたが、直接に知る人はいなかった。もう十年早くこの研究にとりかかり、疎開先であった重松富来夫氏と話し合うことが出来ていればと無念さを感じた。

先に述べたように軍人となった後も、今で言う地域社会での生活の姿はほとんど見えない。しかし水野が今後、より有名になり、世に知られるようになれば、あちこちから、村や町での生々しい、日常生活の様子も明らかにされてくると思われる。さすれば水野広徳の庶民の顔が見えてきて、これまでの水野にもう一つの人間味豊かな姿が見えて来よう。これがこれからの我々に出来る分野かもしれない。多くの研究者の出られることが待たれる。

他方、軍備軍縮・世界平和論に対しては、明治の終わり頃に述べている水野の理論は未だにそのまま光っており、それを越えるものは不幸にして出ていない。当時の軍備、兵器が軍艦のトン数や師団数で表現されていたことからミサイルや、原子爆弾へと変化しただけである。永遠の課題であるかもしれないが、本質の論議、哲学は同じことを繰り返しているだけで、輿論としても今一つ高まってほしい。

第二次世界戦争後、米ソ二大国の軍備拡張による東西の冷戦均衡時代から、ソ連崩壊となり、なお軍備拡張は全世界にさらに拡散し、平和論は停滞している間に、全世界の人々の倫理は変化してきた。我が国においても、平和憲法のもとにありながら、一九四五年以降、あるときは平和問題は静寂に、あるときは燃え上がった時もあるが、国会でも第一議案として本気で長期にわたり取り組んだ時代はない。

戦争反対は皆、賛成する。しかし、何もかも反対では平和は来ない。関係者も大変な苦労をしながらいつも、この問題には受け身で議論をしてきた。我が国の軍備はこれだと提起し、国民と共に議論し尽くせよと、水野は言っているに違いない。国会も後回し後回しの姿勢である。いつも閉会と共に消えている。

水野は、個人、家族、町や村から国家を、そして国々と人類の生活まで考えた防衛論を述べている。水野の評論・論文は、現在の我が国民へのメッセージでもある。

水野自身も終戦となって、良かったと思う気持ちと、第二次世界戦争が自分の思想とまったく違った方向に進んだ結果、日本人が経験をしたことのない敗戦を迎えたことに対する腹立たしさを誰よりも痛く感じた。早く東京に帰り、一仕事しようと考えていた。これからは自分の出番だと思っていたに違いない。それに答えるためにも、水野に続く者の出られんことを願う。

水野については、「日本平和論体系」（日本図書センター）七巻に東京教育大学名誉教授家永三郎氏が水野広徳を真っ先に取り上げている。続いて陸軍の松下芳男、憲法学者の美濃部達吉の三人を明治以降の日本の平和論者として取り上げ、本質的な解説を書いている。また、「坂の上の雲」において、司馬遼太郎は、日本海海戦の水野の一場面を紹介している。

水野広徳には遺族がいない。現在水野の夫人の妹の孫、重松昌彦氏一家が来島海峡に面する愛媛県大島吉海町に住んでいる。直接に水野広徳夫妻と生活を共にした人は、正彦氏の母美代子さんが御健勝である。この夫人は、水野夫妻の疎開地の下見の頃、岐阜県より重松家に嫁がれた。

したがって昭和二十年の水野夫妻の疎開半年間は、新婚とはいえ、重松家の嫁として主人富貴夫の妻として水野家を支えた方である。ほかに水野の兄弟の親族が愛媛県内または、全国のどこかに生存されていることと思う。一方、資料の全ては、株式会社南海放送にある。

大いに活用させて戴《いただ》きたい。

水野の関係者、知る人、資料をお持ちの方、ぜひ連絡を取り合って、水野の研究を広げることを提案したい。それがこの本の使命でもあると思いつつ。

二〇〇四年九月

曽我部泰三郎

水野広徳の年譜

曽我部泰三郎作成

西暦	年号　満年齢	主な出来事
一八七五	明治八年　一歳	父松山藩士光之、母ナホの五子として三津浜に生まる。長女ヨシ、長男光義、次女トヨ、三女チヨ、次男広徳。
一八七六	明治九年　二歳	ヨチヨチ歩きの時、火鉢に尻餅をついて大火傷、母はこの火傷の癒えぬ間に三九歳、食あたりで亡くなる。
一八七七	明治一〇年　三歳	母死亡のため三津の商売をたたみ、家を売り、松山に戻る。（父は三七歳で明治維新にあい、やむなく商売をしていた）
一八七八	明治一一年　四歳	松山で二～三回転住の末、御室町一六番地に落ち着く。八月であった。家には入るとすぐ米搗き臼があった。
一八七九	明治一二年　五歳	六月、父県庁地租改正係に採用さる。日給一五銭。長女ヨシが母代わりとなり、家事一さいを取り仕切っていた。
一八八〇	明治一三年　六歳	五月九日、胃病のため父死亡。四九歳。葬儀の直後、家財売却、手取り二二円余。親族会議の結果、初七日の晩、兄弟は親戚に離散寄食することに決まる。
一八八一	明治一四年　七歳	母の里笹井家に引き取られた広徳は、この年巽小学校へ入学。下等八級、一年二学期制。小学校は四年制。
一八八二	明治一五年　八歳	伯父の進めで漢学塾（東条塾）に通う。大学、中庸、論語、孟子の素読をした。孟子の影響を受けた。
一八八三	明治一六年　九歳	成績は優等賞。悪戯は激しい。蛇を沢山取ってきて、道に並べたり。綱を道に引いたり。

一八八四	明治一七年 一〇歳	成績は五番以内。 悪戯は益々激しい。
一八八五	明治一八年 一一歳	勝山、巽、智環の学校が一つになるため、しばらく立花小学校に通う。転校生、巽の生徒は、穢い遠いといって不満。洪水で近所に乞食多し。
一八八六	明治一九年 一二歳	成績は優等賞。下校の途中、一人の友達をいじめ、巡査に見つかり、事件となる。皆逃げたが水野一人捕まる。
一八八七	明治二〇年 一三歳	成績は優等賞。巡査に酷く虐められたことにより、権力の乱用に対する反抗心強くなり、水野の第二の性格となる。
一八八八	明治二一年 一四歳	一月、中等科三級を卒業したが、高等小学校二年となる。 成績は八番一〇番と下がる。誰も気にしてくれる人はいない。
一八八九	明治二二年 一五歳	松山高小卒、伊予尋常中学二年編入。高橋龍太郎、柳原極堂、高浜虚子らがいた。
一八九〇	明治二三年 一六歳	悪戯ひどく笹井家を遂に追い出される。障害者の兄と同居。自炊生活始まる。兄と共に苦心惨憺、空腹飢餓生活に入る。
一八九一	明治二四年 一七歳	幼年学校を志望していたが友人の進めで、考えなかったこともなかったが海兵に志望変更する。
一八九二	明治二五年 一八歳	海兵入試が英、漢、代数のみのため他教科には出席もせず。放縦の生活となり、自炊生活と相俟って成績は低下。
一八九三	明治二六年 一九歳	兄の発作激しくなり、近所に座敷牢を設営して監護する。三月の卒業試験落第。原級は嫌で退学。八月、海兵受験、代数で不合格。
一八九四	明治二七年 二〇歳	七月、兄死亡。再び単身自炊。新聞配達。入試準備。郷党の餓鬼大将。八月、海兵受験、痔病のため不合格。戸籍生年月日改変。

一八九五	明治二八年 二一歳	入試科目ふえ、四月より尋常中学五年に編入。八月、受験するも漢作文で不合格。一二月、追加募集受験四度目で合格。
一八九六	明治二九年 二二歳	海兵入学。級友六二名。野村吉三郎外務大臣・駐米大使、小林躋三（台湾総督）、清川純一、日高謹二、南郷次郎ら同期生。
一八九七	明治三〇年 二三歳	海兵三年間は、服装こそ贅沢であったが、流罪の生活、空腹の道場であったと。雄渾の気もなければ、なんら文化の影もない。
一八九八	明治三一年 二四歳	海兵卒。卒業成績五九年中二四番、少尉候補生、比叡乗り組み。 主席木原静輔、二番野村吉三郎、三番小林躋造。一一月、遠洋航海。
一八九九	明治三二年 二五歳	三月、横須賀　カナダ・ビクトリア市　シアトル　サンフランシスコ　ハワイ帰港。巡洋艦・千代田に乗り組み。
一九〇〇	明治三三年 二六歳	一月、少尉、呉水雷艇付　上海警備陸戦隊小隊長・義和団対策　水雷術練習所付　九月、戦艦・初瀬乗り組み、軍艦生活らしい時期。
一九〇一	明治三四年 二七歳	一〇月、中尉。英国より来た一五、〇〇〇トンの新造戦艦で得意になっていた時代。
一九〇二	明治三五年 二八歳	初瀬一年三か月後、一二月、六〇〇トンの小砲艦・鳥海航海長心得。鳥海は佐世保でドック入り中。将校は自分一人。
一九〇三	明治三六年 二九歳	九月、大尉。一二月、第一〇艦隊水雷艇第四一号艦長（日ロ戦中）。一一月、天長節の祝賀会席で東郷大将、上村中将より杯。無礼事件。
一九〇四	明治三七年 三〇歳	二月、日ロ開戦、第四一号水雷艦長として朝鮮海峡旅順方面従軍。旅順港閉塞作戦の戦記が新聞で大人気。後の「船影」となる。
一九〇五	明治三八年 三一歳	五月、日本海海戦。水野所属の第一〇艦隊は、大活躍し感状を受く。八月一四日、水雷艦隊「隼」暴風雨で浜田港で座礁。謹慎一〇日

一九〇六	明治三九年 三二歳	三月、軍令部戦史編纂部に出仕。東京に初めて住む。先に命により提出していた閉塞隊の記録が新聞にでて一躍、名文家となる。
一九〇七	明治四〇年 三三歳	偶然の軍令部出仕。喜びを心のうちで反芻しながら、赤煉瓦に三軒茶屋から徒歩通勤。人間の運命はサイコロのようだと思う。
一九〇八	明治四一年 三四歳	少佐。通勤の途次、「此一戦」の構想を練り、夜は遅くまで原稿を書く。戦史編纂の執筆は海軍将校として……考えるようになる。
一九〇九	明治四二年 三五歳	三月、大内モリエと結婚。軍令部の勤務は四年六か月にもなる。海軍将校としては不具者と思われるほど、時代遅れとなる。……
一九一〇	明治四三年 三六歳	三月二一日、光徳誕生。「此一戦」書き続ける。九月、海戦史編纂を終え、第二〇艇隊司令として舞鶴へ。
一九一一	明治四四年 三七歳	三月、博文館より「此一戦」を発行。大ベストセラーとなる。水雷団長と部下の処分について対立し、佐世保海軍工廠副長へ。
一九一二	明治四五年 三八歳	二月、海軍省文書主管で再び東京へ。閑職のため、この間に盛んに読書。乱読・多読する。
一九一三	大正二年 三九歳	米国の親日ムードは消え、排日運動盛んに。「次の一戦」を書くも発行を見合わせる。一二月、中佐。
一九一四	大正三年 四〇歳	友人の窮状を救うため、一海軍中佐名で出版。内容と無許可のため謹慎五日間。一二月、許可を得て「船影」出版するも店頭から消ゆ。
一九一五	大正四年 四一歳	日独戦史編纂委員がいやになり、転勤希望。巡洋艦・出雲副長となる。次いで戦艦・肥前の副長。艦上勤務ができなくなっていることを知る。
一九一六	大正五年 四二歳	欧州視察二年間出願。印税三〇〇〇円と知人の援助。七月発、九月、ロンドンでドイツ軍の空爆にあい近代戦を知る。

一九一七	大正六年 四三歳	二月、パリ　ローマ　ロンドン、六月末、ニューヨーク　ワシントン　シカゴ　サンフランシスコ　八月、帰国、軍令部出仕。軍事調査会へ。
一九一八	大正七年 四四歳	海軍大佐。一一月、欧州大戦終結。
一九一九	大正八年 四五歳	大阪毎日新聞掲載の姉崎正治博士の軍国主義攻撃に反論、中央公論一月号に「我が軍国主義論」発表。三月、再び私費留学。思想転換す。
一九二〇	大正九年 四六歳	五月、帰国。九月、軍令部出仕、閑職だった。軍人としての自分の前途に失望。
一九二一	大正一〇年 四七歳	一月、東京日日新聞に「軍人心理」を五回連載。軍隊の社会化、軍人への参政権を訴える。三度目の謹慎三〇日。ここで現役引退決意八月予備役編入。
一九二二	大正一一年 四八歳	一月、渡欧記「波のうねり」出版。二月、ワシントン条約締結。終生の友松下芳男と出会う。次々と社会評論発表。
一九二三	大正一二年 四九歳	二月、「新国防方針」を軍部決定。水野は六月、「新国防方針の解剖」を発表。中央公論に批判の論陣を張る。
一九二四	大正一三年 五〇歳	六月二九日、モリエ夫人死亡。これまでの論陣に対し、当局より危険人物として見なされる。九月、片山哲ら八人と「二火会設立」。
一九二五	大正一四年 五一歳	一月、米海軍太平洋上特別大演習。二月、「日米両国民に告ぐ」を中央公論に発表。
一九二六	大正一五年 五二歳	日本工人倶楽部の雑誌「工人」に「戦争と軍備問答」発行。
一九二七	昭和二年 五三歳	第二回軍縮会議（ジュネーブ会議）。

一九二八	昭和三年 五四歳	二月、総選挙で頼まれもしないのに労農党愛媛小岩井浄氏を応援。一一月五日、愛媛県菊間町寺尾艶と結婚。三軒茶屋に新居。
一九二九	昭和四年 五五歳	民衆政治講座の一分冊「無産階級と国防問題」を出版。改造社より、桜井忠温の「肉弾」と「銃後」水野の「此一戦」が掲載さる。
一九三〇	昭和五年 五六歳	「船影」旅順海戦私記を改造社より出版。「海と空」戦争小説を横須賀海洋社より刊行。
一九三一	昭和六年 五七歳	九月、満州事変勃発。国際連盟の勧告もきかず、一一月、チチハル占領。大川周明事件。第三艦隊司令長官野村吉三郎。
一九三二	昭和七年 五八歳	一〇月、「打開か破滅か・攻防の此一戦」東海書院出版が発売禁止となる。水野の論文発表不可能となる。和歌、俳句、川柳で自慰。
一九三三	昭和八年 五九歳	二月、「秋山真之」監修刊行。八月二五日、日比谷東洋軒での「極東平和の会」創立総会演説中、暴漢に襲われ、警官により中止。
一九三四	昭和九年 六〇歳	司法省に思想検事。ワシントン条約廃棄。
一九三五	昭和一〇年 六一歳	一〇月、「高須峰造」先生を同伝記刊行会より非売品として出版。軍部・政府の弾圧強くなる。水野は間もなく抹殺されると毎日新聞に……。
一九三六	昭和一一年 六二歳	二月、二・二六事件。一一月、松下芳男と共同編集による「秋山好古」を同刊行会より出版。
一九三七	昭和一二年 六三歳	二月、「日本名将論」を中央公論より出版。「戦争の知識」共著、青年書房よりが発売禁止。当局の検挙で水野尋問。
一九三八	昭和一三年 六四歳	五月、「文と写真・此一戦」春秋社より刊行。九月、新聞班が報道部に。東亜新秩序。国民総動員法。

一九三九	昭和一四年 六五歳	「戦争文学全集」潮文閣、第九巻の「水野広徳傑作集」（船影、此一戦、空爆下の帝都）発売禁止。ドイツはポーランド進撃。
一九四〇	昭和一五年 六六歳	六月、雑誌「海運」に寄稿の「戦争と政治」と題する論文が発売禁止。九月二七日、日独伊三国協定。ダンスホール禁止。たれか故郷を思わざるの流行歌。
一九四一	昭和一六年 六七歳	二月、情報局は「中央公論」編集部に執筆禁止者リストを示す。清沢洌、馬場恒吾、横田喜三郎、水野広徳。東條内閣。
一九四二	昭和一七年 六八歳	翼賛選挙、ミッドウェイ海戦、大日本婦人会発足
一九四三	昭和一八年 六九歳	七月、胃病、下北沢鶏沢病院にて手術。一〇月、聖路加病院入院。一一月、愛媛大島の津倉村重松家へ療養に行く。山本長官戦死。
一九四四	昭和一九年 七〇歳	二月、帰京。三月、「ＴＨＩＳ ＯＮＥ ＢＡＴＴＬＥ」を大東出版より刊行。八月、「少年版此一戦」を葛城書店より出版。
一九四五	昭和二〇年 七一歳	四月三日、大島津倉村重松方へ疎開、五月二五日、東京の自宅空襲により消失。津倉村で農耕生活。この頃、米軍機から伝単まかれる。この米軍機よりの宣伝ビラは、水野が大正一四年、「中央公論」四月号に書いた「米国海軍と日本」の一部であった。一〇月一二日、俄かに腹痛、島一の名医叔父に当たる重松恵祐氏にかかる。一五日、腸閉塞と診断、直ちに船を雇い、今治へ向かう。今治へ渡る来島海峡へ差しかかった時エンスト、通り掛かった船に合図、呼び止め重松富来夫氏乗り込み、津倉港へ引き返す。代船を探し追いかける。全速力で今治に渡ったが、病院は解散。すぐ準備手術。うまくいったが一八日、ついに逝く。

参考文献＊水野広徳「此一戦」一九一七・三・一五　一一九版　博文館＊松下芳男「水野広徳」一九五〇・七・一　四州社＊水野広徳「此一戦」一九二九・一・一　戦争文学全集四十九　改造社＊水野広徳「次の一戦」一九一七・七・二〇　金尾文淵堂＊島田謹二「水野広徳　反骨の軍人・水野広徳」一九七六・九・二〇　経済往来社＊「船影」水野広徳著作集　一九九五・七・七　雄山閣＊著作集刊行会「興亡の此一戦」水野広徳著作集　一九九五・七・七　雄山閣＊林えいだい「杉野はいずこ」一九九八・九・二五　新評論社＊木村久邇典「錨と星の賦」一九八〇・一一・二五　新評社＊松下芳男「水野広徳海軍大佐の反戦」一九九三　雄山閣＊野村実「歴史の中の日本海軍」一九八〇・七・三〇　原書房＊古谷哲夫「日露戦争」一九八五・八・二五　中央公論社＊井上清「日本の歴史　上・中・下」一九六三・九・二五　岩波書店＊児島襄「太平洋戦争　上・中・下」一九六六・一・二五　中央公論新社＊池田清「海軍と日本」一九八一・一一・二一　中央公論社＊猪木正道「軍国日本の興亡」一九九五・三・二五　中央公論新社＊「伊予史談一八九〜一九一合併号四十四ページ（将軍提督の思い出・水野海軍大佐）」松山市＊大内信也「帝国主義日本にNOと言った軍人水野広徳」一九九七　雄山閣＊家永三郎「『水野広徳の反戦平和思想』」（『思想』五一九号、一九六七）　思想社＊家永三郎「日本近代思想史研究増訂新版」一九八〇　東京大学出版会＊家永三郎「戦争責任」一九八五・七・一五　岩波書店＊粟屋憲太郎、前坂俊之、大内信也編「水野広徳著作集」一九九五・七・七　雄山閣＊北岡伸一「清沢　洌」一九八七　中央公論新社＊河田宏「第一次世界大戦と水野広徳」一九九六・三・一五　三一書房＊西田正憲「瀬戸内海の発見」一九九七・三・一五　中央公論新社＊水野広徳「此一戦」一九七八・六・三〇　国書刊行会＊水野広徳「此一戦」一九五八・五・二七　出版協同社＊「日ロ戦争　日本海海戦」二〇〇一・六・二一　学研文庫＊山住正巳「日本教育小史」一九八七・一・二〇　岩波新書＊司馬遼太郎「坂の上の雲」一九九九・五・一〇　文春文庫＊松尾正人「廃藩置県」一九八六・一一・一〇　中央公論社＊小島慶三「戊辰戦争から西南戦争へ」一九九六・八・二五　中央公論新社＊井上勲「王政復古」一九九一・八・二五　中央公論社＊尾藤正英ほか「日本史B」一九九六・三・三一　東京書籍＊増田弘「石橋湛山」一九九五・五・一五　中央公論社＊家永三郎「日本平和論大系第七巻」一九九三・一一・二五　日本図書センター＊栗屋憲太郎「現代史発掘」一九九六・一二・六　大月書店

単行本　平成十六年十一月「二十世紀の平和論者　水野広徳海軍大佐」改題　元就出版社刊

NF文庫

海軍大佐水野広徳

二〇二〇年七月十五日 第一刷発行

著 者 曽我部泰三郎

発行者 皆川豪志

発行所 株式会社 潮書房光人新社

〒100-8077 東京都千代田区大手町一-七-二

電話/〇三-六二八一-九八九一㈹

印刷・製本 凸版印刷株式会社

定価はカバーに表示してあります

乱丁・落丁のものはお取りかえ致します。本文は中性紙を使用

ISBN978-4-7698-3173-0 C0195

http://www.kojinsha.co.jp

NF文庫

刊行のことば

第二次世界大戦の戦火が熄《や》んで五〇年——その間、小社は夥しい数の戦争の記録を渉猟し、発掘し、常に公正なる立場を貫いて書誌とし、大方の絶讃を博して今日に及ぶが、その源は、散華された世代への熱き思い入れであり、同時に、その記録を誌して平和の礎とし、後世に伝えんとするにある。

小社の出版物は、戦記、伝記、文学、エッセイ、写真集、その他、すでに一、〇〇〇点を越え、加えて戦後五〇年になんなんとするを契機として、「光人社NF（ノンフィクション）文庫」を創刊して、読者諸賢の熱烈要望におこたえする次第である。人生のバイブルとして、心弱きときの活性の糧《かて》として、散華の世代からの感動の肉声に、あなたもぜひ、耳を傾けて下さい。

＊潮書房光人新社が贈る勇気と感動を伝える人生のバイブル＊

ＮＦ文庫

日本軍隊用語集〈下〉
寺田近雄

辞書にも百科事典にも載っていない戦後、失われた言葉たち――明治・大正・昭和、用語でたどる軍隊史。兵器・軍装・生活篇。

戦闘機対戦闘機
三野正洋

無敵の航空兵器の分析とその戦いぶり

最高の頭脳、最高の技術によって生み出された戦うための航空機――攻撃力、速度性能、旋回性能…各国機体の実力を検証する。

幻の巨大軍艦
石橋孝夫ほか

大艦テクノロジー徹底研究

ドイツ戦艦Ｈ44型、日本海軍の三万トン甲型巡洋艦など、知られざる大艦を図版と写真で詳解。人類が夢見た大艦建造への挑戦。

海軍特別年少兵
菅原権之助
増間作郎

15歳の戦場体験

最年少兵の最前線――帝国海軍に志願、言語に絶する猛訓練に鍛えられた少年たちにとって国家とは、戦争とは何であったのか。

日本軍隊用語集〈上〉
寺田近雄

国語辞典にも載っていない軍隊用語。観兵式、輜重兵など日本軍を知るうえで欠かせない、軍隊用語の基礎知識、組織・制度篇。

ＷＷⅡアメリカ四強戦闘機
大内建二

Ｐ51、Ｐ47、Ｆ６Ｆ、Ｆ４Ｕ――第二次大戦でその威力をいかんなく発揮した四機種の発達過程と活躍を図版と写真で紹介する。卓越した性能と実用性で連合軍を勝利に導いた名機